# 権利競争論・権利争闘論

イエーリング原著・レーロア譯・宇都宮五郎重譯　明治二十七年發行

イエーリング原著・三村立人譯　大正十三年發行

# 權利競爭論

# 權利爭鬪論

日本立法資料全集　別巻　1237

信山社

# 權利競爭論

何以獲食　匪流汗不克

何以獲權　匪競爭不得

# 權利競爭論

Rudolf von Jhering

政略名ハ以テ手本トス
棄テノ亂說ヲ世ニエトリ
之ガ民ノ權利ノ競爭
ノ草按ヲ擬定スル一
左右漢如ハ小冊

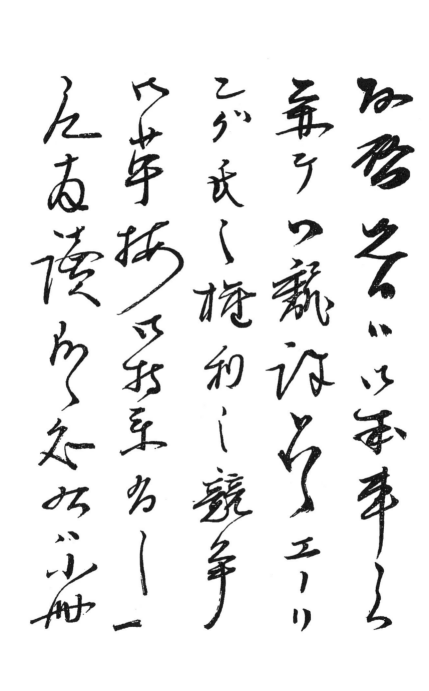

子ハ一タヒ践祚シテ以後
者ハ即チ終身大位ニ
譲位ナトハ威力ニ比テ
若シ某者ハ未タ禁シ
こと譲位ヲ禁スヘシ

新ニ説ヲ爲ス善ク通シ一般
ノ法理學トハ大ニ趣ヲ異ニ
就テ其書之ヲ世ニ速ニ出版
セシ從而之レ共ニ草
按通上　序　時明治　勸文

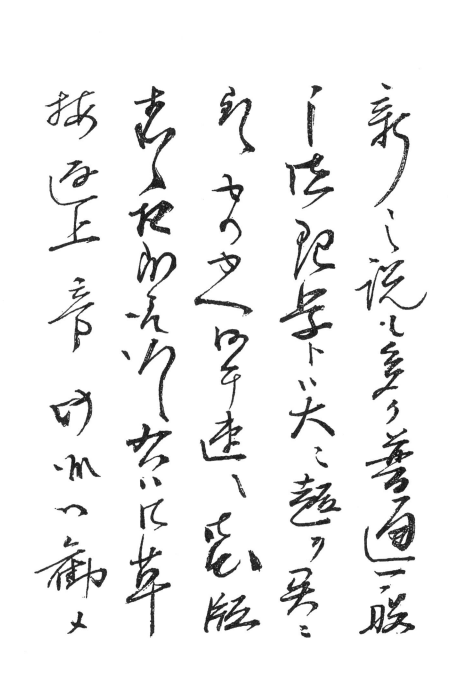

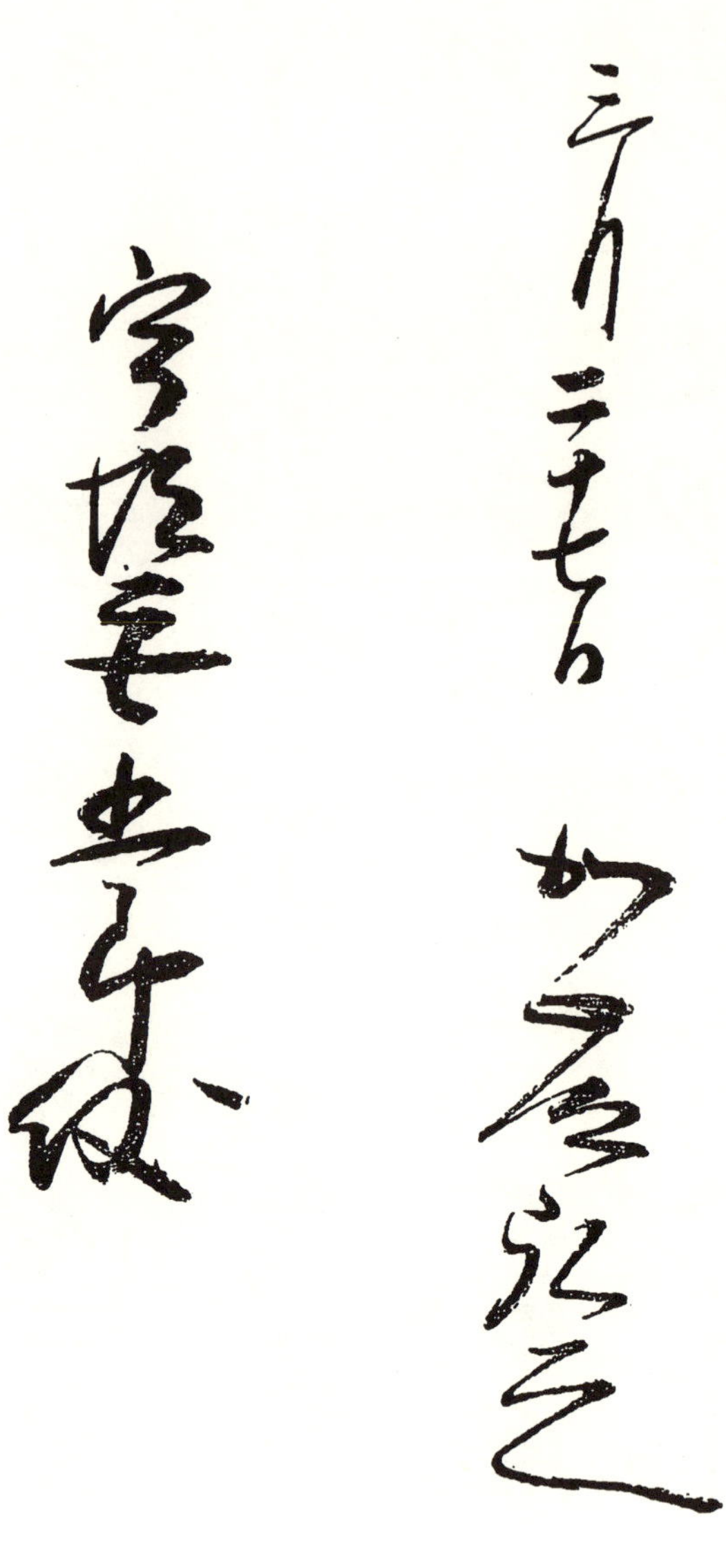

權利競爭論序

弱肉強食動物之真相也唯人有法理之制裁而不得擅其欲耳匹夫之相競鄉黨之相爭優者必勝劣者必敗吾人之當研究者其唯吾人之權利乎天下

之大丈夫之集合也各國之爲鄉黨之積權也爲人權伸張而國權不振者天下豈有此理哉予友宇都宮五郎有概於時事譯權利競爭論求予序因題一言於卷首云

明治廿七年七月

兒島惟謙

# 權利競爭論序

獨逸ノ碩學「イヱリング」氏ノ權利競爭論ハ其本國ニ於テ版ヲ重ヌルコト既ニ九回他國ニ於テハ二十一種ノ飜譯アリ此書ニ於テ說ク所ハ著者自ラ其序ニ曰ヘル如ク純粹ナル法律ノ理論ニ非スシテ實用的倫理ニ關スルヿ多シ其主旨トスル所ハ人ハ嚴正ニ其權利ヲ防守シテ決シテ他人ノ侵害ヲ默容ス可ラストヿフニ在リ而シテ之ヲ述ルニ當リテハ初メニ權利ノ起原ヲ說キ權利ノ起原ハ抗爭ニ在リト云ヒ之ヲ以テ富ノ起原

ハ勤労ニ在ルニ比シ次ニ権利ヲ防守スルハ単ニ財産ヲ保護スルカ為メニ非ス人タルノ品格ヲ保チ他人ノ軽侮ヲ免ルカ為メニ最モ必要ナルモノナリト云ヒ又生命財産名誉ノ如キハ人ヲ組成スル原力ナルガ故ニ権利ヲ防守スルハ自己ニ対スル義務ナリト云ヒ人カ其権利ノ防守ヲ怠ルハ私法ノ諸原則ヲ乱リ其効力ヲ滅却スルモノニシテ世ニ斯ノ如キ人多キトキハ厳正ニ権利ヲ防守スル者カ却テ他ヨリ嘲笑ヲ受ルニ至ル故ニ権利ヲ犯サレテ之ヲ黙容スルノ害ハ権利ヲ犯ス

ノ害ヨリモ更ニ大ナリト云ヒ又人民ニシテ其權利ヲ防守スルノ精神盛ナラサルトキハ隨テ國家ノ存在ヲ維持スルノ意思ニ乏シク又國權ヲ振張スル能ハサルヘキコトヲ説キ故ニ平常ヨリ人民ヲシテ其權利ノ防守ヲ勉メシムルハ國家ノ存立ニ必要ナリトシ夫ノ英國ノ強盛ナルハ畢竟其國民カ權利ヲ貴重スルノ氣風ニ富ムカ故ナリト云ヒ以テ權利ノ感念ヲ養成スルノ利益ヲ述ヘ終リニ諸國ニ於ケル近時ノ法律ヲ批評シ其財産保護ノ一方ニ偏シテ權利ノ感念ヲ擴充スルノ

足ラサルコトヲ論撃シ例ヘハ財産ヲ竊取セラレタル者ノ如キ其後之カ返還ヲ受ルコトアルモ最初其權利ヲ侵害セラレタル時ノ不快ノ感情ニ對シテ毫モ賠償ヲ受ルコト無キハ法律ニ於テ權利ノ保護ヲ盡サヽルモノナリト云ヘリ又氏ハ權利ノ侵害ヲ受ケテ之ヲ意トセス以テ人タルノ品格ヲ損スル如キ者ハ權利ノ仇敵ナレバ之ニ救濟ヲ與フルノ必要ナシトシカント氏ノ語ヲ以テ之ニ加ヘタリ曰ク「昆蟲ト同シク地上ニ匍匐スル者カ足下ニ蹂躪セラルヽハ當然ノ事ノミ」ト但

「イエリング」氏ノ意ハ徒ニ爭訟不和ヲ奬勵スルニ在ラス唯權利ノ侵害ヲ以テ入タルノ品位ヲ凌辱シタル場合ニ於テ抗爭ヲ怠ル可ラスト云フニ在ルノミ故ニ善意ノ占有者ニ對スル場合ノ如キニ於テハ必シモ爭訟ヲ爲スヘシト云ハス斯ノ如ク氏ハ權利ヲ防守スルコトヲ以テ吾人ノ遵守スヘキ不朽ノ原則ナリトシ假令之ヲ論擊スル者ハアリトモ能ク之ニ反對スル原則ヲ立ツル者ハ之アラサルヘシト斷言セリ

思フニ本書ハ著者一場ノ演說ヲ補綴シタル一小册ニ

過キスト雖モ雄壯ノ文ヲ以テ權利ノ本原ト其防守ノ必要ヲ說キ國民ノ發達ハ主トシテ權利思想ノ擴張ニ因ル所以ノ論證シタルコトニ付テハ古來殆ト其比ヲ見サルノ名著ト謂ハサルヲ得ス歐米ノ學者擧テ其卓說ヲ賞揚シテ已マサルハ寔ニ其故ナキニ非ルナリ世ノ學者及ヒ政治家タル者ハ殊ニ本書ヲ一讀シテ利益ヲ得ルコト少カラサルヘシ

今ヤ學友宇都宮君本書ヲ飜譯シテ之ヲ世ニ公ニセントス余深ク其美擧ヲ贊成シ一言以テ此良書ノ出タル

コトヲ江湖ニ紹介ス

明治二十七年四月

富井政章識

# 權利競爭論序

文藝科學ノ書世ニ出ルモノ甚タ多シ然レトモ宿ヲ越レハ人忽チ之ヲ忘レ境ヲ踰レハ人概子之ヲ知ラス偶名著ト稱シ聲譽ヲ一時ニ博スルモノト雖トモ能ク半世紀ヲ過キ能ク數國ニ傳ハルモノ蓋シ甚タ稀ナリ況ヤ世界的著述ニシテ萬國俱讀ノ書ト稱スヘキモノニ至リテハ寥寥焉世ヲ閲テ丶一二ノ出ルアルノミ近世法學界ニ於テ萬國俱讀ノ書ト稱スルモノ前ニハ「ベッカリア」氏ノ刑罰論「ザヴィニー」氏ノ立法法學時務論アリ後

ニハ「イヱリング」氏ノ權利競爭論ヲ見ル今氏ノ權利競爭論ヲ以テ之ヲ他ノ二著ニ比スレハ其間酷タ相肖タル者アリ其片片タル一小册子タルハ三書皆同シク各國爭テ之ヲ譯出シ數年ヲ歷スシテ普ク歐米諸國ニ行ハルヽモ三書亦タ異ナル所ナシ其學理ヲ說キ兼テ時事ヲ論スルコト彼此符節ヲ合スルカ如キニ至リテハ最モ奇ナリト請ツヘシ「ベッカリア」氏ノ刑罰論ハ當時歐洲諸國ニ於テ苛酷峻慘ノ刑尙ホ未タ跡ヲ絕タス拷訊斷訟ノ法尙ホ未タ廢セラレサルヲ憂ヒ刑罰ノ學理ヲ

繹述シテ當時ノ刑法ノ釐革セサル可ラサル所以ヲ痛論セリ「ザヴィニー」氏ノ立法法學時務論ハ第十九世紀ノ初ニ當リ獨逸諸國ハ佛帝「ナポレオン」ノ敗衂ニ因リ新ニ佛國ノ羈絆ヲ脱シ獨逸諸國ノ法律ヲ統一シテ普通法典ヲ製作シ之ニ依リテ日耳曼民族ノ團結ヲ固フシ祖國ノ獨立ヲ維持セントスルノ議熾ナルニ當リ法律自然發達ノ理ヲ明ニシテ法典編纂ノ當時ニ行フ可ラサル所以ヲ詳論セリ「イェリング」氏ハ嘗テ維納大學ニ教授タリ澳人ノ權利ノ感情ニ乏シキヲ慨シ大ニ之ヲ

誠舞振作セントスルノ意アリ職ヲ辭シテ同國ヲ去ルニ臨ミ其所懷ヲ法律家ノ前ニ陳述シ後其筆記ヲ補修シテ之ヲ刊行ス權利競爭論是レナリ其書筆ヲ學說上ニ起シ「ザヴィニー」氏ノ法律自然發達論ヲ排斥シテ法律ノ成ルハ天作ニ非スシテ人爲ナリ自然發達ニ非スシテ競爭獲取ナリトシ之ヲ事實ニ推及シテ權利ノ爲メニ戰フハ人カ自己ニ對スルノ義務ナリ權利ヲ防扞セサル者ハ夫ノ甲ヲ棄テ兵ヲ曳テ走ルノ怯夫ト擇フ所ナキヲ痛論セリ是レ蓋シ澳人ヲ刺激シテ大ニ猛省ス

ル所アラシメントスルニ出ル者ナリ是ニ由テ之ヲ觀レハ三書皆專ラ學理ヲ講スルモノニ非ス又特リ時事ヲ說クモノニ非ス時事ニ感アリテ立案セルノ書前人未發ノ學理ヲ闡開スルニ至リタルモノト謂ツヘシ而テ萬書擾擾隨テ成リ隨テ滅スルノ間ニ在リテ三著巋然獨リ存シ翕然廣ク行ハルヽ所以ノモノ豈其言フ所世道人心ヲ益スル多ク論理詞藻一世ヲ推倒シテ千古ヲ開拓スルニ足ルモノアルニ由ラサルヲ得ムヤ「イエリング」氏ハ澳人ノ權利ノ感情ニ憂フル所アリテ此論

ヲ作ル然トモ澳人ノ憂フヘシト云フモノハ特リ權利ノ感情乏シキニ止ル吾國ノ事態ハ更ニコレヨリ甚シキモノアリ余嘗テ謂ラク法律ハ義務本位ニ始リ權利本位ニ進ム是レ法律進化ノ通則ナリト故ニ吾國ノ法律古來義務アリテ權利ナシ吾國民義務ノ觀念アリテ權利ノ觀念ナシ乃チ權利ノ字義ニ至リテモ往日和漢ノ所謂權利ナルモノハ今日ノ所謂權利ニ非ス今ノ權利ハ正當ノ利ヲ指シテ之ヲ言ヒ古ノ權利ハ不正當ノ利ヲ指シテ之ヲ言フ其意義迥然相殊ル此ノ如シ而シ

テ權利ニ附スルニ今日ノ意義ヲ以テセルハ僅僅二十年以還ノ事ニ係ル近日制度觀ヲ改メ法律面目ヲ新ニシ吾法典ノ若キ實ニ權利ヲ以テ其本位トナスニ至レリ然レトモ是レ殆ト專攻家ノ知ル所タルニ過キス夫ノ滔滔タル世俗ニ至テハ豈能ク權利ノ何物タルヲ解セムヤ此ニ係リテ之ヲ觀レハ澳人ハ權利ノ感情乏シト云フト雖トモ尚ホ未タ始ヨリ之レナキハ非ス之ヲ吾國人ノ殆ト此觀念ヲ缺クモノニ視フレハ固ヨリ日ヲ同フシテ論ス可ラス然レハ權利競爭論ノ一書其吾

國ニ急須ナル豈啻ニ澳人ノ比ナラムヤ此時ニ當リ宇都宮五郎氏是書ヲ譯述シテ之ヲ世ニ公ニス能ク時ノ需ニ應スルモノト謂ツヘシ抑モ此書ヲ譯出セント欲セシ者余カ友僚中從來既ニ一兩輩アリ然レトモ其辭縱横其義深艱吾國語ヲ以テ之ヲ述フルヿ甚タ易カラサルヲ以テ皆半途ニシテ其筆ヲ擲ツニ至レリ氏獨リ經營慘澹終ニ能ク其業ヲ卒ヘ譯文亦タ穩當ニシテ通シ易キヲ見ル余深ク其用功ノ勞ト用心ノ切ナルヲ喜ハサル能ハサルナリ但權利ニ關スル學理ノ點ニ至リ

テハ余ハ主トシテ社會的觀念ヲ以テ之ヲ説キ權利ハ各人ノ社會的生存要件ノ一種ナリトスルヲ以テ「イエリング」氏カ權利ヲ解明スルニ專ラ個人的觀念ヲ以テスルノ論ニ首肯スル能ハスト雖トモ是レ自ラ別事ニシテ余カ此書ノ世ヲ利スル多キコトヲ信スルヲ妨クルモノニ非サルナリ氏來リテ序ヲ問フニ因テ遂ニ感スル所ヲ書シテ之ニ贈ルト云

明治二十七年三月二十七日　穗積陳重識

# 權利競爭論叙

公法典在焉、私法典在焉、修整舊制、補之以海外諸律之精粹、邦家之於法律、秩秩乎其備矣、官有學、民有塾、生徒千萬、鑽究典憲、分析毫纖、而貫穿今古、學者之於法律、孳孳乎其勤矣、夫今日之法律者、所以定權利、而今日之法學者、所以明權利、則權利之義、其於吾國、宜明晰而詳悉、而余未能信焉、談餘語次、偶及權利義務之語、聽者瞠然、有不深懌之色、至乎欲以此斷日常行事、則衆口喧然、擯之曰、是三百代言之口吻也、以爲辯護士煽爭之徒、而權利起爭之具也、然世之贖贖者、尙可恕、高自標置、爲有識者、如國會議員、如新聞記者、猶且斥權利之論以三百代言四字、以爲對症之鍼砭、權利之於世俗、明邪昧邪、詳邪疏邪、不待嘵嘵而知也、然尙有可言、曰是皆不專學法律者也、若夫所謂法律家者、誠解權利之眞義乎、彼輩概以謂、權利者所以護財利、財利所不在、何用權利、財之用捨、既在我、權利之行否、豈獨不然乎、翦翦乎、淺哉解矣、以權利爲護財之方、與其爲起爭之具、見有高低、而其與眞義、鑿枘鉏鋙、而難入則一矣、盍亦推而進之矣、世人開口輙言、國家國家、國家一人之集也、國權人權之集也、今夫隣人侵我田、我乃濡滯踟躕、上下牙籌而曰、爭訴所得、不足以償所失也、則他日隣邦侵我境、我亦將儃佪趑趄、上下牙籌而曰、興師所得、不足以償所失也、然而國不亡者、未之有也、昔者、藺相如叱秦王曰、臣頭與璧俱碎、彼苟專愛璧者、碎之何用、乃知璧可碎、身可殺、敵可犯、國可危、而不可屈者、則存焉、噫此所謂權利者也、夫守權利者、實人類之務、而擲之者、洵國家之賊、權利之存滅、豈專係乎阿堵物、而其用捨、一在我哉、試披地圖覽之、隣我而國者、果何狀、印度之都、緬甸之城、皆有殷墟麥秀之哀、而布哇之宮、亦見含元秋草之恨、朝鮮、安南、暹羅之屬、如存如亡、且削夕割、惴焉眇焉、偷一日之安於虎牙鷙爪之間、彼皆官暴、政紊、民不夢想權利者、商鑒不遠、在我左右焉、寧可無怵然之戒、惕然之悟乎哉、平居懵懵、不知人權之可重、視之如鴟梟、棄之如蹝蹝者、一朝艨艟銜舉、萬馬壓境、而求保國權於外敵之間、七年之病、三年之艾、其幾難哉、獨逸學士伊耶陵、於法律之學、實爲一世之北辰、嘗著權利競爭論、解說是理、極剴切、其書一出、歐米諸邦、譯而傳之者、至二十種之多、而吾國未之有也、余故不自揣、敢譯而問諸世、苟能推是書所說、而擴之、防侮耀威、所謂制挺撻秦楚之堅甲利兵者、其源亦將出於此、雖譯字之滅裂、固不能髣髴原文之雄麗、然於讀者審明權利之眞義、而體認其效用、則未必無小補云、

明治廿七年六月廿四日

宇都宮五郎識

## 凡例

一是書ハ基督紀元一千八百七十九年出刊合衆國「シカゴ」府辯護士「ジョン、ジェー、レーロア」氏ノ書(Struggle for Law)ヲ譯シタル者ニシテ該書ハ故獨逸「ゲッチンゲン」大學教授「ドクトル、ルードルフ、フォン、イエリング」氏ノ著權利競爭論(Der Kampf ums Recht)ノ第五版ヲ譯セル者ナリ然レ𪜈余ハ更ニ一千八百八十三年出刊英國中央法院辯護士大學得業士《バチエラル、オヴ、アーツ》「フヒリップ、エー、アシウォルス」氏ノ譯書(Battle for Right)ヲモ參照シテ校定セリ「アシウォルス」氏ノ譯シタルハ蓋シ「イエリング」氏原書ノ第六版ナレドモ第六版ト第五版ハ其原文ニ於テ相異ル所ナシ

一是書ニ載セタル著者ノ自序中ニ著者カ第五版ヲ梓行スルマテニ外國語ニ譯サレタル本書ノ翻譯ヲ列記シ在ルコトナルガ其後尚ホ他國ニ譯述セラレタル者左ノ如シ

| 國語 | 譯者 | 地名 |
|---|---|---|
| 第十四、瑞典語 | 「イファール、アフツェリウス」 | 「ウプサラ」 |
| 第十五、英吉利語 | 「ジョン、ジェー、レーロア」 | 「シカゴ」 |
| (右ハ既ニ其二版ヲ出セリト云フ) | | |
| 第十六、西班牙語 | 「アドルホ、ポセダ、イ、ビアスカ」 | 「マドリット」 |
| 第十七、西班牙語(再) | 「アルホンソ、デ、パンドー、エ、ゴメズ」 | 「マドリット」 |
| 第十八、英吉利語(再) | 「フヒリップ、エー、アシウォルス」 | 「ロンドン」 |
| 第十九、葡萄牙語 | 「ショアホ、ビエーカー、」 | 「レシフェ」(ブレジル) |
| 第二十、佛蘭西語(再) | 「ミエール、子ール」 | 「パリス」 |

一余ハ本書毎章ノ目次ヲ掲ケタリ獨逸ノ原書ニハナキ所ナレハ英譯ニモ佛譯ニモ勿論之レアルコトナシ獨リ米譯ニハ之ヲ置キタレド本文各章ノ首ニハ之ヲ掲ケス余ハ更ラニ毎章ノ首ニモ題目ヲ載セ

タルハ特ニ閲讀ニ便ナラシメンカ爲メノミ
一本文欄外ノ摘要ニ至リテハ全ク譯者ノ老婆心ニ出ツ單ニ讀者ノ便ニ供スルニ過キス
一譯字ヲ下スニ當テ法律上ノ語ハ既ニ法典ノ在ルアリ之レニ據リシコトハ言ヲ待タス哲學上ノ語ニ至リテハ主トシテ哲學字彙ニ據レリ
一文中往々註解ヲ插入スルトコロアリ其中「案スルニ」ノ字ヲ加ヘタルハ譯者ノ下シタル所ニシテ其他ハ原註ナリ
一是書ノ原本タル米譯ノ書ハ明治廿三年余カ東京ニ在リシ時得シ所ニシテ試ニ之ヲ譯サントト欲セシモ其暇ヲ得ス廿六年ノ春神戸ニ寓セシコロ終ニ閑ヲ偷ミテ之ヲ譯述スルコトヽナレリ然レ圧固ヨリ之ヲ公ニスルノ意モナカリシヲ以テ其儘之ヲ筐底ニ委セシガ其秋

伊豫ノ郷里ニ歸ルニ及ヒテ二三ノ友人等其出刊ヲ勸ムル者アリ然レヒ余ハ本書ノ如キ名著ヲシテ余ノ拙筆ヲ以テ一篇ノ惡書トナリテ吾國ニ現ハルヽヿヲ恐レ尙ホ躊躇シタリ然ルニ穗積博士ノ遠ク之ヲ慫慂セラルヽニ遭ヒ余ハ遂ニ敢テ自ラ揣ラス之レヲ梓行スルヿニ心ヲ決セリ今茲復タ東京ニ來ルニ及ヒテ博士ノ懇篤ナル余ニ貸スニ參考書ヲ以テセラレ疑點ノ如キモ亦タ其敎ヲ受ルトコロ少カラス其他本書ヲ公ニスルヿニ關シテハ其厚誼ニ賴ルコト極メテ大ナリ余ハ謹テ玆ニ之ヲ謝スルモノナリ

一是書ニ載セタル「イエリング」氏ノ小傳ハ法學士仁保龜松氏カ法學協會雜誌第十卷十二號及第十一卷一號ニ掲ケラレシ文ヲ省畧シタルモノナリ譯述ノ當時譯者ハ「イエリング」氏ノ傳ヲ求メタレトモ僻地ニ在リシヲ以テ終ニ十分ノ便ヲ得ス因テ已ムヲ得ス該文ニ採テ之

ヲ是書ニ載センコトヲ學士ニ乞ヒシニ學士ハ喜テ之ヲ諾セラレシ
ヲ以テ之ヲ掲ルコト、ナレリ余ハ亦タ玆ニ仁保學士ノ厚情ヲ深謝
シ併セテ其剪裁ヲ加ヘシノ罪ヲ謝ス

一權利トイヘル者ノ意義ハ意フニ大ニ世人ノ爲メニ誤解セラレタリ
吾國ニ於テハ殊ニ然リトナス唯是書ノ説ク所ハ其卑陋ノ妄解ヲ排
シテ其正義ヲ見ハシ能ク雲ヲ闢キ霧ヲ披ヒテ盧山ノ眞面ヲ人ノ眼
前ニ置クモノニ庶シ然レトモ余ノ不文ナル之ヲ譯スルニ於テ固ヨ
リ隔韡ノ憾ヲ免レス他日更ニ翩翩ノ才筆出テ原文ノ雄偉ヲ寫出シ
人ヲシテ痲姑搔癢ノ感アラシメハ余ノ幸亦甚シ

明治廿七年六月廿四日　　譯　者　識

「ルードルフ。フオン。イエリング」畧傳

宕振ノ雄識ヲ具ヘ、靈妙ノ大筆ヲ振ヒ、覃ク思ヒ、達チク觀、論講記述シテ、私法學歷史ニ一新時代ヲ闢キタル碩學「イエリング」氏ハ、其名ヲ「ルードルフ」トイヒ、千八百十八年ノ秋、八月廿二日、獨逸「オストフリーランド」ナル「アウリシヒ」ニ生レタリ、幼キ時ヨリ、イト穎敏ノ質ニシテ、長スルニ及ヒ「ハイデルベルヒ」、「ゲッチンゲン」、「ミユンヘン」等ノ諸大學ニ遊ヘリ、千八百三十九年「ハノーフエル」州ニ於テ、司法事務官タラント欲シ、官吏登庸試驗ヲ願ヒ出タルカ、當時採用ノ規律モ甚タ整ハサリシカハ、故ナクシテ有司ノ爲メニ斥ケラレタリ、此ニ於テ、友人ノ勸メニ由リ、意ヲ官途ニ絕チ、「ゲッチンゲン」ノ無給講師トナレリ、カク登庸ノ道ニ蹉キテ、敎師トナルニ至リシハ、斯ノ人ノ不幸ニハアラスシテ幸ナリキ、ソハ、此時官吏トナリ果テタランニハ、後來學壇ノ上ニ一世ヲ睥睨シ、不磨ノ卓見ヲ

人間ニ留傳スルハ、得ヘカラサリシヿナルベケレハナリ、

千八百四十三年ニ至リ、氏ハ聘セラレテ伯林大學羅馬法ノ敎師トナリ、四十五年ヨリ六十八年ニ至ルノ間、相繼ヒテ「パーゼル」、「ローストック」、「ギーゼン」諸大學ノ敎授トナリシが、六十八年墺國ノ聘ニ應シ、維納大學ノ敎授トナリ、墺帝「フランツ。ヨセフ」ノ殊遇ヲ受ケ、爵ヲ授ケラレテ貴族ニ昇ホレリ、然ルニ千八百七十二年ニ至リ、「ゲンチンゲン」大學ノ招ヲ受ケタルカ爲メニ、維納大學ヲ辭シ「ゲンチンゲン」ヲ畢生授業ノ地ト定メ、諸方ノ招聘ハ皆ナ就カス、節ヲ守リテ其身ヲ終ヘタリ、區々タル「ゲンチンゲン」大學ノ名、全國ヲ動カスニ至リシハ、一ニ卓犖ナル氏ノ盛望ニ由レリ、

氏ハ嘗テ、實地ヨリ抽出セサル法理ハ「アリストートル」、「プリニアス」等ノ說ヲ奉シ、天然ニ基ツカサル博物學ニ異ラスト、曰ヒテ法律硏究上最モ

重ヲ實際應用ノ點ニ置キタリ、初メ氏ノ「ゲッチンゲン」大學ニ學ヒシヤ、商法ノ大家「テール」教授ノ教ヲ受ケシガ、此教授ハ學生ヲシテ常ニ羅馬法ノ應用ヲ演習セシメタリ。氏ハ此レニ由リテ大ニ裨益ヲ得タルヲ悟リ、其後控訴院判事等ト交リ、諸般ノ訴件ヲ聞キ、判決ヲ見ルニ及ヒテ、益々實際應用ノ法學研究ニ重要ナルヲ信シ、教授トナルニ至リテ、鋭意此主義ヲ主張シ、學生ニ實地問題ヲ授ケ、適用ノ習練ヲナサシメシヲモテ、學生ノ之レカ爲メニ益ヲ受ケシヿハ、極メテ洪大ナリキ、此主義ニ由リテ氏ノ著ハセル書モ、マタ尠カラス、博ク惠ヲ後ノ學者社會ニ貽セリ、氏ノ維納大學ニ教授タルヤ、「ウンゲル」、「グラーゼル」ノ諸大家モ、亦タ此ニ在リ、相交通シテ、互ニ益スル所少カラス、而シテ伯林大學教授「プフタ」ヨリ、精神上ニ感得ヲ受ケタルコトハ殊ニ多カリシガ、後ニ至リ、氏ハ全ク「プフタ」派ト相反セル說ヲ立テ、痛ク之ヲ攻擊セリ、氏ノ名聲遠邇ニ震フニ及ヒ、法律實際ノ問題ニツキ、氏ノ意見ヲ問ヒ、辯護ヲ乞フ者モ頗フル多カリシト云フ、氏ガ學理ノ研究ニ鋭意熱心ナルヿハ人ニ殊絶シ勇往不屈斃レテ後已ムノ概アリ又タ文詞ノ運用ニ至リテハ、少カキ時「ミュンヘン」ニ在リシ頃、一タヒハ小説家タランヿヲ、人モ勸メ、自ラモ心ヲ傾ケタルホドノ、異能ヲ具ヘタレハ、著述ノ精妙ハ尋常學者ノ企テ及フ所ニアラサリキ、其反對説ヲ論駁スルニ臨ミテハ鋒穎太タ鋭利ナリシモ、而モ善ク先進諸家ヲ敬ヒ、説ノ異同ニヨリテ、聊カモ人ヲ軒輊スルヿナク、其性ハ謙譲ノ徳アリテ傲慢ノ失ナク、人ニ接スル澹泊ニシテ城府ヲ設ケス、操行實ニ鴻儒ノ聲位ニ愧チサリシト云フ、一生ノ著作ハ甚タ多カリシカ中ニ羅馬法精神論(*Der Geist des römischen Rechts*)法律目的論(*Zweck im Recht*)占有保護原因論(*Der grund des Besitzschutzes*)占有意志論(*Besitzwille*)權利競爭論(*Kampf um's Recht*)等ハソノ著シキ者ナリ、羅馬法精神論ハ氏カ一生ノ大著作ニシテ、合セテ三卷アリ、千八百五十六年ヨリ七ケ年間ニ續ヒテ上梓シ、私法學上ニ一時期ヲ立テタル名作ト稱ス、卓爾タル精論從來學者ノ誤見ヲ一掃セリ、法律目的論ハ二卷ヨリ成リ、潛心焦思、十餘年ノ日月ヲ糜シテ完結セシ者ナリ、其著述中、余ハ幾ンド此幽玄細微ナル研究事項ノ中ニ斃レントスルトノ嘆アリシト云フ、占有保護原因論ハ嘗テ法律雜誌ニ掲載セシ論文ニシテ、占有ガ法律ノ保護ヲ受ルハ占有ノ裡面ニ所有權存スルカ故ナリ、故ニ占有保護ハ卽チ所有權保護ヲ完全ナラシムル所以ナリトノ意ヲ述ヘタリ、其學者中ニ異議多キニモ拘ラス、論法ノ巧妙敏捷ナルニ至テハ、人ヲシテ嘆稱措ク能ハサラシムル者アリ、占有意志論ハ占有論ヲ以テ法學界ヲ震撼セシメタル碩儒「ザヴイニー」氏ノ說ニ反立論述シタル、氏カ最終ノ雄著ニシテ、實ニ四十餘年間鑽研推究ノ結果ナリ、氏ハ其「ザヴイニー」派ノ

論ト相容レサルヲ以テ自ラ其書ニ叙シテ之レヲ氏ノ生涯ノ最モ危險ナル一大事ナリト曰ヘリ、

權利競爭論ハ、氏カ澳地利維納大學ノ敎授ヲ辭シ、將サニ去ラントセシトキ、法學者ノ前ニナシタル一場ノ講談ヲ、其後補修シテ出版セル者ナリ、痛快雄壯ノ辯ヲ以テ、國家ノ盛衰興亡ハ一ニ各個人權利ノ感情ノ厚薄ニ因ルヨシヲ論述セシ者ニシテ、自ラ其見ノ謬ラサルヲ信シテ、「之レヲ論擊スル人アランニハ其一語一辭皆自ラ愚ヲ露ハスモノナリト信ス」トマテ叙文ニ斷言セリ、果セルカナ、此書一タヒ出ツルニ及ヒ萬口籍々、前後九版ヲ重子、諸國ノ飜譯ハ實ニ二十種ニ至レリ、而シテ其剴切ノ雄論ハ、能ク人ヲシテ權利ノ感情ハ、眞ニ保身護國ノ基本ニシテ、此感情ヲ養成セサレハ大國巨邦モ恃ムニ足ラス、軍備兵器モ依ルニ足ラサルノ理ヲ悟ラシメタリ、學者或ハ此小冊子ヲ尊ヒテ以テ文明諸國ノ通寶

ナリトナセリ、蓋シ故ナキニアラサルナリ、

氏ハ七十四歳ヲ以テ、明治廿五年卽チ千八百九十二年秋九月十七日ニ沒セリ、氏ノ羅馬法ニ於ケル造詣ノ深邃精奥ナルト其議論ノ法學社會ニ及ホセル勢力ノ偉大廣宏ナルトハ開化諸國法學家ノ稔知スル所ロ更ラニ喋々ノ辯ヲ待タサルナリ、世人目シテ一ノ法學改革家トナストト云、

## 第五版ノ自敍

一千八百七十二年ノ春ナリキ余ハ維納《ヴイエンナ》府ニ於テ法律家諸子ニ對シ一場ノ講義ヲ爲セリ、而シテ大ニ其趣旨ニ增補ヲナシ、其夏之レヲ世ニ公ニシ、題シテ「權利競爭論」トイヘリ、蓋シ此書ヲ出版セシ意タルヤ、獨リ法律家諸子ノ閱覽ニ供セント欲セシニ非スシテ亦タ遍ク世ノ讀書社會ニ質セント欲セシナリ、故ニ此書ヲ艸スルニ當リ、單ニ理論ノミニ由ラスシテ多ク實用倫理的ノ方法ヲ取リ、其心ヲ用ヒタル所ハ、權利ノ科學的研究ヲ獎勵セントスルヨリモ、寧ロ權利ノ力ノ由テ來ル所ノ、概念力ヲ養修スルヿヲ勸ルニ在リキ、此概念力ノ養修トイヘルハ、卽チ權利之感情ヲ勇マシク、且ツ斷ヘス使用スルヿヲ指スナリ、

斯書ノ第一版ヲ出刊スル後、纔カニ二月ヲ經テ、第二版ヲ出スノ必要ヲ見ルニ至レリ、而シテ其翌年第三版ヲ發シ、第三年ニ至リ第四版ヲ公ニ

スルニ及ヘリ、第四版發行ノトキ、出版人ハ更ラニ低價ノ書トナシ、以テ力メテ汎ク世間購讀ノ望ニ應センヿヲ余ニ諮カレリ、之レヲ爲サンニハ、製本ノ修飾ヲ減シ、出版ノ冊數ヲ格外ニ増加スルヨリ外アルヘカラスト以謂ヒ、乃チ其方法ヲ取リタリ、四版ニ至ルマテノ發刊既ニ世ニ稀ナル部數ニ達シ之レニ加フルニ諸外國ニ於テ盛ニ之レカ飜譯ヲナシタルヲ以テ、國外ヘノ輸出ハ漸次ニ減シ來リタレハ、第五版ノ出版ヲ要スルヿハ、聊カモ想ヒ及ハサリキ、左レモ四版モ漸次ニ盡キ、程ナク其第五版ノ刊行ヲ促スニ至レリ、區々タル斯小冊子、此ノ如ク廣ク世間ニ行ハレシ所以ハ決シテ新著ニ對スル好奇心ニ因リテ、偶然ニ、シカリシニ非ス、世人カ本書ニ論シタル見解ノ基本、其正シキヲ得タルヲ信セシニ由ルナルヘシ、而シテ外國ニ夥シキ飜譯アリシヲ見ルトキハ、此忖度ノ謬ラサルヲ徴スルニ足レリ、

一千八百七十四年ノ内左ノ飜譯ヲ見タリ、
第一「ハンガリア」語　譯者「ジーウエンツエル」「ペッス」府出版
第二魯西亞語　譯者匿名「モスコー」府出版
第三魯西亞語（第二譯）譯者「ウォルコッフ」仝上
第四近世希臘語　譯者「エム、エー、ラッパス」「アテンス」府出版
第五和蘭語　譯者「ジー、エー、ヴァン、ハーメル」「レーデン」府出版
第六「ルーマニア」語　新聞紙「ブカーレスト」府出版
第七「サーヴィア」語　譯者「クリスチック」「ベルグレード」府出版
一千八百七十五年中ニ飜譯セラレタル者左ノ如シ
第八佛蘭西語　譯者「エー、エフ、メーヂュー」「ヴィエンナ」府及「パリス」府出版
第九以太利語　譯者「ラフェール、マリアノ」
第十典抹語　譯者「シー、ジー、グレーブ」「コッペンヘーゲン」府出版

第十一「ボヘミヤ」語　匿名　「ブルーエン」府出版
第十二「ポーランド」語譯者「エー、マタキーウヰツツ」「レムベルグ」府出版
第十三「クロエシヤ」語譯者「ヒンコヴィツク」　「アグラム」府出版

此第五版ニ於テ、余ハ稍本書ノ體裁ヲ變シ、且ツ前版ニ置キタル冒頭ヲ全ク削リ去レリ、是レ此冒頭ニ於テハ法律家ニハ左マデ利益ナク、非法律家ニハ稍解シ難キ觀念ヲ論セシコトナレハ、本書ノ紙面狹少ナルニ比シテ、寧ロ贅瘤ノ觀ナキ能ハサリシヲ以テナリ、左レドモ更ラニ進ンテ、專ラ法律家ノ爲メニトテ論述シタル部分ヲ、悉ク刪除シタランニハ、閲讀ヲ辱フスル幾多ノ非法律家ニ對シ更ラニ便ナリシナランカ、ソハ、然リシトモ、然ラサリシトモ、余ニ於テハ言フ能ハサル所ナレドモ、余ハ之レヲ敢セサリキ、其故如何ニトナレハ、斯ノ如キ部分ヲ存シタルコトハ、世ノ法律ヲ學バレザル諸子ノ中ニ、此書ノ行ハルヽコトヲ聊カモ妨ケ

タル痕跡ナク、シカノミナラス、法律家諸子ノ便宜何如ニト考フレハ、茲ニ是等ノ章句ヲ抹シ去ルヿハ、大ニ好マレサル所タルコト明カナレハナリ、

本題ノ心髓ニ至リテハ、秋毫モ變更シタル所アラス、啻ニ變更セサルノミナラス、余ハ明カニ本書ノ基本タル觀念ハ決シテ疑フヘカラス、又タ爭フヘカラサル眞理ニシテ、之ヲ論撃スル人アランニハ、其一語一辭、皆自ラ其愚ヲ露ハス者ナリトマデニ信スルコトナリ、左レハ、若シ人アリテ、已レノ權利ヲ他人ノ爲メニ輕侮セラレ、他人ノ足ノ下ニ踏マレシ時、茲ニ我カ得喪ヲ爭フヘキ賭物ハ獨リ其權利ノ係レル該ノ物品ニハアラズシテ、直チニ我身ニアリトノヿヲ思ハス、又タ何等カノ手段ヲ以テ、已レノ身ト、已レノ權利ヲハ確守セサル可ラスト、心ノ中ヨリ、刺撃セラル、ヿヲ感セサランニハ、此人ハ最早奈何トモナシ難キ人ナレハ、余ハ

此ノ如キ人ヲ改心セサセント痛ク心ヲ勵スヿナシ、此ノ如キ人ノ斯ノ如キ有樣ニアルヲ悲ミ、兎ヤセン角セント思ヒ煩フハ用ナキ業ナリ、唯々世ニ斯ル一ノ事實アリト觀過セハ其レニテ足レリ、此等ノ人ハ眞ニ主我主義《エゴテイズム》ト唯物主義《マテリアリズム》トノ代表者ニシテ彼若シ純然タル有體的《マテリアル》ノ利益ナラサル利益ノ爲メニ其權利ヲ確守スル人々ヲ、皆ナ「ドン、キホーテ」ナリト認メズンハ、トテモ權利ノ「サンコ、パンザ」タルコトハ能ハサルベシ、(按スルニ「ドン、キホーテ」ハ西班牙人「サーヴアント」ノ著「ドン、キホーテ」トイヘル著名ナル小說ノ主人公ニシテ、此人中古武俠士ノ稗史ヲ愛讀スルノ極、一種ノ狂人トナリ、自ラ古譚中ノ事跡ヲ實行セント欲シ、武者修行ニ出掛ケタリ「サンコ、パンザ」ハ本ト同村ノ賤シキ勞動者ナルガ「キホーテ」ノ誘ニ應シ、之レニ從ハヽ主人ノ武功ニ由リ、後ニハ己レモ一島ノ太守トナルヿモアランナド信シ、相隨ヒテ危難ヲ冒セリ、元ト利ノ爲メニ從者トナリシモノナレ圧、至テ正直ニシテ、兼テ主人ガ義狂ノ感化ヲモ受ケタレハ始終篤實ニ仕ヘテ、主人ヲ棄テサリキ、去レハ此處ノ意義ハ、蓋シ夫ノ權利ヲ蹂躙セラレテ痛癢ヲ感セサル輩カ、他ノ理想的權利ヲ主張スル人ノ所爲ニ倣ヒ、感化ヲ受ルヿナクハ「サンコ、パンザ」ノ義俠程ノ志行ヲモ、權利ニ就テ有スルヿ能ハサルベシトイフニ在ルナルベシ、)這樣ノ人ニ對シテハ唯先哲「カント」翁ノ語ヲ呈スルヨリ外、更ラニ言フヘキヿナシ、其言ニ曰ハク、「人既ニ自ラ昆蟲トナリ果テタランニハ、足ノ下ニ蹂躙セラルヽトモ、之レヲ怨ミ訴フル道理更ラニアルヘカラス」ト、又他ノ處ニテ、翁ハ斯ル所爲ヲ稱シテ、「他人ノ足下ニ自家ノ權利ヲ抛ケ棄ツルモノニテ、又タ自ラ其權利ヲ侵犯スルモノ」ナリト曰ヘリ、而シテ翁ハ、又、「吾人ノ中ニ存スル所ノ人類タル尊嚴ニ關セル義務」ト云フヿニツキテ、一ツノ格言ヲナセリ、曰ハク「爾ノ權利ヲ他人ノ足下ニ蹂躙セラレテ、寛假スル勿レ」ト、是レゾ誠ニ余カ此小冊子ニ敷演闡發シタル觀念ナレ、左レド右ニイヘル「カント」翁ノ諸語ハ、本書第四版ノ出刊後マテハ、余ハ少シモ聞キ及ハサル所ナリキ、誠ニ善ク余ノ主旨ト暗合シタル者ト謂ヘシ、抑モ右ノ觀念タルヤ、苟モ强健ナル人、强健ナル民ナランニハ、皆其心胸ニ銘記スヘキ筈ノ者ニシテ、人間百般ノ事ニ徵シテ、人々ノ此觀念アルヿハ、認メ得ヘキモノナレハ、別ニ珍ラシキヿニモアラス、若シ余カ此書ニシテ多少ノ功アランニハ、ソハ唯十分ニ此觀念ヲ闡發シタリト云フノ點ニアランノミ、此書ノ論旨ニツキ有益ノ援助ヲ得タルハ、「ドクトル、アー、シユミィヅル」氏ノ著ハセル「猶太敎ト早時基督敎トノ權利競爭論」トイヘル書ニシテ、一千八百七十五年、維納府ニ發行シタル者ナリ、此猶太人ナル敎授ガ「爾ノ權利ノ物件ハ一「ペニー」ナルモ、百弗ナルモ、爾ノ眼中ニ看テ以テ異レリトナス勿レ」トノ語ハ、全ク余ノ主張スル所ト符合セリ。

讀者ニ對シテ、余カ辯護スル所ノ意見ノ正當ナルヲ論證スルコハ、固ヨリ之レヲ本論ニ讓ラム、左レトモ其レニツキ、余ノ所論ヲ駁撃スルノ必要アリト思ハレン人ニ向ツテ、二ツノ請求スヘキコアリ、第一ニ請求スヘキト云フハ左ノ如シ、余カ權利ノ爲メニ競爭セザル可ラスト主張スルハ何如ナル塲合ニ在ルヤト云フニ、ソハ、人ノ權利ヲ侵スト中、之レト、同時ニ該ノ侵サルヽ人ノ身ヲモ輕侮スルモノト看做サヽルヲ得サル塲合ニノミ限レリ、然ルヲ、余ノ意見ヲハ扭チ歪カメテ、余ハ爭鬪ヲ煽動スル者ナリ、諍論ノ愛情ヲ宣諭スル者ナリト評スル人アランニハ、余ニ於テ甚タ寃トスル所ナリ、抑モ容易スク他人ニ屈シ、容易スク他人ト和スル性質ヤ、温和ニシテ、博愛ナル精神ヤ、爭議ノ和解ノ如キコハ、言フモ更ラナリ、一歩ヲ進メテ、權利ヲ降伏スルコノ如キニ至リテモ、尙ホ未タ必シモ余ノ理論ト兩立シ難キモノニ非ス、余ノ論撃スル所ノ者ハ、唯怯懦ト惰慢トニ由リテ、鄙陋ニモ犯侵ヲ隱忍スルコトニ在ルノミ、

余カ第二ニ請求スルハ左ノ如シ、余ノ理論ヲ明細ニ知ラント欲スル人々ハ、試ミニ余ノ論ニ由リテ示シタル、實際ノ行爲ニ關スル積極的《ポジチーヴ》ノ法式ヲ取リ去リテ、更ニ他ノ積極的ノ法式ヲ提出シ、之レニ易ヘラレンヿヲ望ムヿナリ、左スレハ其法式ハ何如ナル方向ヘ其人ヲ導クカ、明カニ見ユベシ、偖「自家ノ權利ガ足ノ下ニ蹂躙セラレタル𪜈其人ハ當サニ何如スヘキヤ」ト云フ問題ニ對シ、余ニ反對セル法式ヲ以テ、能ク法律、秩序ノ存在、人品ノ威嚴ト相適合スヘキ答案ヲ與ヘラレン人アラハ、其人コソ誠ニ余ヲ駁撃シ得タリト謂フベケレ、此ノ如キ答案ヲ出スコト能ハサル人ハ、余ノ法式ニ賛同セサルヘカラス、否レハ其人ハ單ニ他ノ議論ニ對シ、不滿ヲ抱キ、否定《ネゲチーヴ》ノ見ヲ有スルノミニテ曾テ一個ノ積極的ノ説

ヲ立ル能ハサル淺薄論者タルヲ甘セサル可ラス而シテ是ノ如キハ混亂セル腦髓ノ徵候ニ外ナラストス抑モ純然タル科學上ノ問題ナランニハ、否定ノミニテモ可ナリ、即チ自家ニハ一ノ積極的ノ眞理ヲ指示スルヿ能ハストモ、尙ホ他人ノ謬誤ヲ駁擊スルニ於テ妨ナシ、左レヒ是レハ純正科學上ノ問題ノミニ限ルヿニテ、當サニ如何ニ行フヘキカト云フ實用的ノ事件ニ在リテハ、決シテ他人ノ示定シタル積極ノ方鍼ヲ排斥スルノミニテ足レルモノニ非ズ、他人ノ一定ノ方鍼ヲ排斥セントニハ、必ス之レニ代ハルヘキ一説ヲ提出セサルヘカラス、余ハ「自家ノ權利ハ他人ノ足ヽ下ニ蹂躪セラレタル片其人ハ當ニ何如スヘキヤ」トイヘル問題ニ對シテ積極ノ答案ヲ與ヘタレハ、駁擊ヲ加ヘラレン人ヨリ該ノ答案ニ代ハルヘキ積極ノ一説ノ顯ハルヽヲ待ツモノナリ、尙ホ一言ノ加フヘキヿアリ、是レ「シャイロック」ハ不當ノ侵害ヲ受ケタリト

云フニツキテナリ、他ノ論旨ニハ余ト異見ナキモ、唯是ノ一點ノミニツキテハ、大ニ余ヲ咎メラルヽ人アリ、

抑モ余ハ、判官ハ「シャイロック」ノ契約書ヲ有効ノモノナリト認メサル可ラストハ、聊カモ論シタルニ非ス、左リナカラ、一タヒ之レヲ有効ナリト認メタランニハ、後ニ至リテ、卑シキ姦策モテ之レヲ無効ニスル道理ヤハアルト論セルノミ、此時判官ハ、モトヨリ契約書ヲ有効トスルモ、無効トスルモ、ソハ、其心ノ儘ナリキ、而シテ法理上無効ナリト宣告スヘキ筈ナリシニ判官ハ反ツテ有効ナリト宣告セリ沙翁《シエーキスピーア》ハ、此斷案ヨリ外ニ下スヘキ判決ハナカリシモノトノ意ヲ、暗ニ其筆端ニ顯ハシタリ、左レハコソ、「アントニオ」ノ朋友モ「アントニオ」自身モ、將タ裁判所モ「ヴエニス」ノ一國ヲ擧ケテ誰一人斯證書ノ有効ニシテ「シャイロック」ガ、之レガ爲メニ權利ヲ得タルヲ疑フ者ナカリシナレ、而シテ此權利ハカクマデ確實ナリシヲ

以テ、此老ハ裁判所ノ救援ヲ喚ヒ、所謂賢明ナル「ダニエル」ハ、此老ヲシテ其權利ヲ棄テシメント、百方誘ヒ賺シタレド、更ニ其効ナク、終ニ、左レバトテ、其權利ノ執行ヲ許シタルナリ、然ルニ判決既ニ下リ、此老ノ權利ノ疑點既ニ明カニ、國主以下列ミ居シ諸役人モ、法律ノ命ニ詮方モナク、伏シ從ヒ、「シャイロック」ハ、訴訟ノ結果ヲ確カニ信シ、今ヤ判官ノ命ヲ執行セントスル其刹那、現タリ此老ノ權利ヲ嚴カニ認メタル該ノ判官ハ、世ニモ醜キ計略モテ俄カニ故障ヲ入レ、此權利ヲ水泡ニ歸セシメタリ、嗚呼世ニ血ノナキ肉アル乎、「アントニオ」ノ躰ヨリ、一斤ノ肉ヲ切リ取ル「シャイロック」ノ權利ヲ認メタル判官ハ、之レト同時ニ「アントニオ」ノ血ヲ濺クノ權利ヲ認メシ者ナリ一斤ノ肉ヲ切ルノ權利アル者ハ、亦タ之ヨリ少キ肉ヲ切ルノ權利アル者ナリ、然ルニ判官ハ云フ、血ナキノ肉ヲ取レ、唯肉ノ一斤ヲ取レ、一斤ヨリ多キヲ得ス、一斤ヨリ少ナキヲ得スト、恠ナル哉判

決ヤ、余ガ之ヲ許シテ、「シャイロック」老ハ、詐計ヲ以テ其權利ヲ奪ハレタリト
言フハ其レ誠ニ過テル乎固ヨリ此詭計ハ人類ノ利益ノ爲メニ做セル
者ナリト云フ、其レ然ラン、然レモ、人類ノ利益ノ爲メニ做セル詭計ハ、詭
計ニアラズト謂フヲ得ル乎、

一千八百七十七年二月廿四日「ゲッチンゲン」ニ於テ

「ルードルフ、フオン、イエリング」識ス

米國飜譯者ノ附記

左ニ摘記スル所ハ、本書ノ佛國譯ニ係ル者ノ敘ヨリ抜キ取リタル所ナリ、著者「ドクトル。フォン。イエリング」氏ハ、其著書ニ於テ「ザヴィニー、プフタ」主義ノ法律起原論ヲ痛撃セシガ、其理論ヲシテ更ラニ明晰ナラシメント欲シ、佛國ノ譯者ニ寄スルニ書ヲ以テセリ、其要ニ曰ク

「奈破崙第一世」ノ戰氛、始メテ日耳曼ノ天ニ歛マリシ時ニ方リ、全國ノ諸法律ヲ集メテ、之レヲ法典ニ編成セントノ企望ハ、忽チ世ニ顯ハレ、而シテ當時第一流ノ法律家中ニ數ヘラレタル「チボー」氏ハ、公然其雄辯ヲ奮ツテ、是ノ目的ヲ濟サントカメタリ、然ルニ全日耳曼ノ諸王侯ハ、毫モ此企圖ヲ賛成セス、皆冷然トシテ之レヲ遇シタリ、蓋シ諸王侯ノ然ク編典論ヲ斥ケシ所以ノ者ハ、政治上ニ於テモ、司法上ニ於テモ、日耳曼當時ノ紛亂ヲ、力メテ長ク保續スルヿ、自家ノ便益タルヲ熟知シタレハナリ、左

レ𪜈最モ驚クヘキハ、日耳曼ノ法律家ハ殆ント皆心ヲ一ニシ、此編纂ノ議ニ反對セルコ是ナリ而シテ「ザヴィニー」翁ハ實ニ其較著ナル代表者ノ一タリ、翁ハ其反對ノ趣旨ヲ公ニセンカ爲メ、「立法及ヒ法學ニ關セル現今ノ要務」(*vom Beruf unserer Zeit fuer Gesetzgebung und Rechtswissenschaft*)(一千八百十四年、伯林發刊其三版一千八百四十年發行)ト云ヘル題ヲ以テ其意見ヲ世ニ發表セリ、甚タ浩瀚ナル書ニ非スト雖𪜈、日耳曼法學ニ對シテハ、大ニ重要ナル者タリ、其意ハ蓋シ、諸法律ヲ輯メテ、法典トナスノ企圖ハ、道理ニ背反セル者ナリトイフニ在リ、故ニ翁ノ曰ハク、此ノ如キ編輯ハ、到底、利少クシテ弊多キ者ナリ、法典編纂ノ企圖ハ、盛時ニ發スル者ニ非ス、盛時ニ在テハ法典編纂ニ用ナケレハナリ、前蹟遠カラス羅馬ノ世ニ在リ、(十二銅票及ヒ外事奉行《プレートル》ノ告示書ハ羅馬ニハアラサリシ者ノ如クニ、翁ハ論セリ)而シテ否運多難ノ時(翁ノ時ノ若キ)ニ際シテハ、法典編纂ノ如キ大業ハ、亦タ爲シ得ヘキニ非ス、必要ナル政治上ノ敎育モ備ラス、之レニ堪フルノ技藝モ、亦タ缺如セルヲ以テナリト、而シテ翁ハ其說ヲ維持センカ爲メニ當時ノ普魯西、澳地利、佛蘭西ノ立法事業ヨリ支離ノ證憑ヲ引照セリ、

翁ノ門生ニシテ、其保護者タリシ、維廉四世、普國ノ王冠ヲ戴クニ及ンテ、翁ハ大學敎授ヨリ、特ニ翁ノ爲メニトテ設置シタル、司法省長官ノ坐ニ移ルノ運命ニ際會セリ、立法ノ理論家、立法ノ排斥家タリシ翁ノ眼ニモ、サスカニ爵祿ノ光ハ鮮ナリケン、直チニ喜ンテ此官ヲ拜セリ、此ニ及ヒテ、翁モ亦タ自ラ「現今立法事業ノ必要」ナル論ヲ立ツルニ至リ、爲替條例日耳曼商法典相尋ヒテ世ニ出ルニ及ンテ翁ノ素說ノ全ク其當ヲ得サルヲ明カニスルコトヽナレリ、

翁カ習慣法、及ヒ立法ニ就キテナシタル理論ハ、全ク嶄新ナル者ト謂フ

ニハ非サリシモ、科學的ノ光ヲ其議論上ニ與ヘ、之ヲシテ一ノ科學ナリト稱スルヲ得セシメシハ、是レ翁ノ力ニ由ラスンハアラス、其理論ニ云フ、世界中何レノ國ニテモ、其最古ノ法律ハ皆習慣法ニシテ、此法律ハ製造シタル者ニ非ス、欲シ求メタル者ニ非ス、恰モ言語ノ世ニ現ハルヽカ若ク、自然ニ生シ來リ、內ニハ人民ノ心ノ中ニ、自ラ之レカ存在ヲ信スルニ至リ、外ニハ人類生活ノ秩序ノ中ニ、自ラ現ハレ來ルニ至リ、內外共ニ發達スルコトナリ、此習慣法ハ、諸法律ノ自然ノ形狀ニシテ、之レニ比シ來レハ、夫ノ立法ノ業ノ如キハ、實ニ人工的、機械的ニシテ寧ロ宇宙ノ順序ヲ侵害スル者ナリ、立法者ノ習慣法ニ於ケル關係ヲ、物ニ喩ヘテ言ハヽ、猶ホ其レ醫師ガ人ノ本性ニ於ケルカコトキカ、本性ハ自ラ立ツモノニシテ、外ニ待ツ所アルナシ、醫師ハ力メテ之レニ干涉スルヲ避ケサル可ラス、蓋シ醫師ノ手ヲ要スルハ、是レ正當ナル本性ノ事情、既ニ亂レ、病

疾既ニ存スルノ表證ナリト、

此ノ如クニシテ、「ザヴィニー」翁ハ、立法ト習慣法トノ間ノ、眞關係ヲ全然顚倒セリ、翁ノ見ニ由レハ、習慣法先ツ成テ、立法之レニ次クト云フ、然レ𪜈人將ニ駭ヒテ問ハントス、何爲レソ其レ然ルヤト、此問ニ對シテハ、翁ハ唯古代ノ事態ハ、必ス是ノ如クナリシニ相違ナシト云フ翁ノ自信ノ外、更ラニ理由ノ答フヘキナカラントス、羅馬最古ノ制度ハ、立法ヨリ始マリシヲ徵スヘキ者ナシ、故ニ、翁ハ羅馬ノ制度ハ、自然ニ發達シタル者ナラサル可ラストノ斷案ヲ下セリ、左レ𪜈、此ノ如キ論法ヲ用フルヲ得ハ其祖先ノ誰タルヲ知ラサル人ハ、祖先ナカリシ者ナリトノ斷言ヲナスヿモ亦タナシ得ヘキニ非スヤ、翁ノ誤謬ノ原本ハ、洵ニ此ニ在リ、夫レ法律原則ノ記臆ハ、物換ハリ、星移レハ、自ラ滅ス、其太初ニ在リテハ、欲シ求ムルヿモ必要ニシテ、又タ之レカ爲メニ競爭スルヿモ必要ナリシ所ノ事モ、久シク之レヲ使用シ來レハ、其事項ハ、内ニハ、十分心ニ入リテ、道義上ノ勢力ヲ心中ニ得來リ、外ニハ、十分鞏固ノ體裁ヲ具ヘ來ルヲ以テ、其事項ハ、恰カモ始メヨリ、恒常ニ力アリシカノ如ク思ハルヽニ至ル、此事情ハ實ニ「ザヴィニー」翁ヲ欺キ、之レヲシテ謬見ヲ抱カシメタル蜃氣樓ニシテ、翁ノ理論ニハ、他ニ確然タル基礎アルヿナシ、畢竟太古ノ時代ハ、吾人ニ對シテ、法律起原ニ就キ、何事ヲモ告ケザレハコソ、翁ノ如キ理論モ世ニ現ハルヽヿナレ、若シ翁ニシテ其沿革法學派ノ代表者トナリシトキ、歴史ニ由リテ、立法ト習慣法トノ關係ノ理論ヲ搆成シタランニハ、多少正確ノ材料ヲ得テ、夫ノ立法ハ法律ノ正當ナル淵源ニシテ、習慣法ハ、特ニ行爲ノ第二ノ淵源、狹隘ナル淵源ナリトセル當時普行ノ説ハ全ク正當ノ見ナリシト認メシナルベシ、然レヒ惜ヒ哉翁ハ沿革的研究ニ於テ名ヲナシタル後ノ理論ハ習慣立法兩者ノ關係ニハ十分ニ應用セサリキ、左レドモ、一利一弊ハ免レ難キ數ニシテ、第二ノ說、卽チ立法ニ重キヲ置クノ論モ、立法權ニ分外ノ信仰ヲ歸スルノ弊ハ、頗フル有害ナル結果ヲ致セシヿアリ、十七世紀、十八世紀ニ盛ニ行ハレタル專制主義ニ於テハ、實ニ立法者ノ大自在力ヲ以テ、其崇拜セル信文ノ一條款トセシコトナリ、當時人々ハ、事物ノ本性ヲ變更スルヿサヘモ、唯主權者ヨリノ命令アレハ、之ヲ爲シ得ル者ノ如クニ信シタリ、法理學ノ如キ、俗世ノ外ニ超然タルヘキ者ニテモ、尙ホ且ツ世風ニ移サレ、立法ノ大自在力ヲ信スルヲ免レサリキ、左レハ此點ヨリ觀來レハ、當時普行ノ定說ニ反立シテハ、「ザヴィニー」翁ノ議論ハ最モ正當ニシテ、且ツ便利ナリシヿ、疑ヲ容レス、然レドモ、此關係ヨリシテ、法典編纂ハ行フヘカラサル業ナリ、効用ナキ業ナリ、ト推論スルノ理由ハ決シテ之レアルベカラズ、而シテ此碩儒ハ、過實誇大ノ定說ヲ攻擊シテ、却テ之レニ反對セル、過實誇大ノ謬見ニ

陷レルノ評ヲ免レサリシナリ、
翁ノ理論ハ、翁ノ營中ノ驍將「プフタ」氏、大ニ之レヲ闡發シ、且ツ之レヲ精論シテ、一千八百二十八年之レヲ世ニ公ニセリ、
以上ハ、著者ガ本書ノ佛國ノ譯者ニ寄セタル文ヨリ、抜摘シタル者ナリ、著者ガ汎ク法律ノ起原ニ就テ論セシ所ハ、英米普通法ノ起原ニ適用シテ、亦タ正鵠ヲ得タルコハ固ヨリ論ヲ待タズ、故ニ此一小冊子ノ、英米法律家ニ補益多キコ、羅馬法學者ニ補益スルト、以テ異ルナキハ、余ノ敢テ斷言スル所ナリ、其實用倫理的ノ點ニ至リテハ、其功力ノ及フ所、時ノ今古ト土ノ東西トニ由テ、制限アルヘカラス、其米國ニ緊要ナルハ、猶ホ澳國ニ緊要ナルカコトキナリ、而シテ現今ノ合衆國民ニ在テハ特ニ之レニ對シテ反覆思ヲ致スヘキ者アリト云

「ジョン、ジェー、レーロア」誌ス

# 權利競爭論目錄

## 第一章



權利ノ目的ハ平和ニ在リ此目的ヲ得ルノ方法ハ戰鬪ナリ○權利ハ活力ナリ○權利ハ國家ノ擧テナスヘキ不斷ノ勤勞ナリ○權利防衞ノ義務ハ各人均一ニ負ヘル者ニアラス、—權利ハ財産ト同シク二個ノ面アリ○本論ノ眼目○主觀的權利及客觀的權利○權利ノ起原ト權利ノ競爭、—「ザヴィニー」「プフタ」權利起原論○交際及學問上ヨリ來ル權利原則ハ自然ニ發達ス、—立法力、—立法力ノナセル法律ノ變更ハ効ヲ權利ニ及ホサスト說、—法律ノ變更ハ人ノ權利ニ至切ノ利害アリ故ニ法律ノ變更ハ人民ノ競爭ヲ致ス○新原則ト舊原則トノ競

ル乎○國際ノ爭論ニシテ算盤ヲ以テ進止ヲ決スヘカラストセハ何ヲ以テ個人間ノ爭議ノミ決ヲ算盤ニ取ラサルヲ得サル乎、―訴訟ノ理想的目的、―訴訟ハ人ノ品格ノ問題ナリ○訴訟ヲ起スト否トハ各人ノ嗜好ト性質トニ由リ定ムヘキ問題ナリトノ說、―不正ニ抗抵シ侵害ヲ防禦スルハ自己ト國トニ對スルノ義務ナリ、

## 第三章

權利ノ爲メニ競爭スルハ權利ヲ侵サレタル者カ自己ニ對スルノ義務ナリ……三十七丁

自ラ生存ヲ保衞スルハ生物ノ大則、―人ハ形而下生存ノ外ニ形而上生存ヲ保タサル可ラス、―形而上生存ノ要件ハ權利ナリ、―自己ノ生存ヲ一ニ法律ノミニ委ス可ラス○橫逆タル損害ト橫逆タラサル損

害ノ區別、―攻撃ヲ忍容スルハ不正ヲ幇助スルナリ○善意ノ占有、―惡意アリトノ疑念、―惡意ノ疑念ノ深淺ハ敎育ト職業トニ由リテ異レリ、―農夫ト財産ノ感情○羅馬ノ例、―主觀的侵害及客觀侵害ノ區別○此區別ハ必シモ各人ノ感情ト符合セス○世人ハ必シモ形而上ノ生存要件ヲ理解セサルモ尙ホ善ク之レヲ感覺ス、―精神上ノ苦痛ハ猶ホ身躰上ノ苦痛ノゴトシ共ニ危害ノ逼リ來レルノ徵候ナリ、―精神上ノ苦痛ハ忍耐ス可ラス○武官ノ生存要件、―農夫ノ生存要件○商人ノ生存要件○權利ヲ防衛スルトキハ其形而上生存要件ヲ防衞スル者ナリ、―權利之感情ノ激發ト其階級ノ生存要件、―一國ノ生存要件ト其刑法トノ關係○一階級ノ特情ハ或感覺ヲ遲鈍ナラシム○財産ニ於ケル權利之感情ノ消長、―訴訟ヲ起スノ動機ハ利益ノ動機ナリトノ說○此謬說ハ財産ノ基礎ヲ不當ノ地ニ置キタルニ由リテ生ス、—財産ハ勤勞ナリ、—財産ト人トノ關係蕩滅スル事情○惰慢ナル獲得ノ惡感化、—一地ニ重要ノ地位ヲ占ル人民ノ財産之感情ハ大ナル勢力アリ○安逸ヲ求メ競爭ヲ避ルノ主義ハ怯夫ノ政略、—此主義ノ世ニ行ハル、モ表面上社會ニ大害ナキ所以ノ理、—國家カ競爭ニ干涉セサル場合ニハ果シテ何如、—國際ノ競爭○法律上ノ唯物主義○余ト余ノ所有物トノ繫緊スル者ハ意志ナリ、—財産ヲ侵害スル者ハ其所有者ヲ侵害スル者ナリ○理想的價格及ヒ有躰的價格、—理想的概念力ハ何如ナル人民モ之レヲ有ス、—權利ノ爲メノ競爭ハ人格ノ詩、○苦痛ノ感情ハ競爭ノ原因、—權利全躰ノ秘密ハ苦痛ニ在リ、—權利ノ眞質ヲ解スルハ智識ニアラスシテ感情ナリ○被害ノトキノ權利感情ノ反動力及ヒ苦痛、—權利之感情ノ健否ヲ驗スルノ兩標準○激怒○行爲、—權利之感情ノ强弱ハ之レヲ發揮スルノ方法ヲ以テ測度スヘカラス、―權利之感情ノ强弱ハ貧富ニ由リテ區別スヘカラス、―英國人ノ權利之感情、―數片ノ銀貨ノ中ニ數百年ノ歷史存セリ、

第四章



客觀的權利ト主觀的權利ハ互ニ相依リ相存ス、―事實ニ應用セサル權利ノ規則ハ權利ノ規則ニ非ス、―公法ハ官吏ノ勤勉ニ由リテ効力ヲ生シ私法ハ一個人ノ勤勉ニ由リテ効力ヲ生ス○權利ヲ防禦セサルノ結果ハ只其人一身ノミニ及フ者ニ非ス、―各人ノ有セル具躰的權利ハ法律防衞ノ戰場ニ入ルノ入場劵ナリ、―權利ノ防衞ハ法律ノ威嚴ヲ保チ秩序ヲ全フス○濁世ノ志士、―人ヲ害スル勿レト人ニ害

セラルヽ勿レノ二確言○權利ヲ防衞スルハ社會ニ對スルノ義務○必シモ國民的大業ノ協力者トナランノ意志アルヲ要セス○法律ノ爲メノ競爭ハ權利ノ觀念ヲ實踐スル爲メノ協力ナリ○理想的感情ハ單ニ學者ノミノ有セル者ニ非ス、―羅馬ノ公衆ノ訴訟○理想權利之感情激發スルトキハ道義界ノ暴風雨ノ顯象ヲ呈ス○俗人モ亦タ我カ權利ト法律ト同一躰ナルヲ知ル、―權利ハ法律ノ寫眞ノ如シトノ說○法律權利ノ混同躰、―私利ノ防衞モ亦タ暗ニ法律ヲ防衞ス、―人肉質入ノ戯曲○沙翁ノ妙語○「ミッヘル。コールハス」ノ悲譚、―同シク蹂躙セラルヘクンハ寧ロ犬タルニ如カス、―銜寃者ハ多ク破法ノ民トナル○全國モ亦タ時トシテハ自ラ立テ權利ノ執行者トナルコトアリ、刑事秘密裁判、決闘、流血ノ復讐、及「リンチ」法、―人民ノ感情ト法律トノ矛盾、

## 第五章

權利ノ爲メノ競爭ハ國民ノ生存ニ至要ナリ……………百二十四丁

權利ノ爲メノ競爭ハ直チニ國家强弱ノ運ニ關ス、—憲法國際法ノ野ニ忠戰スル者ハ必ス是レ私法ノ爭ニ健闘スルノ士、—國民政治教育ノ學校ハ公法ニ在ラスシテ私法ニ在リ、—權利ハ唯心的觀念ナリ、—一國ノ政治上ノ位地ハ其道義力ト倶ニ昇降ス、—成丁ノ子弟ニ竹鞭ヲ加フル神州人民○法律ヲ防衞スルハ權利ヲ防衞スル所以○保安耀威ノ最良策ハ權利之感情ヲ培養スルニ在リ、—權利之感情ハ國家ノ根柢○人身自由撲滅策○虐政内ヲ害セハ外寇之レニ從フ、—「アルサス」「ローレーン」ヲ取リシハ、獨逸國ノ損失○單ニ時ノ法律ニ從テ行爲スルノミニテハ未タ國力ヲ補成スルニ足ラス、—護國ノ至計、—國

家ノ神聖ナル義務、――權利之感情ハ之レヲ抑壓スレハ則チ衰フ、

## 第六章

方今ノ羅馬法及ヒ權利ノ爲メノ競爭……………百三十八丁

權利之感情ト獨逸ノ現行法トノ關係如何○民事ノ損害ハ係爭物品又ハ其價直ノミヲ賠ヘハ足ル乎○羅馬法ト權利之感情トノ關係三變○第一期羅馬法即チ權利感情無限ノ世○第二期即チ權利感情有限ノ世○第三期即チ權利感情衰頽ノ世、――虐政的温和、――債務者ヲ憐ムハ弱世ノ徵候○今日ノ羅馬法即チ獨逸ノ現行法、――學説ノ跋扈○獨逸法ニハ權利ノ理想的感情ヲ缺ク、――不便ニ賠償ナシ○主觀的侵害ハ客觀侵害ノ位地ニ墜落混同セリ、――私法ハ理想的損害ヲ顧スシテ可ナル乎、――正義ノ觀念ハ罪ノ觀念ノ實行ト離ル可ラス○現行證

據法ノ缺點、―原告ノ災殃被告ノ幸福○前代刑法家ノ僻說及自己防衛○自己防衛ノ例外、―商人○財產上ノ自己防衛、―自己防衛ノ用力ノ輕重○「ヘルベルト」氏ノ權利大本論、―權利ノ美ハ競爭ノ中ニ存ス○「面ニ汗シテ其食ヲ得ヨ」ト「競爭シテ其權利ヲ得ヨ」トノ二則ハ天ノ訓命、

權利の目的は平和に在り此目的を得るの方法は戰鬪なり

# 權利競爭論

獨逸 ルードルフ、フオン、イエリング 原書
合衆國 ジヨン、ジエー、レーロア 譯
日本 宇都宮五郎 重譯

## 第一章 權利の起原

權利の目的は平和に在り、而して此目的を得るの方法は則ち戰鬪なり
權利にして害惡の侵撃を抗拒するの準備をなさゝるを得さる間は、權利は決して戰鬪と離る可らす、而して害惡の侵撃は、未來永劫已む時なきを知れは、權利も亦た竟に戰鬪を蛻脱するの期なきを識るへし、故に權利の生涯は競爭なり、國際の競爭や、國權の競爭や各階級間の競爭や各個人間の競爭や、皆是れ權利競爭の現象なり、
世界に存する所の權利は、一として爭鬪に由りて得たる者ならさるは

權利は活力なり

權利は國家の擧てなすへき不斷の勤勞なり

なし、世に在る權利の諸原則は其始は皆、腕力を以て此原則に抗抵する人を壓倒して得來れる者のみ、而して今日の權利は、全國民の權利にてもあれ一個人の權利にてもあれ、悉く常に之れを確守し、之れを防禦する準備の間に、日を送る者と謂はさる可らす、元來權利と云ふは、單に理論には非すして、活力なり、故に古代希臘の正義の神像は、一手に衡を提りて、以て權利の重輕を權かるを示し、一手に劍を提け、以て權利を實行するを示すなり、劍ありて衡なくんは、是れ豺狼の力のみ衡ありて、劍なくんは權利は竟に無效に歸す、故に劍衡は相待て、始めて其用を爲し、而して其劍を用ふるの威力と其衡を操るの熟練と善く相應して、偏僻する所なくんは、法律の狀態玆に始めて完しとなす、

權利は不斷の勤勞なり、而して又單に國家の爲すへき勤勞に非すして、國民の擧て爲すへき勤勞なり、故に權利の生涯は、畧ほ國の經濟及智識

権利防衛の義務は各人均一に負る者にあらす

の始終に似たり、一國の富は其民の不斷の勤勉に成り、一國の文華は其民の恒久の劬勞に就り、而して一國の權利も亦た其民の不息の競爭に由て成立す、是を以て苟も自己の權利を防衞せさる可らさるの位地に立てる者は、皆權利保衞の國民的事業に與て力ある者なり、啻に國民の事業に功あるのみならす、卽ち全地球に於ける權利の觀念の實踐に於て、其涓滴の勳を累ね在る者なり、

權利を防衞するの義務は固とより各人均一に負へる者に非ず、一生の間競爭をなせしともなく、侵害を受しともなく、法規の中に優游して以て歲を卒る者、其幾千人なるを知らす、去れは吾人にして、若し權利は戰爭なりと說かは、此の如き人は、必すや惘然として其を解せさるへし、これ此輩は平和と整頓の狀態に於てのみ權利を見るか故なり、而して、此輩の經驗上の意見としては、是れ決して謬るの說に非す、猶ほ富豪の子、

權利は財產さ同しく二個の面あり

秋毫の勞なく、坐して父祖傳來の財產を受けたる者は「財產は勤勞なり」との語を聞て、之れを解する能はさるかことし、權利に對し、財產に對し、此誤解を來す所以の者は何そや、此二者の觀念は、二個の面あり、一面は則ち享樂と平和にして、一面は則ち勤勞と爭鬪なり、而して人の心中に此二面を分離し、甲は享樂と平和のみを以て眞相となし、乙は則ち勤勞と爭鬪のみを本態となす、是れ此誤見を致す所以なり、故に今若し乙に就て、權利財產の意見を叩かは必すや富見及ひ無訴訟の人と、反對なる答を爲すへきなり、是に由て之を觀れば、財產は權利と同しく、其れ猶ほ「ジェーナス」神の像のごとき乎「ジェーナス」神には兩個の顏あり、甲には其一顏を見はし、乙には他の一顏を見はす、故に甲乙各其顏に就て有する意想を異にすと云ふ權利に於ては此關係は一個人と同しく一時代に適用すへし、或る一代の終始は戰爭なり、更に他の一代の顚末は平和なり、故に其感覺の異る所、國民も亦た個人と同様の誤解を致す、泰平日久しけれは國民皆無事の常にすへきを信す、而して鼙聲一震、春閨夢覺れは、始めて恬熈の恃む可らさるを悟る、是れよりして、安逸以て平和を享けたるの世は去つて、爭闘以て平和を購ひ獲るの時來る、此の如くにして、財産に就ても、權利に就ひても、勤勞と享樂は、各別人に屬し、互に關係なきか如きも、決して之を以て二者相倚り相關する者たるを妨けす茲に樂を享け、安を受て、世を送る者ある所以は隱に此人の爲めに爭闘し勤勞する者あるか爲めなり、競爭せすして平和を得、勞苦せすして康樂を受るは、唯極樂淨土に於て之れを見るへし、塵世の得て望む所に非るなり、若し我か言を疑はゝ、人其れ之れを史に問へ、史は必す答へて曰はん權利と財産は多難不息なる勤勉の結果なりと、

曰、競爭は權利か爲すへき業務なり、曰、競爭は畢竟何等の實要あり將た

何等の道義的價値あるか、曰、競爭は財産に於ける勤勞と同樣の基礎の上に居かさる可らす、是れ余か逐次に闡發せんと欲する觀念なり、余は此等の勞を取るは是れ決して分外の贊事を企つる者に非さるを信す、啻に贊事を企つる者に非さるのみならす、吾か法理論の遺漏を補ふ者なるを信す啻に吾か法理哲學の遺漏を補ふのみに非す、又た吾か成法の缺典を修むる者なるを信す、吾か邦の法理論は、孜々として、正義神の衡のみを是れ繹ね、劔のことに至ては忽焉として問ふことなきは、是れ人々の皆な知る所、更に贅言を待たさる事實なり、夫れ權利は、論理上よりいへは抽象的原則の一組織なるも、實際上、勢力の一觀念なり、吾か法學社會は、醇乎たる科學的基礎よりして、權利を以て單に抽象的原則となすの偏見行はれ、之れを以て權利を解釋するの唯一の方法とせり、其事實と相距る甚た遠し、請ふ左に追次に之れを證せん、

主觀的權利及び客觀的權利

權利(*recht*)なる語は、世人の知れる如く、二個の意義あり、客觀的の意義、及主觀的の意義是れなり、客觀的に於ける權利とは國家か効力を付したる、法律の諸原則を總稱する者にして、人類生存の法律的整理を謂ふ、主觀的に於ける權利とは、比喩を以て言へは、抽象的規則の沈澱して、人の具體的權利となりたる者を謂ふ、而して客觀主觀孰れの方面に於ても權利は抗抵力に克たさるへからす、即ち、競爭に由りて、其自己の存立を、確守防衞せさるへからさるなり、余か把て此書に論せんとする所は、則ち客觀的權利に非すして、主觀的權利の競爭なり、然れとも余は更に一言す、競爭は權利の要素なりといふの論は客觀的權利に在りても、同しく眞にして謬らさることを、

競爭は權利の要素なり、此一事は國家か權利を實踐することに關しては、何人も之を論爭する者なし、故に余は更に之を說明するの必要なきを

権利起原ト権利競争

「ザヴイニー、プフタ」権利起原論

信す、蓋し國家か、権利を保つと云ふとは、即ち權利を破ふるの暴行に對して、不斷競爭すると云ふとに外ならされはなり、然れとも權利の起原に關しては、競爭の一論遽に世の贊同を得さるを知るなり、但し、玆に所謂、權利の起原とは、單に太古の歴史に於ける諸權利の濫觴を指すに非ず併せて、日々吾人の眼前に發生する、法律の更改、舊制の廢棄、新則の成立、即ち權利の進歩をも指す者なりと、知るへし、何となれば余の見る所を以てするに權利發達の狀態は其太初に於ても、今日に於ても、將た何れの時に於ても同一の規律に從ふへき者なれはなり、然れ共之に對しては、全く反對の理論あり其理論は少くとも、吾か羅馬法學に關しては汎く輿望を博したる者にして、余は其理論主唱者の名に由りて、之を「ザヴイニー。プフタ」權利起原論と呼んと欲す、此論に由るに、權利原則の集合體を成すや言語の成立發達の如く、知らさるの間に發生し苦痛なくして進歩す權利の集合體の搆造に關しては、曾て競爭を要するなく、曾て鬪鬩を要するなしとせり、左れは此說に由れは吾人は權利を欲し求むるの必要も、亦之れなかるべし、何なれは、權利の原則は沈靜なる眞理の働力に外ならす、何等の劇勞をも要することなく、徐々として、而も確乎として自ら進む者なれはなり、論者又云ふ權利は、漸次に人の心中に開發し人の行爲に由て表彰せらるゝ、確信力なり、權利の新原則が世に現はるゝは其平易なること、文法の規則の、自ら世に出るか如しと、果して此說の如くんは夫の古代羅馬の「債權者は辨濟することを得さる債務者を、奴隷として外國人に賣ることを得」といへる原則や、又た「物件の所有主は、其物件何人の占有に歸し在るとも、其占有主に對し之を請求することを得」といへる原則は、其徃時、(cum)(以て)といふ字は、奪格(ablative)を支配すといふ、拉丁文法の規則と同しく、自然に成立せる者と謂はざる可らす、

交際及ひ學問上より來る權利の原則は自然に發達す

權利の起原に關せる此觀念は、余も亦た始めて大學を卒りし頃は、厚く信したる所にして、多年の間其感化を受け來れり、然れとも、此觀念、豈眞理に適へりとなすに足らむ乎、固より、權利の中には言語の如く、人類の企圖に由らす、人類の知覺を待たす、自ら發達する者、即ち他の語を以て之れを說けは、內部より外部に向て有機的の發達をなす者あるとは、是れ爭ふ可らさる事實なり、夫れ權利の原則の中には、人々が互に交際追逐する間に、外物の力を假らすして、其權利自然平均し宜を得るに由り、漸次に定りて一の原則となる者も、之あり、是等の原則は、必す之れを所謂有機的發達に歸せさる可らす、又抽象的理論、又は法規は、學問の力を以て、現行法より推演し來りて、人の意識の中に入る者、亦た之れあり、是等の理論法規も、亦た必す之れを有機的發達に歸せさる可らす、左れは是等の點に關しては「ザヴイニー。プフタ」主義の發達は、必しも之を非と

立法力

立法力のなせる法律の變更は効を權利に及ほさすとの說

す可らす、然れとも、想へ、此二要素卽ち人間相互の交際及ひ學問は、其力甚た狹隘なる者なることを、此二要素の力は、喩へは其現在の區域の中に、水流の行動を整理すへく、又た之れか速力を增すに難からすと雖とも、堤防を決裂して一新路を作すとは、決して其能くする所にあらさるなり、而して之れを能くする者は、唯立法力の一あるのみ、夫れ立法力は、元來特に權利の水流に、新路を開くの目的を以て設置せる國家力の一部なり、故に夫の成法訴訟手續等凡そ法律上の變更は、一として立法力に由らさる者なきは、是れ決して偶然に非す、法律の性質上、然らさるを得さる者ありて存すれはなり、然れとも或は云、現行法の上に向て、立法力の爲せる變更は、其勢力の及ふ所、蓋し唯全く權利の抽象的關係卽法律に止り、決して從來既に成立せる法律より生し來れる具躰的關係卽ち權利に及ふことなし、是れ特に法律機關に於ける朽廢せる螺旋の如

法律の變更は人の權利に至切の利害あり故に法律の變更は人民の競爭を致す

き機械を除き、之に代ふるに完全なる者を以てする如きに過きさるなりと、其言や允なり、然れとも、深く思へ、法律の變更は人の權利に至切の關係を有する者なることを一たひ法律の上に變更を來たさは、從來成立せる私人の權利利益は之か爲め異常の侵害を蒙らさるは希れなり、一の法律原則ありて、玆に幾多の歲月を積めは、此原則の上に關係を有する者、漸次に生し來り、幾千萬の生靈、一階級の烝民は、此原則の廢棄に際しては、慘酷の害を受けさるを得さると、比々皆然りとなす、知るへし法律制度を動かすと云ふことは卽ち反對の利益を有する者に對し、戰爭を宣告するの義なることを、兵戟を以て其抗敵せる千萬人を壓倒するの義なることを、故に法律制度變更の企圖は、每に反擊の擧を致す、反擊の擧あるか故に、玆に競爭の勢をなす、是れ生物自保の天則上、然らさるを得さる所なり、而して其勝敗の數は畢に何如、勝つ者は抗戰力の優れる者に在り、敗るゝ者は爭鬪力の劣れる者にありて、道理の强弱は之に與からす、而して其結果物理學の所謂、平行四邊形の法なる者に類し、甲の進むを欲するの點にも達せす、乙の欲する點にも向はす、二力平均の一方に進路を取るの現象を見ると、屢之れあるなり、是に於て乎、輿論か久しく死刑の宣告を下したる制度も、依然として長く其殘喘を世に留むるの理は、得て知るへきなり、塲合に於て、此制度をして、命脉を茲に維持するを得せしむる者は、物理學の所謂習慣性に非ざるなり、此制度の存立に對し利益を有する者の防禦力なり、

然れとも、既成の權利ありて此權利上に其利益を有する者固く之れを保持する塲合に方りては、新權利の世に出てんとするや、必す先つ競爭の難を經さる可らす、競爭の久しき或は結んて一世紀に亘るとあり、而して其の利益の性質固定權利といふへき程の重大なる者なるときは、

新原則ト舊原則トノ競爭

其競爭玆に其劇烈を極はむ、此場合に於ては、二個の黨派共に權利の神聖を名として、相爭ふを見る一は歷史的の權利卽ち過去の權利を守り而して一は永遠無究に人間に現はれ來りて、常に新鮮なる權利卽ち人類の新權利を恃む、蓋し此の如く權利自躰と權利の觀念との衝突は、其中、實に悲酸の事情を含有する者なり、何となれは双方の人々は其信する所の爲に其力を竭し、其生を賭して、爭ふと雖も、遂に舊原則は新原則の爲めに壓倒せらるゝの運を免れされはなり、試に看よ、奴隸の廢止、莊丁の廢止、不動產の自由勞動の自由、宗敎の自由の如き、載せて法律史上に在る所の大業偉蹟何れか其始め大競爭を爲して而して其功を奏したる者ならさらんや、而して其甚たしき者は、競爭一連數百年に及へり、是等の競爭の間には權利の關する所は、到る處、權利の揉碎蹂躙せらるゝを見、或は流血伏屍の慘を見るとあり蓋し法律は其見を啖ふの「サタルン」（案するに「サタルン」は希臘神傳中の神にして天と地とより生したる末子なり後其父なる天に代りて其位に在りしか天及地は「サタルン」が必す其子の爲めに位を奪はれんヿを預言せり此に於て「サタルン」大に驚き其子生るゝに隨て盡く之を啖へりと云ふ）なり然るに又一方より觀來れは法律は其既往を除滅して始めて其新鮮を保つヿを得るものなり故に單に世に出てゝ輙ち其完全無究の生存を要むる所の權利あらんには是れ其母に對して手を抗くるの兒に異らす左れは既成の權利は必す權利の觀念を疾む者なり何となれは權利の觀念は絶へす權利となりて世に來るへきものにして既成の權利は早晩其位地を新生の權利に讓らさる可らさる運命の者なれはなり是れ新舊權利間には競爭を生せさる能はさる所以なり詩に云く

宇宙無量物

「ザヴィニー」翁ノ權利ト言語技藝トノ比較論ハ誤レリ

茲成旋復權

而して法律發達の歴史を觀來れは、唯、一幅、願望、競爭、戰鬪の如き、煩勞苦痛の活畫を見るのみ試に想へ、言語か、知らす識らさるの間に、心中に搆成せらるゝに方り、何そ曾て之れを抗拒する者あらむ乎、技藝に於けるも亦然り、其過去、卽ち世の風尙、嗜好を廢するの外、進んて攻むへき者なく、來りて戰ふ者なし、然るに、權利に至りては決して然らす權利は則ち始めより、人類の目的、奮勵、利害の盤渦の間にありて、自ら感覺し、自ら進みて、其行くへきの正路を覓め、僅かに之れを覓め得たるときは、更らに其進路を塞くの妨碍物と、戰はさるへからす、故に、縱令權利の發達は、技藝及ひ言語の發達の如く、一定齊整の規律に遵ふ者なりとの說をして、眞ならしむるも、權利の發達する方法に至りて、大に技藝言語と同しからさるは決して爭ふへからさるの事實なり、故に夫の一方に權利を把り、一方に言語と技藝を把りて「ザヴィニー」翁が爲したる比較論は世間の稱讃彼れか如く其れ喧しきに拘らす、余は斷乎として之れを排斥せさるを得さるなり、翁の定敎固より謬まれり、而して唯哲學上の一説としては、曾て甚たしき危險あるに非すと雖とも政治上の一格言として觀來れは、此の如く有害なる誤謬は未た曾て之れあらさるなり、何そや、蓋、此定説は、人の當さに進行せさる可らす、否、明晰的確の目的を以て進行せさる可らす、否、其全副の力を奮て進行せさる可らさるの時に方りて人の眼前に虛妄なる期望を幻出し人を紿きて其進行を捐棄せしむるの失あれはなり其期望とは他なし天下の物は自然に發達し人の補助を待つ者に非す人の上策は只弓絃を櫜み劍戟を束ね垂拱して諸法の淵源たる、權利の自信《ナチユラルコンヴイクシヨン》より顯れ來る者を待つに在るのみとの期望是なり豈荒唐の期望に非すや「ザヴィニー」翁及ひ其門弟子か、立法の

「プフタ」氏と習慣法

「ザヴィニー」翁の論は小説的法律論なり

干渉を忌む所以の理は、實に此に在り、而して「プフタ」主義の習慣法論が、習慣の眞意を誤解せる所以の理も、亦た此に在るなり、「プフタ」氏の説に由れは習慣とは權利に關する確信を發見するの方法たるに過きさるも個の確信も、亦た權利自躰の作用に由りて成る者にして、權利が其始め人生を管治するの權力あり、職分あるを表明するに至りしも、亦た權利自躰の作用に由る者なることに至ては「プフタ」氏は毫も思及はさりき、一言以て之を約すれは、權利は勢力を含有する觀念なることを、斯大家は輕々看過せり、然れとも、氏の此説ある所以の者は、其實其時の風潮に伴はれしに過きす、氏の時に當り小説專ら我か文學界に行はれたり、若し小説の觀念を法學に移すことを憚らす、又た敢て小説法律兩界に行はれたる事情を比較するの勞を取る人あらんには、必すや沿革法理派は亦た小説派と稱するを得へしとの余か言を、謬れりとせさるへし、試に想へ、權利の原則は、無爲無勞にして、自然に發生すると、野の百合花の如しといへる說は、豈小說的の論に非る乎、豈過去の事情に關する虛想の上に結搆せる總念に非る乎、波風荒き此世の事實か、吾人に示す所は全く之れと相反せり、眼を開ひて世態を通覽せよ、法律上の關係を組成するに、劇烈の竭力をなさゝるの民は、殆と之れあることなきを知らん、法律の發達の問題は樂只なる問題にあらすして、鬱陶なる問題なり、而して其斯く鬱陶たる問題なるとは、決して惟た現時の形勢のみ然るにあらす、何如なる過去を把つて之れを考ふるも、必す然らさるなきなり、果して然らは「ザヴイニー」翁の論の如き發達世にありしとせは、是れ文献以前、吾人の毫も識る能はさる時代に在りし者と假想するの外なし、然り、然れとも、若し吾人にてし、文献以前の太古を忖度するに、臆說を以てすることを得は、余は亦た敢て翁の臆說に反立するとを憚らさるなり、

文獻以前の權利は果して權利の確信より出て來りし乎

翁の臆說に以爲らく、此時代に於て、法律は皆人民が權利を確信するといふ內部の意識より出て、平穩和順に進化したる者なりと、是れ余の臆說と正に相氷炭するものなり、而して豫め告けさる可らさることあり、即ち力めて之れを愼謹に言ふも文獻以後の法律發達史は余の臆說を援くる者にして、心理學上の蓋然《プロバビリティー》も、亦た更らに余の說に左袒する者なることこれなり、嗚呼原世の一語は、一時何等の佳文字なりしぞ、曰眞實、曰實樸、曰忠信、曰純潔、曰祇虔、是等は皆曾て原世を寫出するの套語なりしなり、誠に原世をして此の如きの土ならしめは、權利原則は權利の確信の外、何等の力をも須ひすして、蓊然として繁茂せしなるべく、劍を舞はし、腕を揮ふの必要はなかりしなるべし、然れとも今日に至りては、世復た此の如き、妄談を信する者なし、千代の八千代の古は、決して斯の如き善良の日にあらすして、却て毒惡の時たり、權利原則を得ること、近世よりも

権利の誕生は分娩の艱苦を免れす

決して易からさりしを人々皆知るに至れり、余の信する所に由るに、往古の民か、権利の原則を得るか爲めに、糜したる勞苦は、今日に比すれは、更に甚しかりし者なり、例せは前既に擧けたる羅馬最古の法律、則ち「動産の所有主は、其動産何人の占有に歸しあるとも其占有主に對し之れを請求することを得」と云ひ、「債權者は辨濟することを得さる債務者を、奴隷として外國人に賣ることを得」と云へるか如き、極めて簡單なる規則と雖とも、全然國民の確認を受る前には、甚たしき難戰を爲したる者なること明かなり、然れとも文献以前の事態は、之れを論するに万言を費すも、畢に臆説に過きす、姑らく舍き問はすして可なり、權利の起原に關し、最古の文献の示す所を知れは、以て自ら足れりとすへきなり、而して最古の歴史の示す所は、則ち權利の誕生は、人の誕生の如く、分娩の苦痛を免る能はすと云ふに在り、

國民と其權利と母子の情あるは分娩の難あるが故なり

權利の世に出づるや、苦難ありて之に伴ふ、是れ何ぞ病むに足らむ乎、惟其れ必ず艱難競爭、戰鬪、蹀血し而る後ち權利を獲、是れ國と其權利の間に母子の愛情を來たす所以なり母の子を生むや實に其生命を賭す、是れ其兒に情ある所以なり、苦艱なくして得たるの權利は、鴻の遺せる孩兒の如し、鴻の遺せる者は、亦た時ありて、猛鷗狡狐將さに來つて攫み去らんとす、然れとも慈母懷裡の兒は、豈狐鷗の能く覦ふ所ならむや、知るべし、勞苦膏血の築き成せるの權利は、決して之を其民より奪却する能はさるとを余は言はんとす、人民が權利を保衞するの氣力と愛情の多少は、其之を得るか爲め糜せる苦痛と勤勞の多少に由て、之をトす可しと、夫れ國民と其權利との間に最强の鐵鎖を緊締する者は、單に習慣のみにあらずして犧牲なり、皇天は其多福を欲するの國に賚ふに其必要物を以てせず、必らず自ら勞して而して之れを取らしむ、之れを勞する瑣少の難を以てせす必らす大艱を經て而て後之れを得せしむ此の如く觀來れは、便ち識るへし、權利の世に出るに方つて戰爭せさる可らさるは禍に非すして乃ち福なることを、

権利競争は侵害を受るに由りて生す

## 第二章　權利の生存即ち一種の競爭

是より筆を轉して、本書の題目たる、具躰的權利の爲めの競爭を論せん、具躰的權利の爲めの競爭は、何に由りて生するか、是れ他なし、外部より して權利を侵害抑制する者あるに由るなり、夫れ一個人の權利なると國民の權利なるとを問はす、苟も權利と云ふ以上は、常に侵害の外に超然として、長へに其安全を保つこと能はさる者なれは、權利の爲の競爭は、苟も權利の關する區域には、何れの處と雖も行はれさるなし、私法の溪谷にも行はるへく、公法、國際法の山頭にも行はるへし、戰爭と云ひ、叛亂と云ひ、革命と云ひ、米國民の間に行はるゝ「リンチ」法と云ひ、歐洲中古の武斷政治、封建法度と云ひ、決鬪と云ひ、自己防衞と云ひ、將た訴訟と云ひ、其執て以て得喪を爭ふ所の目的物は同しからす、其競爭の形躰範圍は

人多く訴訟の意味を誤解す

互に異りと雖とも、要するに權利の爲めの競爭と云へる、一齣曲を演する者に外ならさるなり、唯其互に同しからさる所は、其脚色少しく殊り其劇塲相異ると云ふか如きに過きさるなり、今此競爭を說くに當り、余か前に擧けたる諸種の形體の中に就き其最も劇烈ならさる者、卽ち訴訟事件に現はるゝ所の個人權利の例を撰んて之れを解明せんとする所以の者は是れ決して訴訟と云ふことは、法律家に對して、他の諸件よりも利害切なるか故にあらす、特に訴訟の塲合に在りては、何如なる趣旨を以て之れを起すや、法律家も、非法律家も、共に誤解するの虞多きか故なり、他の塲合に在りては、其性質分明ならさるなし、卽ち他の諸競爭に於ては、其爭鬪の危險を擔保し、賠償に充つへき貨財、卽ち物件の問題あらさることなし、是れ至愚の人と雖とも、亦能く知る所なり、斯の如き事件に向ては、何人と雖とも、「何故相爭ふ乎、」「何故寧ろ拋棄せさる乎」と

訴訟は全く金錢のみの爲めに起す者の如し

挑鬪時代

云へる問をなすものあらさるへし、殊に他の場合には、雙方の人、畢生の力を奮つて爭鬪し、軀を擲て顧みさるか如き、壯烈の觀を呈するを以て、勢必す傍人をして其意想を高からしめ、是れ必す爭はさるを得さる理由ありて然る者なりとの理想的ノ判斷を下さしむ、然るに訴訟に於ける個人私權の爭に在りては、其事情全然異り、其關係する所、比較的に微小にして、其問題の係る所は、大抵「吾か物」「爾の物」と云ふに在り、其爭議は概ね長日月の間、結ひて解けさる者なれは、其外觀上、全く一味の牙籌的計較にあるものゝ如く、加之、其競爭の法方甚た機械的にして、自由、强勁の行爲をなすこと能はす、斯の如き事情は、人をして訴訟を視て、太た無味なる業なりとの感を與さしむ、然れとも往時を回顧すれは、嘗て訴訟に關しても、尙ほ對手双方を爭鬪場裡に召喚して、決を腕力に取らしめたる日ありたり、此の如き場合に在りては、競爭の眞質何如と云ふと、始めて茲に明かなるとなり、即ち夫の「吾か物」「爾の物」と云へる問題も、中古の武士か挑鬪狀を送りしの日に在りては、尙ほ鋒刃を以て之れを決したり、當時に在ては、此爭鬪に全く關係を有せさる者と雖とも、尙ほ皆な格鬪の目的は、單に金錢の利害物件の得喪にあらすして格鬪者は特に其物に就きて其身躰を防衞し其權利を防衞し又た其榮譽を防衞する者なりと信して疑はさりしなり、

然れとも、既に久しく消滅したる挑鬪時代の事蹟を、故らに此に拈り出すの必要は、毫も之れなし、何となれは、其形態に至りては異るも、今日尙ほ同一の精神を見るへき者、現に存在すれはなり、試に眼を放つて吾人社會、日常の現象を視、又た省みて吾人自己の心中を觀察せよ、必らす中古格鬪時代にありし情態は、依然今日に存するを知らむ、

人ありて今ま其權利を侵害せられたりとせよ、此人は忽ち一個の問題に

平和を擇はん乎權利を擇はん乎

逢着すへし、曰く此權利を確立し、此侵害者を抗拒すへき乎即ち一の競爭を爲すへき乎、抑も競爭の勞を免れんか爲めに權利を其害せられたるに任して放棄すへき乎、此問題に對する判決は、全く其人の心意何如に係る、而して其答は孰れに在りとするも、共に犧牲に供する所あるを免れす、即ち一の答に從へは、權利は平和の犧牲に供せさる可らす、他の答に從へは平和は權利の犧牲に供せさるへからす、故に此問題は到底左の如き法式となるへし、曰、其事件の情況に照し其人の位地に稽へみれは、權利を犧牲にすると平和を犧牲にすると孰れか最も忍ふへからさる乎と、而して人或は之に答て曰はん、此場合に於て、富者は應さに其係爭の金額を拋棄して、以て、平和を求むへし、何となれは、此金額は富者に於て比較的に瑣微なる者なれはなり、貧者は應さに平和を放擲して以て其金額を求むへし、何となれは、此金額は貧者に在りては、比較的に

競爭すると否とは貧富と相關する事項にあらず

巨大なる者なれはなりと、果して此說の如くんは權利の爲めの競爭は單に數學上の問題と變し、其便不便は唯天秤に懸けて之れを比較し、而して後、輙すく其判斷を得へきものとなる、

然れとも此答たるや、決して事實に適合せさる者なるとは、人々の稔知する所なり日々の經驗に徵するに、爭訟の目的物の價直は、其爭訟者に生すへき煩勞、激昂費用と毫も比例せさる事件、屢之あり、今ま人あり、誤て一圓金を水に墜せり、此人や決して此貨幣を探り取らんか爲めに、二圓の金を抛て以て人を傭はさるへし、斯の如き場合に在りては、此貨幣を回復するか爲めに、幾金を費すへきやと云へる問題は、其人に在りては、單に數學的の問題なり、人を傭ふて之れを取るも、尙ほ利益あらは、以て人を傭ふへし、人を傭ふて出納相償はすんは、以て已むへし、斯の如きのみ、然るに人の訴訟を起すに當りては之れと同一なる冷々淡々の算

盤的計較に由り其進止を決せさるは何そや、人或は曰はん、是れ他なし、訴ふる者は必す其勝を期す其訴訟入費は必す反對者の上に落つるを期す、之れを以て然るのみと、嗚呼此答は何を以て此疑問を解くに足らむや、世間に假令訴訟に於ては勝を制するも、尙ほ其得る所ろ以て失ふ所を償ふに足らさること明なる事件多くあり、然るに原告は、之れを知るも、爲めに其訴訟を止めさるとは法律家の皆知る所なり辯護士が其依頼人に對し其事件の好望なきを示し之れか起訴を諭止するに方りて、依頼人は多く答へて云ふ、第た訟を起せよ、費用の如きは何そ問ふを須ひんと、是れ辯護士か每々逢遭する事實なり、若し牙籌を把つて此依頼人の意望を較計せは何如、全く意義なき癡事と謂はんのみ、然らは何如なる點より之れを說明すへき乎、

此問に對し、世人の概ね與ふる所の答は曰く此の如きは、是れ訴訟に關

國際の爭論は果して算盤上の損利を以て進止を決する乎

する狂癲病なり、純然たる評論の愛なり、敵を苦ましむるの熱情なり、左るが故に起訴に伴ふの損失あるを知るも、尙ほ之れを止むる能はさるなりと、

其れ然るか、果して然らは、今や姑らく一個人間の爭論を舍き、二個の國民間の爭議を假想せん、玆に一國あり、不法の手段に由り、他國より磽确不毛の地、方一里を奪取せりとせよ、此被害の國は、以て默止すへき乎、將た戰ふへき乎、之れを判するに所謂訴訟狂癲病の標準を以てして農夫か其隣人より其田の數尺を剗去せられ、若くは數片の拳石を投入せられたる場合と、同樣に決斷し去らんか、此不毛の方一里は、之を戰爭の結果に比すれは、固とより日を同ふして語るへからす、戰爭一たひ起らは果して何如なるへきそ王者の玉樓金殿も、細人の茆簷蓽門も同しく悲風慘雨の中に落ち、壯丁は辜なくして骸を荒艸の中に暴し、幾千万の財

貨は、一朝にして銷へ、或は延ひて其國の危殆を致すことあり、斯の如き價を以て斯の如き目的を得んと欲す、乃ち愚の極なるなからむや、若し農夫と國民とを裁斷するに、同一の標準を以てせは、吾人は必す此の如き斷案を得さる能はさらん、然れとも、何人か果して農夫に論す所以の者を把りて、移して之を國民に諭さんとする者あらんや、白痴の者にあらさるよりは、人皆知らん、此の如き違法の屈辱に逢ひ而して默然として忍容する國民あらんには、此民や亦能く自ら其自己に對する死刑の宣告に署名するを辭せさる者なるを、一方里の地を奪取せられて敢て問はさるの國は、一百里も亦た奪はれん、二百里も亦た奪はれん、全土終に他人の手に歸し、國全く亡ひすんは、其侵害嘗て已まさるへし、而して此國にして此運に逢ふは、固とより其所なり、卑陋なると彼れか如くにして、更らに之れよりも善き運命の下に立たんと欲せは、何物の過

國際の爭議は算盤を以て進止を決すへからされは個人の爭議のみ何を以て決を算盤に取らさるを得さるか

訴訟の理想的目的

か其れ之れより大ならむ、

然れとも試に問ふ、單に領土の一方里を奪はれたるの故を以て國民は其費用の多寡を問はす、問罪の師を興すへきの理あらは、何か故に農夫は其田圃の一片地の爲に訴訟を起す可らさるの理ある乎、豈「ジユピター（案、羅馬の神名）は之を許すべし、牛に對しては之を許すへからす」として之を斥くへき乎、夫れ國民の戰ふや、獨り一方里の地の爲めに戰ふに非るなり國民自躰の爲めに戰ふなり、其榮譽の爲めに戰ふなり、其獨立の爲めに戰ふなり、其れ然り、果して然らは、訴訟の場合亦た何そ獨り然らさらむ乎、前既に擧くるか如く、其爭訟の目的物の價直は、以て其費用、其他の犧牲物を償ふに足らさる場合に在ては、其問題決して其物件の上に在らさるや明けし、然らは訴を起して何物を博せんと欲する乎、曰く欲する所は理想的の目的に在るなり、理想的の目的とは何そや、曰く、其人が其身を確立するに在り、其權利の感情を確立するに在り、惟此目的あり、故に其訴訟に伴生する各種の損失、各種の不便は、復た較計するに遑あらさるなり、眼底に存する個の目的は、其方法の不利不便を償ふに足る者あるなり、左れは權利上に侵害を被りたる者を鼓舞して、訴訟を起さしむる者は、一片の金錢的利得に在らすして、乃ち其人の被りたる無形上の苦痛なり、原告は其起訴の本志の潔白なるを明亮ならしめんか爲め、其起訴の當日より豫め其目的物を以て、慈善の途に寄附すると屢之れあり、此の如く、其訴に由りて、自己の嚢を膨脹せしめんとするに非さると、瞭然たる場合に於て、尙ほ原告が其起訴の念を抛つ能はさるを以て見れは、以て知るへし、其人の意志固と物件の回復に在らすして、世人をして其權利の自己にあるとを、認めしめんと欲するに在ることを、頁心の聲は其人に語て曰、縮退する莫れ、爾の賭して以て爭ふ所は、瑣々た

訴訟は人の品格の問題なり

訴訟を起すと否とは各人の嗜好と性質に由りて定むへき問題なりとの說

る物件の上に在らさるなり、爾の權利之感情なり、爾の自重心なりと、之を要するに訴訟は其人の眼中に在りては、復た單純なる利得の問題として見はれすして、乃ち人の品格《カラクタル》の問題として見はるゝなり、

然るに吾人の經驗に由るに、之と同樣の訴訟に在りて、全く反對の決斷を爲す者、亦少からす、是等の人は、煩勞と憂慮とを以て自己の權利を買はんよりも、寧ろ大に身の平和を喜ふ者なり、此輩に對しては、余輩は果して如何なる斷定を下すへきか、單に左の一言を以て解し去らん乎、曰く、是れ單に人々の嗜好と性質に由りて定むへき事項にして、甲は自己の心、滿足を得されは措かす、然るに乙は平和を求むるの念、自己の滿足を求むるより切なり、權利の基本より驗し來れは、兩者の斷案共に非とすへきにあらす、何となれは、權利は其性質上其權利を確立するも、將た之を放棄するも、共に權利を有せる人の意に一任する者なれはなりと、

不正に抗抵し侵害を防禦するは自己と國さに對するの義務なり

此見解たるや、不幸、吾人か數々耳にする所なり、然れとも余を以て之を見れは、是の論實に吾人の最も排斥せさる可らさる所の妄見にして權利の心髓《エッセンス》と正さに相矛盾する者なり若し此論にして汎く世に行はれん乎、權利自躰も亦た自滅し了るへし、何となれは權利は其存立の爲めに、其侵害に對して常に毅然たる抗抵を要する者なるに、是の説は之に異り權利は怯夫の如く、侵害の前に逃遁すへき者なることを主張すれはなり、余の見る所は全く之に反せり、余は以謂らく、不正を抗抵し、侵害を防禦するは、權利を有する者の自己に對する義務なり、是れ人類形而上自保の法なれはなり、單に自己に對するの義務たるのみならす、抑も又た國に對するの義務なり、何となれは權利の確立する爲めには、斯の如き抗抵は、世に遍ねく行はれさる可らされはなりと、以上余か陳へたる所は、本論の基本たる原則にして、後章に於て之を詳説する所あるへし、

自ら生存を保衛するは生物の大則
人は形而下生存の外に形而上生存を保たさる可らす

## 第三章　權利の爲めに競爭するは權利を侵されたる者が自己に對する義務なり

權利の爲めに競爭するは、權利を侵害せられたる者か、自己に對するの義務なり夫れ自ら其生存を保衛するは、生物の大基則なり、是理は、何等の生物と雖とも、自保の本能あらさるなきの一事を見れは、自ら明瞭なり、而て人類に至りては、他の諸生物と殊り、單に形而下の生存をなすのみにては、未た以て足れりとなさす又た形而上の生存を保たさるへからす、而して形而上生存の要件は權利なり、人は其權利の中に形而上生存の要件を保有し、而して之を防衛す、權利なくんは人は忽ちに禽獸の位地に隳落せん、(第四章に至り此事は更に詳かに說くへし)故に羅馬人か法律上、奴隷を以て畜類と同一の位地に置きしは、論理上甚た當を得たる者と謂ふへし、是に由て之れを觀れは、自己の權利を確立するは、形而上自保の一義務な

形而上の要件は權利なり

自己の生存を一に法律のみに委すへからす

ること固より明けし、今日に在りては、自己の權利を悉く他人に交付するヿは、法律上爲し能はさる所なりと雖とも、往時に於ては此の如きの事亦た爲し得し所なり、而して斯の如く其一切の權利を擧けて之れを他人に交付するは、是れ形而上の自殺なりとす、然れとも權利は、元と分離せる部分の集合したるものにして、其各部分皆特別なる形而上生存要件をなすものなり、財產の如き、婚姻の如き、名譽の如き、皆然り、故に人たるもの、此等の諸件の一と雖も、自ら放棄するヿ能はさるは、猶ほ此等の諸件を擧けて、盡く之れを放棄すへからさるかことし、然れとも他よりして、此等の諸件の一を攻擊侵害するヿは、是れ決して有り得へからさるのヿに非らす、而して此攻擊を抗拒するは實に攻擊に逢ふたる者の義務なりとす何となれは生存の條件を把て一に法律(抽象的原則を以て代表せる)の保護に委するは、未た以て足れりと爲す可らさ

横逆たる損害と横逆たらさる損害の區別

れはなり權利を侵されたる人は、自ら進て具體的權利を以て之れを回復せさるへからす、而して具體的權利を以て生存要件を確立するの念は攻擊に逢へは輙ち玆に激興する者とす、

然れとも法律に於て損害と認むるもの、未た悉く暴肆卽ち權利の觀念に反せる叛逆と謂ふへからす、例せは玆に人あり、余の動產を占有せりと雖とも、固と此人は自ら其物の所有主なりと信せるなり、斯人や、决して財產權と云へる觀念を把て、之れを排拒したる者にあらす、啻に之れを排拒せさるのみならす、反つて此財產權なる觀念を以て、余に抗抵する者なり、左れは斯人と余との間の問題は、單に兩人の中孰れか眞の所有者なりやと云ふに歸するのみ、然るに竊盜の如き、强盜の如きは全く之れに異り、此輩は、其身を財產權といへる法律の區域の外に居くものにして、余の財產に就ひて財產權の觀念を拒斥する者なり故に之れと

同時に、余か身の生存の必要條件を拒斥する者なり、試みに想へ、此輩の如き行爲若し世に普く行はれ、法律上の一定則となることあらは、果して何如なるへきそ、財産と云ふとは、理論上にも實際上にも、全く滅絶せらるへし、夫れ財産權は余の生存に缺くへからさる權利の一なり、故に此輩の行爲たるや、余の動産に對する攻擊たるに止らす、兼て余の身に對するの攻擊たり、左れは、余の身に對するの攻擊を防禦する事、果して余の義務ならんには、此財産攻擊の日に當り、奮つて之れを防禦するは亦た余の義務たると疑を容れさるなり、然れども玆に吾人財産を放棄するとも、自己に對する義務を懈れりといふへからさる場合唯一つあり、其場合何如、曰く、財産防衞の義務と、生命防衞の義務と、相撞着する場合是れなり、例せは强盜余を刧かし、余をして財産を防衞して生命を擲つか、抑も財産を交付して生命を全ふするかの二事を、擇ましめたる場

侵害を忍容するは不正を幇助するなり

善意の占有

合の如し、生命財産兼ねて而して全ふすへからさらん乎、寧ろ財を抛て生を完ふせん、蓋し生命を保衞するの義務は、財産を保衞するの義務よりも更らに重要なる者なれはなり、此場合を除くの外は、吾人は決して自ら財産の攻擊を默視するを得す、他より余の身に就ひて權利を輕侮するに方り、之れを防くに毅然余の全力を竭すへきは、余の義務にして、決して免るへからさる者なれはなり、今余にして權利の輕侮を受けて之れを忍容せんか、是れ卽ち該の一瞬時は余に於て不正を幇助する者なりと謂ふへし、然れとも、權利を防衞するには、權利を有せる者、自ら之れを爲すへく、他人決して之れに手を假すことを得す、

善意を以て余の動産を占有する者の場合にありては、余の之れに對するの位地、全く盜賊に對するか如き場合と相異れり、此場合の問題は、余は何如にす可きやと云ふにあり、余は當さに何如にせさるへからさる

やと云ふに在らす、余か權利之感情、余の品格《カラクター》、余の人品《ペルソナリテー》に關するの問題にあらすして、單に算盤上損得の問題なり、何となれは渠れは余の物件に就き、財產權の觀念を拒絕せす、余の生存條件を犯さす、故に余の賭して得喪を爭ふへき者は、唯余の動產の價直あるのみ、是れを渠れの占有に一任するも、余が自己に對する義務を怠れる者に非されはなり、余は其利害を計り、訴訟の結果を考へ、双々對比し、去就を商量するに於て、綽々として其れ餘裕あり、訴ふへくんは之れを訴ふる可なり、已むへくんは以て已む可なり、仲裁人に付すへくんは以て仲裁人に付する可なり、惟、余か欲する所に從ふて、義務に拘せらるゝの所なし、而して仲裁人に付するとは、蓋し双方の計算に由り最も相一致すへき傾向多き筈の點にして、此に假想したる爭議を决するの、最好方法たるへし、

此一段の文字は、余の所論の誤解を釋くに足るへきを信す、蓋し讀

者の中、或は余を以て、其境遇を問はす、其動機を論せす、偏に權利の爲めに戰を起すを勸誘する者なり、故に係爭權利を退讓するは、全然許すへからす、と言ふ者なりと、錯認するものあらん、是れ大に余の本旨に違へり、余か權利防衞の事を以て、其人自躰の防衞なり、名譽の防衞なり、社會上の義務なり、と主唱するは、唯其人の權利、他人の足下に蹂躪せられたる時を指すのみ、故に此段に擧けたる如く必ずしも爭ふを須ひさる場合と、力を極めて爭はさる可らさる場合との間には、大なる差異ありて、余は此差異に重を置きたるなり、想ふに、讀者は、必す之れを鑒了せられしなるへし、斯の如く、分疏し來るも、尙ほ余を以て爭鬪諍議是れ煽動する者なり、爭論の中には美質存し、爭論癖は一種の德なりと主張するものなりと、評せられんには、余は其人を以て、惡意を挾んて、余を非難せらるゝ者と假定

悪意ありとの疑念

するの外なし否らすんは或は書を讀むと其宜を得す、書中の首に讀みたることを、其末に至りて遺忘せられたるの過に坐する者となさゝるを得さるなり、

然れとも仲裁に付することは易きに似たるも實際頗る難き者にして、對手双方、始めより仲裁の商議を拒絶すること多し、其故何そや、蓋し双方の計算、互に懸隔を生するを以て、相和し難きと云ふに非さるなり、互に其反對者を認めて、悪意ありて爭ふ者なりとなすに由るのみ、是を以て訴式上より言へは、客觀的、即ち物件上袚害(*Reivindicatio*)の理由を以て、起したる訴訟と雖も、原告の其心中に於ては、反對者か悪意を以て、權利を犯したる場合と、同一の問題となる、故に此場合に於て原告か其權利を防衞するの執拗頑強なること、悪意の侵犯に對する時と異るなきは、毫も怪むに足らさるなり、而して道義上より視て、此防衞の正當なること、猶ほ強

悪意の疑念の深淺は教育と職業とに由りて異る

盜に抗するの正當なるか如し、故に此時に當て、人あり、原告に向て、訴訟入費を説き、其敗訴の虞を論し、其他之に類するの便を臚列して、以て其起訴を息めしめんとせんか、是れ心理上の大誤謬と謂ふへし、何なれは、此原告の眼中には、此問題は利得の問題に非ずして、正義の感情權利の感情の問題なれはなり、元來原告をして、猛然對手に抗敵するの念を與さしめし者は、對手に悪意ありとの想像に在れは、對手に悪意ありとの想像をして原告の胸中に消滅せしむるは、是最好の手段なり、此想像一たひ滅すれは、原告が訴訟を續くへきや息むへきやは、一に算盤上の問題となるへし、事此に至れは、仲裁得て望むへく、和解得て望むへし、然れとも此疑念を氷釋せしむると是れ亦た容易の事にあらす、原告は先入、主となり、頑然として、反對者に悪意なしとの分疏忠告を、拒斥すると多きは、經驗ある法律家の皆能く知る所なり、而して此疑念の深淺は、純ら

農夫と財産の感情

人々の賦性何如に由るのみならず、亦た大に教育と職業とに係れる者とす、此事實に關しては、何人と雖とも、余の説を斥けさるへし、爭訴の時に方り、反對者に對する惡意の想像は農夫に於て、特に其硬頑なるを見る、世人は多く、爭訴癖を以て農夫を訾ると雖とも、是れ全く二個の元素特に農夫社會に具れるの結果に外ならす、一は則ち農夫は財産を重んするの感情強きに因り一は、農夫は物事何につけても疑念深きに因る而れとも、此に所謂財産を重んするの感情とは、決して貪慾と云ふ義に非す讀者幸に混淆すると莫れ、夫れ一方に於ては善く自家の損得を了知し、其所有物を保守するの固きと、農夫の若き者なしと雖も、又た一方に於ては、訴訟の爲に其の財産を犧牲に供して顧みさると、農夫の若き者は非さるなり、此二事は其外面より見れは、全く相矛盾するか如し、然れとも、亦た決て説明し難きに非さるなり、何そや、蓋し農夫は財産に對するの感情大に發達せる者なり、惟其れ財産の感情強し、故に其財産の侵害に對するの感覺最も敏なり、惟其れ財産侵害に對するの感覺最も敏なり、故に其侵害に抗するの反動力最も劇烈なる而已、故に農夫の爭訟癖は、其財産的感情、其猜疑の念と混して正軌を踰逸し斜行したる者に過きす此事は戀愛嫉妬の塲合に於て其類似を見るへし愛戀の塲合に於て人若し其目的達せさるときは大ひに失望し翻て刄を援て自殺すると往々之あり吁是れ以て農夫と訴訟との關係を喩ふへきなり、羅馬法の中には、今ま余の論せし所の者を證するに足るへき、頗ふる興味あるの例あり、農夫は權利の衝突ある毎に、必す反對者の惡意を想像する傾向あるは、既に陳へたる所の如し、而して羅馬法を見るときは恰も之れと同樣の思想、明かに法律となりて存せり、其法律に由るときは苟も權利の衝突あるときは、假令双方の對手は共に善意なりし時と雖

主觀的侵害及客觀的侵害の區別

とも、敗訴したる對手は、其抵抗したるを過失として、罰金を拂はさる可らす何となれは單に、其權利を回復したりと云へる事實は、未た以て權利を蹂躙せられたりとの、惡感情を慰するに足らされはなり、故に敗訴者は無罪なると、有罪なるとを問はす、權利に反對したることに對し賠償をなさゝる可らさることゝせり若し今日の農夫をして、法律を制定することを得せしめは、想ふに必す、古代羅馬人と、甚た相類するの法律を作くるなるべし、然れとも羅馬に於ても、斯く法律上に存したる、何如なる場合にも惡意を想像すといふ疑念は、其後開明の力に由て、滅却せられ、羅馬法は侵害を分つて二種とするに至れり、即ち有罪的侵害、及ひ無罪的侵害、他の語を以て之れを言へは主觀的《サブジエクチーヴ》侵害、及ひ客觀的《オブジエクチーヴ》侵害是れなり、（「ヘーゲル」は客觀的侵害を稱して無意の非行といへり）

客觀的侵害、即ち無罪的侵害と、主觀的侵害、即ち有罪的侵害との區別は、

此區別は必しも個人の感情と符合する者にあらす

立法上並に學問上より看來れは、甚た重要なる者にして、此區別は、權利の點より見れは其事實は何如に認るやと云ふ、其方法を表明し、權利侵害に對する處分の理由を、解示するに足る者なり、然れとも、此區別たるや、固とより法律上の區別にして、個人各自か、某々の侵害により、其何如に激昂するものなるか、個人各自は某々の侵害に對し重きか、輕きか、何如に認定すへきかを決する者にあらす、一個人の感情は必すしも法律の抽象的總念と、相一致して消長動止する者にあらされは、法律の處に處分する所の事項、必しも個人の甚しく激昂する所のものに非す、一個人の大に憤怒する所、法律或は之れを處する頗ふる寛なるとあり、試に下に擧る所を看よ、玆に他人の爲めに其權利を侵害せられたる者あり、法律に從へは、是の侵害は全く客觀的侵害の部類に入るへき者なりとせよ、然るに被害者は爲害者に惡意ありたりと推測する、理由あることと屢之れあり而して此惡意有無の判斷次第にて被害者は爲害者に對して惡意者に對する手段を取るも亦其の自由なりとす又た玆に余より金錢を貸りたる者ありとせよ、其繼續人は全く其事實を知らさるなり、而るに證據たにあらは法律は此繼續人に對して、余か眞の債務者に對して有すると、同一の貸金請求訴權 (*condictio ex mutuo*) を余に與へ此繼續者をして、余に對し、眞の債權者と同一の辨濟をなさしむる者なり、夫れ法律の規定は此の如しと雖とも、然れとも、余の心中、豈此情を知らさるの繼續者を以て、夫の恬然負債の事實を論斥し、若くは理由なくして辨濟を拒絕するの眞債務者と、同一の處分をなすに忍ん乎、夫れ此債務者は、余に於ては、其關係毫も竊盜に異るとなし、斯人や惡意を以て余の所有物を奪取せんと欲する者なり、權利に對して暴肆を逐けんとする者なり、盜賊と異る所の者は、唯外面に法律的の被服を著け、以て其非を

世人は形而上の生存要件を理解せさるも尚ほ善く之を感覺す

飾るにあるのみ、之れに反して此繼續者は恰も夫の善意を以て、余の所有物を占有せる者と相似たり、其所爲、決して、債務者は辨濟すへき者なりとの原則を拒否する者に非す、唯其人自ら、債務者たりと信せさるのみ、左れは余か曩に善意の占有者に就きて述へたる關係は、悉く此場合に適用すへし、故に余は此人に對し、全く訴訟を息め和解するを得ると勿論なり、然れとも此奸曲なる眞の債務者に對しては、余は決然として起て我か權利を防衞せさるへからす、之れに伴ふ所の費用の如きは、固とより問ふに遑あらさるなり、若し余にして之れを爲さゝらんか、余は此債務者を認めて、正當なりと認むる者なり、否、余は敢て權利を自棄する者なりと謂はさる可らす、

「子は喋々として辯し來るも、世人は果して財產權及ひ契約が形而上の生存要件たるを知れる乎」と此一問は、想ふに、必す余に對して提出せら

精神上の苦痛は猶ほ身躰上の苦痛のごとし危害の迫れる徵候なり

るへき者ならん「知るや否や」と云へる問題ならんには、余は將さに答へて言はんとす、世人は之れを知らさるへしと、然れとも、世人か「知るや、否や」といへる問題は、世人か「感覺するや否や」と云へる問題とは、全く別種の者たるを認めさる可らす、乞ふ試みに其然る所以を證せん、余は敢て問はん、世人は皆能く腎や、肺や、若くは肝の人類形而下の要件なることを知る乎、恐くは皆之れを知れりとの答を發すること難かるへし、然れとも、誰れか肺の苦惱、肝腎の疼痛を知らさる者あらんや、誰れか此苦痛に因りて自ら警起し其療治に注意せさる者あらんや、身躰の苦痛は內臟機關に和を失せる所ある徵候なり、機關に有害力の侵し來れるの徵候なり、故に苦痛は吾人をして其逼り來れる危害を悟り因て防禦の策を講せしむる所以なり、惡意の侵害即ち暴肆が吾人の心中に生せしむる形而上の苦痛も、亦た之れと同一の關係あり、其人の主觀的感情の敏銳

精神上の痛苦は忍耐す可らず

なると、遲鈍なるとの差異に因り、侵害の形情、目的物の不同に因り、（此二者は殊に大關係あり）或は大なる苦痛となり、或は小なる苦痛となるの區別はあれとも、必す人の心中に顯はれ來りて、人を刺擊し之れをして奮然として其苦痛の原因、即はち害惡に抵抗するの念を起さしむると なり而して常に暴肆に慣れ、其精神全く痲痺鈍了したる者を除くの外は人として此苦痛を感せさるなし、今夫れ侵害を受け、隱忍默止敢て抗せさるときは苦痛の感は漸を以て已む、苦痛の感既に已めは心理上の健康は何を以て之を保維するを得む哉故に心中の苦惱に由りて起つて侵害に抗するは、躰上の疼痛に由りて、急に療法を施すものと、以て異るとなし、形而上生命を自保する義務を記臆せしむる所以の精神上の苦痛は是れ猶ほ形而下生命自保の念を刺擊する爲めに肉躰上の苦痛あるかことし、余は今や前段に論せる關係を證するに最も較明なる例を以てすへし即ち名譽の侵害と、其名譽の感情最も發達せる職業なる、武人の事是れなり、玆に其名譽を毀傷するの侮辱に逢へる武官あり、其人默然として此侮辱を忍容せは、果して何如、斯人や復た武官に非るなり、夫れ自己の名譽を防衛するは各人の義務、何そ獨り武官のみならむ、然るに武官に此義務を責むる何そ獨り此の如く其れ酷なるや、曰、是れ亦故あり、武官なる者は其人品《ペルソナリテイー》に對し、勇烈なる防禦をなさゝる可らさると、他の位地の人々の比にあらさるは、渠れ武人の自ら感する所なり、武官の位地は其性質上、勇氣の集合體なり、故に、若し其集合體の一員の怯懦を容るすときは、武官全體を其犠牲に供せさる能はす、是を以て人品の防衛は、其位地に缺く可らさる要件にして是れ皆な彼等か自知せる所なり、今ま試に武官と農夫とを把つて相比較するときは、其差異實に著しき者あり、農夫は其財産を防衞すること、彼れか如く其れ頑硬なりと雖とも、其名譽に關して冷淡なるとは、亦た實に驚くへきものあり、斯の如き者は何そや、是れ亦た當然の理にして、農夫と云へる一階級の形而上、生存に必要なる條件は、武官の生存條件と同しからされはなり、故に農夫は自ら武官と其感情を異にす感情は其生存條件を犯すとき、最も鋭敏なる者なれはなり、蓋し、農夫は決して其勇氣を世に證明するの必要なし、唯勤勞を證明するの必要あるのみ、而して其過去の勤勞を表彰する有形の證據は財産なりとなす、懶惰にして心を其田地に用ひす、或は其僅少なる財産を消靡するの農夫は、其友僚の輕侮を受ること、夫の名譽を輕んする武官か、其儕輩の爲めに蔑如せらるゝと、以て異ることとなし、然れとも農夫は名譽の爲めに決鬪せす、若くは名譽の爲めに訴訟を起さゝるを以て、隣人の嘲笑を受ることとなく、武官は其財産を治むるを拙なるを以て、其友僚の詆訾を蒙ふるとなし、農夫か其鋤頭を以て耕耔する所の田圃、其欄中に飼育する所の禽畜は、農夫に在ては其生存の基本たり、故に其一尺の地を奪ひたるを以て隣叟を訴へ、既に賣りたる牛羊の代價を償はさるを以て商人を訴ふるか如きは、武官か其劍を揮つて其權利の爲めに戰ふと、事情正に相同し、是等の塲合に於ては、共に一身を擲て惜ます、其所爲の結果利損の若きは、毫も復た念頭に懸けさる所なり、而して是れ實に斯の如くならさるを得す、何となれは是の如き所爲を做すは皆曾て其嗜好に由て然るにあらす、各其階級の形而上生存自保の規律に從ふ者なれはなり、若し武官と農夫とを陪審官となし、財産侵害の件を武官の陪審官に付し、名譽侵害の件を農夫の陪審官に付せは、其事件に對するの判斷は果して何如、農夫の財産に對する感情、及武官の名譽に對する感情に比して、非常の差異を見るへし、世人の能く知れるか如く、財産の損害に係る事項に於ては、農夫の如く嚴酷なる裁判者は決してあらさるなり、余意ふに、若し農夫か毆打創傷に對し、訴訟を起すあらは、此訴件を仲裁に付することは、其財産侵害の訴訟よりも、大に輙すく承諾すへし、是れ余の經驗に徵して言ふこと能はすと雖とも、決して疑へからさる所なり、古代羅馬の農夫は、其面を批たれしとき廿五「アス」の賠償金を以て滿足し、曾て之を以て少しとせす、又た一眼を瞎せられたるときは爲害者の眼を瞎することを被害者に許せしと雖とも、農夫等は之れを爲すを欲せすして、毎に之を仲裁に付せり、然るに飜て財産に關するの處分を見るに、決して斯の如く其れ寛大ならさるなり、當時農夫は現場に於て捕へたる竊盜は、之れを奴隷となし、渠、もし、之れを抗拒する時は直ちに之れを殺すを許されんことを乞ひ、法律は之れを許せり、此の如く、寛猛其度を異にする者は、何そや、蓋し財產は農夫の生存條

件に係る者にして、身躰名譽は然らされはなり、

### 商人の生存要件

第三例として商人の事を一考せん、商人の信用に於けるは、猶ほ武官の名譽に於けるかことく、農夫の財産に於けるか如し、信用を保つことは、商人に在りては、最要の問題たり、故に其契約したる所を怠懈することを以て商人を非難する者あらは、其非難たるや商人に在りては、其身體を毆打せられ、其物品を奪はるゝよりも、更らに殘酷なる攻撃なり、近時の法律に於て懈怠の破産、詐欺の破産の罪を、商人及ひ之れに準する人々の間のみに限り、應用するの傾向を生せしは、能く商人の特別なる事情に適せるものなり、

已上擧けたる所は何の爲めに論陳せしか、單に權利之感情激昂するの程度は、以て該の侵害の性質か、該の一階級の生存條件に於ける關係の輕重を測るに足る者なれは權利之感情の激昂は人の階級と職業とに

權利を防衞するときは其形而上生存條件を防衞する者なり

従て互に相異ると云ふの事實のみを證明せんか爲めに、擧けたるに非さるなり、余は、更らに一層高等なる眞理を顯はすに足るへき者なりと、信せるなり、其眞理と云ふは他にあらす、即ち、苟も權利を有する者は其權利を防衞する時其人の形而上の生存條件を防衞する者なりと云ふと是れなり、其故何如と云ふに、前に示したる武官、農夫若くは商人か其各階級に特別なる生存の條件の點に於て、權利之感情最も激烈なりと云ふ事實を見れは、則ち權利之感情の反動力は、人類の有せる他の感情の如く、單に各人の氣質、禀性に由りてのみ、強弱、鋭鈍あるにあらすして、又た社會上の原因によりて、相異なれる者なると明かなり、他の語を以て、之れを説かは、此反動力の最も烈しきは、人の心に、此種の權利は吾か階級の生存の目的に對して、離るへからさる關係ありとの感覺に由りて、生する者なれは、人の位地に由りて、互に異ると自ら知るへし、余の見

權利之感情の激發と其階級の生存要件

る所に由るに、權利之感情か權利の侵害に對して、反撃する所の氣力の强弱は該の個人、該の階級、該の國民か其自己及ひ其生存の特別なる目的の爲めに權利全躰若くは權利の或一部の上に、置きたる重さを測かるの最好の度量なり、此原則は公權の塲合に照らすも、私權の塲合に徴するも、決して戻らす、謬らさる者なり、一階級の生存の要件を侵害するに當り、其階級の人々の中に激發する所の感情は、亦た一國の塲合に於ても之を觀ることを得へし、即ち各國の法規に就ひて之れを視るときは、其國の命脉の係る所の要件、自ら明かなるべし、蓋し、各國が、其最も重きを置くの事件、即ち害を受けて最も激昂し易き所の事件の、那邊に在るかは、法律中刑法に就ひて之れを窺ふとを得へし、各國の刑法 (*straf-recht—penal law*)を比較する時は、其間に寛嚴の懸隔、實に著大なる者あり是れ多くは前に述へたる生存の條件の差異あるに由る、何れの國にて

一國の生存要件と其刑法との關係

も皆特に其各自の生存條件に危害を及ぼすの所爲は之れを他の罪に比するときは刑罰を加ふること著しく酷なり、其例を擧くれは宗敎を以て立つの國に在りては、瀆神の所爲、拜像の所爲を罰するに死を以てす、然れとも境堺を侵犯するを以て單に輕罪とせり、(「モセス」の法律)、然るに農國に在りては之れに反し、境堺侵犯の所爲を罰するに首刑を以てす然れとも瀆神の罪を處するに最輕の刑を以てせり、(羅馬法)、商國に於ては贋造貨幣の行使を罰することと極めて酷、武國に於ては上長官に對する抗抵、及ひ官吏服職義務の違背を處する最も嚴、其他君王專治國の謀反に於ける、共和政治國の君權主張の運動に於ける、皆之れを他の犯罪に比照するときは、較著なる逕庭を見るなり、是れに由つて之れを觀れは、權利之感情の反動力は個人の場合に於ても國家の場合に於ても、其自己の殊特なる生存條件に危害を及ぼすへき者なりと、自ら感す

一階級の特情は或感覺を遲鈍ならしむ

る所爲に對しては、其勢常に猛烈なること甚た明瞭なり、

此一段に於ては、余は單に「モンテスキユー」氏か其著萬法精理に認め、且つ整理したる觀念を論述せしに過きす、是れ讀書家諸子の必す知らるゝ所なるへし、

一階級、一職業の特別なる事情は、其階級、其職業の人々をして或る權利に對し、特に重を置かしめ該の權利を犯す者ある時は其人々特に奮激すると同しく、階級職業の特別の事情は、又或る感覺をして殊に遲鈍ならしむるとあり、設例は奴僕の階級に在りては、決して他の階級の人々の若く、名譽の感情鋭敏に發達せさるなり、奴僕の位地は自ら卑陋の狀態を慣致するを以て、假令其階級に在て、一二の人奮て名譽を重んせんと欲するも、他の同僚にして陋態を甘する限りは、決して之を變するを能はす、左れは斯の如く名譽を重んする一二の人か、取るへきの道は、即、

或は心を屈し身を貶し、其儕輩と同一の狀態に甘するか抑も決然として、其職業を棄去るかの二あるのみ、然れとも、若し此一二の人の欲する如き尊ふへき氣概にして、博く其階級に行はるゝに至らは、此等の人は、其同志の徒を糾合し、其同輩の名譽の水準を推し高かむることを得へき也、此處に余の所謂水準を推し高かむるとは、單に名譽に關する各自の主觀的感情を指すに非すして、又社會の他の階級の人々並ひに立法者をして客觀的承認をなさしむることをも併せ指す者なり、最近五十年の社會の發達は、此方向に於て、偉大の進歩を顯はせり、故に余か今說きたる所は、概ね半世紀前の頃にありたる狀態に應用すへき者にして、今日奴僕の階級に於て見る所の名譽の感情は、此階級の人々か、近來自ら進んて、法律上に得來りたる位地の結果幷に其表章と知るへし、

今余か名譽に就ひて論し來りし所の權利の感情の消長の理は、亦以て

之を財産の事項に就ひて徴すへし、故に財産に關する權利之感情は、亦諸種の原因諸種の事情の悪勢力に由りて鈍了するとありとす、此に財産の權利之感情と云ふとに就き、一言讀者の注意を乞はさるへからさる者あり、余か所謂財産の權利感情とは、利欲の本能、金錢の貪嗜の如き者を指すに非すして物の所有主たる男兒らしき感情を謂ふ、卽ち十圓百圓といへるか如き價直の目的物なるか故は其所有物を防衞するに非すして、其己れに屬する物なるか故に之を防衞すると云へる、所有主の感情を謂ふ、讀者其れ之れを混する莫れ、而して此感情の代表者として余は農夫を擇めり、然り而して世人は多く余と意を同ふせすして云ふ、我に屬する品物は是れ特に吾か生計の一方便たり、吾か利得の一方便たり、吾か快樂の一方便たるの用をなすに過きす、我既に多く財を積むの義務なし、豈復た瑣々たる物品の爲に開訴訟を起こし、吾か日子を

訴訟を起すの動機は利益の動機なりとの説

此誤説は財産の基礎を不當の地に置きたるに因りて生す

銷し、吾か財貨を拋ち、且つ吾か安靜を犧牲にせさるへからさるの義務あらむ哉、夫れ我か財産權を確立するか爲めに訴を起さんとするの動《モー》機《チーヴ》は、矢張り我か財産を求むるの動機と同しとにして、又た如何に我か財産を使用すへきかを決するの動機と、以て異ることなし、一言以て之を覆へは、曰、我か訴を起すの動機は是れ利益の動機なり、訴て以て吾か財産權を確立せんか、抑も坐して之れを棄んか、共に吾か算盤上の損益何如と顧るのみと、

嗚呼財産の眞意を洒却する者は、誠に此説なり、而して斯の如き誤謬を來たせし所以の者は、蓋し財産なる者の自然の基礎を、不適當の處に置きたるに坐する耳然されは、此基礎の何物たるを解せさるの過なり、余は曾て富なる者、及ひ奢侈なる者は、財産の意義を墮落せしむる者と謂はす、何なれは、斯等の者は、曾て人民の權利之感情に危殆を及ほすへき

財產は勤勞なり

性質の者に非れはなり、然れとも不道德と做り了りたる利獲の愛情は、實に此墮落の原因なることを信するなり、夫れ財產は之を沿革上に尋ぬるも、之れを倫理上より論するも、到底勤勞に外ならす、而して其勤勞たる單に手腕の勤勞たるのみにあらすして、亦た心の勤勞なり、亦た才幹の勤勞なり、而して余の見る所を以てするに、勤勞より生せる製產物に對しては、其製造者自身か權利を有するのみならす、其相續人も亦た之れに對して、權利を有する者なり、他の語を以て之れを說かは余は相續權の中には勤勞の原則の重要なる結果、自ら存する者なるを見るなり、蓋し勤勞する者は、自ら其勤勞の結果たる財產を、享用するの快樂を自制して、之を生時若くは死後、他人に贈ることを得へく、決して之を妨けらるへき理なけれはなり、但し財產なる者は、勤勞と斷へす相結合して始めて其健全なる狀態を保つことを得へく、又財產と人とは、何如なる關

財産と人との關係蕩滅する事情

係ある者なるか、分明に認むるを得るは唯此勤勞と云へる源泉あるのみ、此源泉を距り、安逸無勞なる獲得の邪路に曲屈し去ること、愈遠けれは、其水愈溷濁し、終に取引所の冒險商業及ひ詐欺的株式仲買の泥淖の若きに至る、此に至りて、財産と人とは畢竟何等の關係ある者なるか、其脈絡蕩として、復た認むへからさるなり、事此點に達すれは、財産の道義上の觀念は、一切消滅して、痕跡を止めす、寧んそ道義的義務たる財産防衛の問題を提出するの餘地あらむ乎、されは此の如き事業を以て財産を得る人に在ては、財産なる者は、額に汗して日用の糧を得る人々の心中には、何如なる意義ある者なるか、曾て之を解する能はさるなり、而して勞を積ますして得たる財産より生する謬見惡習は必す漸次に傳染して汎く世上に惡感化の及ほす者なれは、是れ最も恐怖すへき一事なりとす、此事の最も面白き例は、夫の大學校ある獨逸の諸小都府に於て、之れを見ることを得へし、此等の都府は學生より金を得て生活する者多きを占むることとなるが、學生は勿論、己れの勤勞に由りて其身を支給する者に非す、皆父母より其費用を資くるものなれは、金錢を見ること甚た輕し、故に其弊風を都民の行爲に及ほし、著しく浪費の俗を世上に慣致せり、

株式の取引に由りて、屢數百萬金を頃刻の間に博し得るの事實は、獨り此業を職とする人の精神を左右するのみならす、能く其感化を貧民の甕窓にも及ほす者なり、平素の輕驗に由り勤勞を以て眞に幸福なりとなすの人と雖とも一たひ身を株式賣買の如き惰慢の空氣中に置くに及んては、心は居の爲めに移され一轉して勤勞を認めて一個の災殃なりと爲すに至る夫の共産黨の如きは直ちに此泥漳中に喧騷する者耳、

惰慢なる獲得の惡感化

一地に重要の位地を占る人民の財産の感情は大なる勢力あり

而して財産なる者の眞觀念は、是に於てや索然として地を掃ふ、又た一地に重要の位置を占むる部分の人民か、財產に對する感情は單に同階級の人々のみならす、尙ほ他人の階級の上にも其餘勢を及ほす者なることと、經驗上世人の能く知る所なり、斯の理由は、以て村落に於ける財產の觀念か、投機商や、共產黨と其樣を異にせるを說明するに足るへし、夫の常に村落に住し、平生、久しく農民と睽離したることなきの人は、識らす知らす、農夫の節儉、農夫の觀念に感染すへし縱令其人の一身の性質、事情は、農民の常態と、趣を異にするありとするも、尙ほ多少、圍外物の爲めに、農夫的の氣風に薰染するを見む、然るに又た村落に於て、農夫と共に住するときには、甚た節儉なる人にても、久しく墺京「ヴィエンナ」の若き大都府に在りて、豪商富家の間に徵逐するときは、必す化して、一個の浪費家となるへし、

安逸を求め競爭を避るの主義は怯夫の政畧

左りなから安逸を求めて、權利の爲めに競爭するの勞を厭ふと云ふ、懦弱なる性質は、何如なる原因より來るとするも、這は姑らく之れを舍き、此に余の爲すへき所は、唯其懦弱なる性質は、實際何如なる者なるやを認定して、之に適當の名を與ふるに在るのみ、抑も安逸を求めて競爭を遁るゝの性質か、人に訓ふる所は果して何如なる處世の哲理なるやと云ふに、唯是怯夫の政畧に外ならさるなり、今夫れ戰に臨んて、甲を棄て兵を曳て走る者は、同隊の諸人か生を擲つに當り、己れ一人之れを全ふすへしと雖とも、此者は全く其名譽を以て犧牲に供せる者なり、然れとも啻に此のみに非さるなり、試に想へ、此弱卒の能く其首頸を全ふし、兼ねて、其畏怯の爲めに禍を社會に及ほさゝる所以の者は、此隊伍に於て、善く己れに代はり、敵に抗する者あるに由るに非す乎、若し全軍の將卒皆此怯夫と意を同ふし、先を爭て遁逃せしめは、此怯夫と其社會と、皆敵

此主義の世に行はるゝも表面上社會に大害なき理由

の居る所となり了らむ、嗚呼、世の伈々俔々以て其權利を抛棄する者、何を以て逃亡の弱卒と異らむ乎、假令單獨人の行爲として看來れは、爰に多くの害なかるへしとするも、推して人間行爲の通則となしたらんには、法律は或は夷滅して復た遺類なきに至るも、未た知るへからす、然れとも實際に於ては恬然權利を委棄して顧さる如き醜態、世上に博く行はるゝに至るも表面上尙能く社會に危害を及ほさゝる者なり、其故何となれは、元來權利の爲めに競爭するの位地に立つ者は、單に一個人のみにあらすして別に國家と云ふ者あり、此國家なる者は實に競爭に偉大の力を有する者なれはなり、一個人、及ひ國家自躰の生命、自由、財產に對する重大なる攻擊あるに當りては、國家輒ち之を訴へ、之れを罰するを以て、個人は爲めに、自己銘々の競爭の勞を免れて、大部分は之れを國家力に委任することを得へし、是れ即ち個人の怯懦惰慢も以て直ちに其

國家か競爭に干涉せさる場合には何如

社會法律の危害を致さゝる所以なり、然らは訴を起すと否とは、全然之れを個人にのみ委任して、國家は毫も關涉せさる種類なる違法所爲は、何如といふに、是れ亦た實際大なる妨礙を競爭上に及ほさす、是れ他なし、國民皆怯夫の政略に倣ふとなく、又た怯夫と雖とも、少くとも、其爭議の目的物の價直、自己の安逸よりも貴きときは、亦た能く戰士の列に就くを以てなり、然れとも、試に警察力の保護もなく、刑法の保護もなき時世を假想せよ、例せは、古代羅馬にありては竊盜も强盜も共に被害者の自ら處置すへき事項にして、國家は之れに干涉せさりしか、此時の人民をして、皆權利を拋棄して、其結果を顧慮せさらしめは、趨勢の至る所、果して何如なるへかりしそ、强盜と竊盜は、毫も憚るゝ所なく暴肆蔓延して、際涯なかりしなるへし、

今國民と國民との間の關係を見るに、亦恰も羅馬人の間の關係と同し

く各國民は自ら其力に依頼して、侵害者を處分せさる可らす是各國民の上に立ちて、競爭の勞を分つ者なけれはなり、而て若し夫の侵害に對する防衛の取捨は、只爭議の目的物の有躰的《マテリアル》價直《ヴアリユー》に由りて決すへしと云へる見解を、國民間の爭議に應用せは、何如なる結果に至るへき乎、之を知んと欲せは、惟た前に擧けたる、一方里の侵奪の例を回憶すれは、則ち足れりとす、而して夫の權利防衛を畏避する怯懦主義は、何れの處、何れの時に之を試るも、全然權利を殄滅するの性質ある主義なれは、幸に他の事情の爲に埋沒せられて、其惡結果を見る能はさる時と雖も決して善良なる主義といふ可らさるや、言を待たす、余は此主義は、假令其好境遇に在りて、其惡結果を埋沒混亂し得るの時と雖も、尚ほ其不幸なる勢力を社會に及ほす者なるとを、後段に至りて論及するとあるへし、是に由て之を觀れは、吾人は斷乎として、斯の偸安姑息の道德主義を斥けさるへからす、古より今に至るまて、個人にても、國民にても、苟も健全なる權利之感情を有する者は、未た甞て此主義を採用せしとあらさるなり、此主義は權利に關する極めて鄙俗なる唯物主義にして、此主義を用ふる者は即ち其權利之感情に於て實に病む所ある徴候なり、結果なり然れとも余は曾て唯物主義は、權利には、毫末と雖も存在せしむへからさる者なりといふに非らす、或る場合には、權利の問題は唯物的の問題となる、例せは、吾か權利よりして利益を收むへきや否やといへる問題、吾か權利を使用すへきや否やといへる問題、若くは單に客觀的侵害を受けたる時に方りて、吾か權利を確立すへきや否やと云ふ問題の如きは、單に算盤上の利益の問題なり唯物的の問題なり、而して余の定義に由れは、權利は法律の保護を受けたる利益(*Geist des röm. R.* III. p. 60)に外ならすと雖とも、而れとも現に、權利に對して腕を揮ふの暴行あるに

余と余の所有物とを繫緊する者は意志なり

當りては、此外形的の思想は、全く効力なきものなり、何となれは、余の權利を搏擊する手は、卽ち權利を撲つと同時に、余の身を撲つ者なれはなり、

權利を防衞するに於ては、權利の目的物の何たるやは、是れ決して問ふを須ひさる事項にして、何物たりとも同しとなりとす、若し世界の物をして、常に僥倖を以て得へき者ならしめは、則ち隣人吾か物品を奪ふと雖とも、吾か身には何等の害をも加へすと謂ふことを得へし、然るに、余と余の所有との間に、一個の繫鎖を締結する者は僥倖にあらすして余の意志なり、而して又此意志たるや余若くは他人の既往の勤勞を以て始めて之れを遂ることを得る者なり、故に余か該の物上に所有し確立する所の權利は實に、余若くは他人の力の一部分なり、余若くは他人の過去の一部分なり、該の物を以て、我か所有に歸するや、余は實に余の身の

財産を侵害する者は其所有者を侵害する者なり

理想的價格及有躰的價格

理想的概念力は何如なる人民も之れを有す

章印を、其上に銘記したり、然らは則ち、其物品を侵犯する者は、即ち余を侵犯する者なり、其物を搏擊する者は、即ち余を搏擊する者なり、何そや、余は則ち其物の中に存すれはなり、故に財産は物件を以て表彰したる吾か身の區劃に外ならさるなり、

人身と權利と、此の如き關係あるか故に、何如なる權利の上にも、茲に測算すへからさるの價格を生す、余は此價格を指して、理想的《アイデアル》の價格と稱せんとす、是れ有躰的《アテリアル》の價格と甄別せんか爲めなり、余か前に論述したる、權利の確立に就ひて存する熱冲と氣力とは、實に此關係より發する者とす、而して此權利の理想的概念力は、決して單に高等の性能を稟けたる者のみ之を具ふる、といふに非すして、極めて粗野なる國民も、極めて文華なる國民も、極めて豊富なる國民も、極めて貧薄なる國民も、極めて蠻夷なる國民も、極めて開化せる國民も、等しく之れを有し得へき所

権利の爲めの競爭は人格の詩

苦痛の感情は競爭の原因

の者なり、而して吾人は此に由り、明かに權利の內質に於て唯心主義の堅く根柢するを卜知するゝを得、而して此唯心主義は、健全なる權利之感情に外ならさるなり、故に權利といふは、一方に方ては全然自愛利慾の陋境に人を驅逐する者の如く見ふるも、又た一方に於ては、權利は理想的の妙境に人を推進め之をして日常利益の尺度として用ふる、牙籌的の計較、一切の政畧を忘れ、單に一個の觀念を防衞し、爲めに軀體を擲て顧さるに至らしむる者なり、前の境域に於ては、權利は無味の散文たるも、後の境域に在ては、雄爽なる權利の爲めの競爭あるか故に高雅の韵文となる、何なれは、權利の爲めの競爭は、人の品格の爛然たる詩なれはなり、

然らは人をして此の如き偉事を爲さしむる者は果して何物そや、蓋し智識に非さるなり、敎育に非さるなり、獨り苦痛の感情なるのみ、抑も苦

權利全軆の秘密は苦痛に在り

痛と云ふは、危難の迫るを告けて、救援を求むるの叫喊なり、是の事は既に論せる如く、形而上機關に於ても、形而下機關に於ても、其趣を一にする者にして、法律の區域内に於て權利之感覺の病理か、法律家哲學家に於けるは、人體の病理か、醫家に於けると以て異るとなし、但し余は寧ろ權利の感覺の病理學か、哲學家法律家に於けるは、猶ほ人軆病理學の、醫家に於けるかことしとは言はすして、斯の如くならさる可らすと言はんとす何なれは、今日、既に然りと言はゝ、未た全く可ならす、實際今日の哲學家、法律家は未た此點まてに進み在らされはなり、されとも實に權利全軆の秘密は此苦痛といふことの中に存す、自己の權利を侵害せられたる時、人の感する苦痛は則ち其侵されたる權利か第一自己に何如なる價値を有するか第二人類社會に何如なる價値を有するかを覺えす自白する者なり實に外部の犯力に遭ふたる唯其一瞬時に於て、卒然突

權利の眞質を解するは智識にあらすして感情なり

然情緒上感覺上に明かに吾か權利の眞意眞質を認め得ることは、平穩無事なる數十年の長日月よりも、遙かに勝れり、凡そ自ら此苦痛を感したることなく、亦た他人の苦痛をも觀察したることなき者は胸間能く法律全典を羅すと雖とも、到底權利の何物たるを解することは能はさるなり、權利の何物たるを解するは智識に非すして感情なり、故に字義に由りて繹ぬるに獨逸語は、一切の權利の心理上の意味を權利之感情(*Rechtsgefuehl*)と云ふ字を以て示せり、是れ實に當を得たる者と謂ふへし、蓋し權利の意識及ひ權利の確信は元と是れ人々か自ら知覺せさる科學的抽象力より來る者にして權利の力は愛情の力の如く感情の中に存し智識は決して此感情を供給する者にあらす夫れ愛情は平生自ら其何たるを知らされとも、偶ま一點の機會に逢着するに及んて、俄然として、之れを懷に覺へ來る者なり之と同しく、權利之感情も、亦た其迫害、前に至らさ

被害の時の權利感情の反動力及苦痛

るの間は自ら其果して何物たるやを知らす、又た何等の力を有する者なるやを知らす、然れとも、其一たひ攻撃に會ふや、權利之感情は、忽ち驚風飛雷の如く、遽然として其本性を露出し、其眞相を顯示し其勢力を暴發するものなり而して其然かる所以の理は、余れ既に之れを說けり卽はち權利は人の生存の形而上條件にして、權利を確立するは、自ら其形而上の生存を保衞する所以なれはなり、

夫れ侵害を受けたる時に當り、權利之感情に發する所の憤激力の强弱は、以て其感情の健否を卜すへく、被害の際感する所の苦痛の大小は、以て其感情か、被害物品の上に置きたる、價格の高下を知るに足れり、然れとも、若し人、心に苦痛を感すと雖とも、之れか爲めに警戒し、以て其危害を防禦するの策を取らす、默々冷然として、之れを忍容せは、是れ自ら權利之感情を拒絕する者なり、左れは、事情に由りては、或は之れを恕すへ

権利之感情の健否を験する両標準

激怒

きことなきにしもあらすと雖とも、要するに此の如き耐忍黙過は必らす権利之感情自躰に、恐るへき結果を及ほすへきものなり、何なれは、此感情に最も緊要なる元素は起て而して行ふに在り、感して而して行ふことなくんは、其感情、漸く衰へ、漸く微に、陵夷延漫、終に復た苦痛を感せさるに至る、余故に謂へらく、激怒性、即ち権利の侵害を受けて苦痛を感するの能力と行為即ち攻撃を防扞する勇及断と、此二つの者は、即ち権利之感情の健否を験するの両標準なりと、

権利之感情の病理學は、有益にして興味ある問題なり、然れとも、此事に關しては、余は筆を此に止めさる可らす、但尚ほ數事の言はさるを得さることあり、讀者幸に姑らく此論を續くるを聽るせよ、

権利之感情に必要なる激怒の敏鈍の程度各人相同しからさることは、猶ほ各人、各階級、各國民か形而上存立要件として権利の意義を知るの相

等しからさるか如し、又單に權利一般に對して、敏鈍あるのみならす、或る種類の權利に對して、互に敏鈍の差あり、此關係に就き、余は前に例を財産と名譽とに酌みたるは、讀者の知らるゝ所の如し、余は第三例として、此に婚姻のことを加ふるを得へし、左れは姦通に對して有する意見を見るも、甲の國と乙の國と同からす、甲の法典と乙の法典と、相異り、甲の人と乙の人と、亦た各殊なるを、知るへきなり、

權利之感情の第二の要素、即ち行爲と云ふことは、純然たる人の品格《カラクタル》に關する事項なり、故に權利侵害の際、一個人若くは一國民か、之れに對し何如なる行爲を做すかを見れは、該の個人、該の國民の品格の高下は、廋さんと欲するも得へからさるなり、蓋し品格と云ふことにして、十分なる自恃自守の意義ある人品《ペルソナリテイー》のことなりと解するを得は、人の品格を試むるは、其人の權利か、侵害を受けたる時に於てするより、適當なるはあらさる

權利之感情の強弱は之れを揮發するの方法を以て測度すへからす

へし、然れとも、此に注意すへきは、權利感情の強弱は、決して此感情を揮推するの方法何如に因て、論斷を下すへからさるの一事なり、左れは、權利、卽はち人品を毀害せられたるときに方り、之れに對して抗抵するの手段は、暴烈にして粗野なるも、或は沈毅にして堅忍なるも、此れ等の事は、決して權利之情操の鋭鈍を測るの尺度となす能はす、故に未開蠻夷の民か、侵害に對する手段の激烈、麤暴なるを見て、其權利之感情は、夫の深沈鞏固の方法を用ふる開明人よりも、大に鋭敏なりと謂はゝ、是れ誤謬の甚しき者と謂はさる可らす、其方法の異るは敎育氣質の異るに原因するものにして、單に暴激を以て權利之感情の強きを推測すへからす、若し方法の寛猛を以て權利之感情の強弱を推測し得へしとせは、甚た悲嘆すへき者あり、何となれは、斯の如き論理に從ふときは、個人にても、國民にても、敎育修錬の進歩するに從ひ、權利之感情は、愈退却する者

權利之感情の強弱は貧富に由りて區別す可らす

英國人の權利之感情

と謂はさる可らされはなり。然れとも、其決して然らさるは、之れを史籍に徵するも、之を日常の事實に考ふれるも、昭々として火を觀るか如し、貧富の差は行爲に強弱を來たす原因なりと謂ふも、亦た過てり、固とより、富人か物品の價格を視るは、貧人と其標準を同ふせす、貧人は巨大の損失となす所の者も、富人は微少の損害なりと視做すとあらん、然とも、是れ決して權利之感情と相關するとなし、何となれは、玆に問ふへきの點は物品の有躰的《マテリアル》價直《ヷアユー》にあらすして、權利の理想的《アイデアル》價直《ヷリユー》に在れはなり、故に行爲の原因となる者は、財産の多寡に在らすして、權利之感情の強弱に在り、人若し余か言を疑はゝ、請ふ英吉利人に就ひて之れを看よ、英國の富は天下に冠絶す、然れとも其權利之感情は、其豐富なるか爲めに些しも鈍からさるなり、單に財産に關するの問題と雖も、尙ほ其權利之感情に於ける氣力の旺盛なること、實に人をして讚嘆せしむるに堪へたる者あり、其一斑は歐洲大陸を旅行する英人に就ひて、之を窺ふへし、英人か大陸の旅館主、客車主等より不當の仕拂を請求せらるゝときは毅然として之れを斥け、聽さす、若し其爭議決せさるときは、爲めに發輙を猶豫する數日に及ふあり、之れか爲めに增加する費用は之れを其拒絶せる金額に比すれは、或は十倍の多きに上る、觀者をして英人の爭論する所のものは、金額の上にあらすして乃ち英國の權利其物の上に在るを感嘆せしむ、然れとも、無識の徒は却て其愚を笑ふ、之を笑ふ者は其意を解せされはなり、苟も之れを解せん乎、必すや將さに其所爲の大に智なるに服せむとす、何そや、此人か此に論爭する所の數「シリング」は、實に堂々たる英吉利國をして屹然確立せしむる所以なれはなり、英國の域內に在りては、人々皆互に能く其氣質を知るか故に、何人と雖も、聊かも計算取引に於て相欺くといふとなし、今試に此英人と同様の地位、同

數片の銀貨の中に數百年の歴史存せり

樣の財產ある墺地利人をして、前に擧けたる英人と同一の境遇に在らしめは、其人應さに如何すへき乎、若し此事に關する余の經驗をして、準據することを得る者ならしめは、余は將さに言はんと、す墺人の十人の中、一人と雖も英人の爲せる所を爲す者なかるへしと、多くは爭論の不快、憤怒の激發、不和の虞を避んと欲し、別に談判をもなさす、直ちに金を拂ふて去るへし、(而して英人の若きは國內に在りて此の如き塲合に當り、決して不和を生するの憂あることなく、常に穩かに商議計算せることなり)、然れとも想へ、此に英人は拒み墺人は拂ふ所の數「シリング」の銀貨の中には世人か概ね思想する所よりも、一層大なる事項の隱に伏在する者なるを、即ち兩國の數百年の政治上の發達、及ひ社會上の履歷は、暗に此數片銀の中に在りて存するなり、

## 第四章　自己の權利を確立するは社會に對するの義務なり

前章に於ては、余か首めに置きたる大原則の第一點(卅六頁)即ち權利の爲めの競爭は權利を有する者の、自己に對するの義務なることを論せり、今より其第二點、即ち自己の權利を確立するは、社會に對して、人の負へる義務なり、と云ふことに說き及ぼすへし、

此原則を論定せんか爲めには、所謂主觀的權利と、客觀的權利の關係を(更に精細に稽査せんことを要す、元來此二者の間の關係は何如なる者なりやと云ふに、今日博く世に行はるゝ說は、蓋し正に左の如し曰く客觀的權利は主觀的權利の成立條件なり、具躰的權利の成立するは只是れ抽象的法律か之に伴ふ時にあるのみと是れ此二者の關係を言ひ顯はせ

客觀的權利と主觀的權利は互に相依り相存す

事實に應用せさる權利の規則は權利の規則にあらす

る、普通の見解なり、然れとも、此見解たるや、全く一を知て二を知らさる者にして、具躰的權利か、抽象的權利に從屬せりと云ふ點にのみ、專ら重きを置たる誤謬なり、實は啻に具躰的權利か抽象的權利に從屬せるのみならず、抽象的權利も亦同しく具躰的權利に從屬せる者なり、互に相依り相存する者なり、具躰的權利は、啻に其生命と實力を抽象的權利より受るのみならす、具躰的權利は其受けたる生命を逆まに抽象的權利に對し返へし與ふる者なり、其故何如となれは權利の能く權利たる所以は、其實用あれはなり、事實に應用したることなき權利の規則若くは實際の効用の失ふたる權利の原則は、其名は、權利規則なりと雖、實は既に權利規則に非す、權利機關の耗磨したる發條《せんまい》の類に過きす、之を置くも毫も其用なく之を除くも亦た其妨なき者なり、此道理は國際法上權利にも、刑法上權利、私法上權利にも、何如なる權利にも、適用すへき者にし

公法は官吏の勤勉に由りて効力を生し私法は一個の勤勉に由りて効力を生す

て、羅馬法は不使用即ち「デスエチユード」を以て、法律の廢棄となしたり、此「デスエチユード」なる者は、一個人か其權利の不使用、即ち「ノンユーザス」を以て其權利を失ふと相一致する者なり、然り而して、公法は官吏か其義務として之を實施するに由り、其効力を生する者なれとも、私法は一個人か其權利として之を實用するに由り、其効力を生する者なり、他語を以て之れを說けは、私法の原則をして効用を生せしむると否とは、全く一個人の行爲に委任せられたる者なり、故に國際法、刑法に在りては、其實効の有無は、官府官吏か其義務を執行すると否とに係れとも、私法に於ては、全く一個人か其權利を確立すると否とに繫れり、若し一個人か其權利を確立するを怠らん乎、其怠れる原因は、無智なるに由るも、懦怯なるに由るも、抑も只媮安に由るも、其法律の原則が効用を失ふの結果は均しく免れさるなり、是を以て、下の如く論定するを得へし、曰はく私法の原則の實存すると否とは、其具躰的權利の確立せさると否とに由りて之れを知るへしと、而して具躰的權利は、其表面に於て法律より其生命を受くると雖とも、又た其裏面に於ては、生命を法律に返へし授くる者なるか故に、客觀的卽ち抽象的權利と主觀的卽ち具躰的權利との關係は一に夫の血液の循環に似たり、始め血液心臟より出つ、然れとも血液復た返つて心臟に入るとなり、

公法の諸原則の成立すると否とは、一に官吏か其の義務を執行すること、誠實なると否とに係り私法の諸原則の成立すると否とは、一個人か其の權利を毀損せられたるとき、此人をして其權利の爲めに防戰せしむる所の動機、鋭きと否とに在り、卽ち其人の權利に對する感覺、權利に對する情操、强きと否とに在るとなり、若し此動機發せす、權利之感情、消磨、萎靡し、爭議訴訟の勞を避るの情は、以て權利に對する利害心を壓倒

權利を防禦せさるの結果は只其人のみに及ふ者に非す

するに足るときは、法律の原則は復た適用する所なきに至るへし、然れとも人或は將さに言はんとす、是れ何そ妨けん、勝手に其權利を抛棄したる被害者の外、何人も之に由り災を受くる者あらされはなりと、此言の當否を知らんと欲せは、余は再ひ前に擧けたる、戰陣より逃亡せる弱卒の例を回想するより、善きはなし、若し千人の隊、戰場に在りとせは、一卒の去就固とより利損の數に關せさるなり、然れとも若し百人齊しく其列より走るとせは、果して如何、其殘留せる所の者は、之か爲に大に苦戰せさるへからす、戰鬪の負擔は悉く此殘守せる士卒の上に落れはなり、此例は權利防衛の場合に對し頗ふる剴切なる者なるを信す、私法の事に關して害惡に對する權利の競爭は、大に之れに類する者にして全國民齊しく此競爭に協力して、以て害惡に抗せさるへからす、此場合に在て苟免倖脫、其衝に當るを避くる者は、國民全躰に對する叛逆な

各人の有せる具軆的權利は法律防衛の戰場に入るの入場劵なり

り、蓋し是れ公敵をして其力を增さしめ、之れをして跳梁跋扈せしむる所以なればなり、夫の暴肆狂妄の恣に世に行はるゝは、皆其權利防禦の任に當る者、其職分を畢くさゝるの明證なり、而して吾儕一人として、各其位地に應して法律を防禦抗戰するの責を負はさるはなし、其各人に屬せる具軆的權利は即ち國家か個人をして防戰場に入るを得せしむる所の入場劵にして、若し吾か利害の關係上必要ある時は吾人は常に法律の爲めに、害惡と挌鬪し得る者なり、然れとも此挌鬪し得る權力は夫の官吏の權力とは異れり、官吏の防戰力は一般に關するか故に完全無限なれども、個人の防戰力は唯一人に關するか故に偏狹有限なり、而して各個人は其權利を防衞するに方つて、其自己の權利か占有する所の區々たる範圍內に於て廣く社會の權利全軆を確立防護する者にして、其行爲の及ほす所の結果は特に其一身のみに非さるなり、而して之

權利の防衛は法律の威嚴を全ふし秩序を保つ

れより生する所の効益を撿し來れは、固とより法律の尊嚴威力は之に由りて保護せらるゝの功ありと雖とも、然とも是れ唯理想的の利益なり、單に此理想的の利益のみならず、亦他に甚た實用實質的の利益あり、假令理想的利益なとゝ云ふ、さる高尚なることは、夢想たもせさる純乎たる俗人にても、十分に會得、感覺することを得る所の利益あり、是れ他にあらす、眼前に見る社會の秩序保衞せられて、攪亂せらるゝの虞なしと云ふ利益なり、試に想へ、主人は復た儼然奴僕を使役して其義務を盡さしむる能はす、債權者は復た其債務者を管制して其借金を返へさしむる能はす、世上復た度量衡の正不正を顧み問ふなきか如きの時に至りて之か爲めに害を蒙る者は、唯法律の强制力其物のみにして、個人は與かる所なしと謂ふを得る乎、若し事態、此に至らは民間の秩序は忽ちにして潰亂し、其災孽の及ふ所、將さに豫め測る能はさらんとす、例せは信用より成る諸制度は或は爲めに殲殄泯滅し、蕩然として吹火なきに至るも、未た知るへからさるなり、何となれは此時に方り取引上の權利明瞭にして疑ふへき所なきか如き場合にも、尙ほ爭論訴訟せさるを得さるか如き面倒なる人とは、衆皆力めて關係を斷ち、其資金は他の安全なる地方に貸し付け、又其需用品は之れを他の謹愼なる地方に注文するに至るへけれはなり、

此の如き紊亂の世態に獨立し、介然として法律を强行し、權利を防護せんとする僅々の徒あらんには、斯人や、全く殉義者の位地に立つしへし其權利之感情を揮發して、他人か權利の格鬪場を却走するを責むるの所爲は悉く自己の頭上に禍災を招く所以となるへく、道理上、保護をなすへき諸人に委棄せられ、懦人怯夫か釀致したる滅法闇昧の間に坐するに至るへく自ら省みて其正を守り得たりと思ふの樂あらんかなれ

人を害する勿れと人に害せらるゝ勿れの二確言

權利を防衛するは社會に對するの義務

とも、其四方より博し得たる所は、只嘲笑と輕蔑あるのみ、然らは此晦冥潰亂の事態を來せし罪は、當さに之れを誰れに問ふへき乎、曰く、罪は法を犯す人に在らすして法を確立するの勇なき人に在り、暴を以て法に易へたるの人を咎むること莫れ、暴を以て法に易ふるを默許せし人を咎めよ、若し人あり「人を害する莫れ」と「人に害せらるゝ莫れ」の二原則、孰れか最も利益ある乎を問はゝ、余は將さに言はんとす「害せらるゝ莫れ」の原則は其第一となす、而して「害する莫れ」の原則之れに次くと、人世の常態に徴するに、若し玆に侵犯を加ふれは必す熾烈鋭利の抗抵に逢ふへき虞ある人に對すると、單純なる道德の訓誡にして、一の制裁なき者に對すると、孰れか兇人をして手を斂め害を息めしむるに於て、最も効ある乎、蓋し嘵々の辯を待ちて識らさるなり、

已上論する所に繇りて之れを觀れは、人其害を受けたるとき其權利を

防衞するは、啻に自己に對するの義務たるのみならす、抑も亦全社會に對するの義務なりと言ふも決して其當を失したる者に非さるなり、若し余の既に述へたる如く、人其權利を防衞するに於ては、之れと同時に、必す法律を防衞する者にして、法律を防衞するに於ては必す隨て公の秩序を防衞する者なりとの說をして、錯なからしめは、何人と雖とも、斯等の者を防衞するは亦た國に對して其義務を盡す者なりとの事を、否む能はさるへし、若し夫れ邊境警を傳へ、外人の硝煙我れに逼るの秋に方り、國家は其臣民を召し之をして寇敵に當り其軀を抛たしむるの權あり、臣民は又た奮つて公害を防禦するの義務ありとせは、臣民たる者何を以て、獨り國內に在るの公敵と格鬪するは其義務にあらすと言ふを得むや、正義と權利とは、唯たに裁判官か朝々訟廷に坐して訴訟を待つのみを以て行はるへき者にあらす、唯たに警察吏か一令の下、變に應するの準備をなせるのみを以て、効を生すへきものにあらす、正義權利をして世に行はしめんと欲せは、社會の各員は、誰れ彼れの別なく、裁判權行政權と、協心戮力せさるへからす、暴肆不法の毒龍が頭を社會の水準上に擡けんとするや否や、國家は各人に命するに之れを屠殺するの任を以てするものなり、苟も權利幸福を享るものは、亦た必す法律の威力、法律の尊嚴を保つか爲めには、其の職分を盡さゝるへからす、蓋し人は社會の利益の爲めに、權利防禦の武士として世に生れたるものなればなり、

斯の如く眼を着け來れは、權利を確立すると云ふ事業は、其高尚優美ないと、果して何如そや是れ余か更らに讀者の爲に呶々するを要せさる所なり、今日普通の理論は、唯吾人か法律に對し純然たる受動の位地に立つとのみを示すも、余か論し來れる所は、之に異り吾人を全く受動の

國民的大業の協力者とならんとの意志あることは必しも緊要ならず

位地に屈置せすして、乃ち法律と同等相關の地位に延き、權利を有する人は法律より受けたる恩澤を、再ひ法律に對し返へし與ふる者なりと、斷定するかゆへに吾人は卽ち國民的大事業の協力者なり、かく云へは或は各人の心中に自ら斯の如き大業に與かる者とならんとて、努力する者なりやとの問あらんか、然れとも各人の心裡に此目的ありや否やは、毫も問ふを須ひさることなり、蓋し道義の秩序の眞に宏壯高大として尊むへき所以の者は、啻に其能く道義の命する所を會得する人をして、道義の爲めに力を畢くさしむるのみにあらす、幷せて之れを會得する能はさる人をして、知らす思はす道義の爲めに協力する所あらしむるの妙用を具するに在り、設例へは、人をして婚姻をなさしむるの原因は、甲に在りては人類の最高の本能の爲めに、之れを欲すへく乙は單に肉欲の爲めに、之れを欲すへく、丙は只便利の爲めに、之れを欲すへく、丁は

權利の爲めの競爭は權利の觀念を實踐する爲めの協力なり

更に利得の爲めに、之れを欲するとあらん、其動機は彼れか如く、其れ種々なりと雖も、同しく一の婚姻に歸するなり、權利の爲めの競爭も亦然り、或は利得の爲めに之れをなすあらん、或は權利の侵害を受け苦痛に堪へすして之をなすあらん、或は又た權利の觀念の爲めに之れをなすあらん其動機は則ち一ならすと雖とも、万川朝宗歸する所は同しく暴亂防禦の大公業に其手腕を貸す者なり、

論して此に至り權利の爲めの競爭は、漸く進んて理想の境域に達せり、夫の權利の爲めの競爭は利得の爲めになす者なり、との卑陋なる見解より、層一層、昇進して、今ま陳へたる所にては、此競爭は人の形而上の條件を、自ら保護する者なりとの見解に至り、更に此競爭は權利の觀念を實踐する爲めに協力する者なり、と云ふ至高の頂點に及へり、

夫れ權利自躰は其之れを防衞すると、放棄するとに由り、余か一身の權

利の上に就て毀害せられ、拒斥せらるゝことを得へく、又以て保護せられ、確立せられ、且つ回復せらるるを得るを想へは、權利の爲めにする個人の競爭は、其効顧るに偉大ならすや、飜て鄙俗の徒か、權利の眞の位地と認むる所の、醇乎たる一身的の利得、目的及情欲を以て、此に論及せる理想的、公共的利益に比すれは、其懸隔果して何如そや、

理想的感情は學者のみの有せるものに非す

然れとも、難するものは或は言はん、此理想的の感情なる者は、太た高尚なる性質のものにして哲學者の眼に照らして、始めて之れを視ることを得へく、紛々たる世俗の想ひ及ふ所に非す、誰か權利の觀念を以て、其日常の行爲を律し、是に由て進止を決するものあらん乎、然らは即ち理想的感情の存せるを説くも、乃ち無用の辯なからむ乎と、此難論の當を得さるを證するには、古代羅馬法を、見るに如くはなし、羅馬法を觀るときは、此理想的見解の存在せしと、公衆の訴訟と云へる訴式ありしに徵し

羅馬の公衆の訴訟

て明かなり、

余は此に法律を學ひたることなき讀者の爲めに、數言の說明を爲すへし、此訴式は、羅馬にて、「アクショ子ス、ポピュラレス」と謂ひ、法律の代表者として權利を犯したる人を訴へんとする者は、何人にても此訴式に由りて訴ふることを得しなり、而して其訴へ得る事項は、公益の塲合、即ち告發人たる塲合に止らすして、設例へは、未丁年者が賣買契約に因りて、損害を受けたるときの如き、後見人が被後見人に對し背信の所爲ありたるときの如き、其他、被害者自ら其權利を防護するに十分の能力なき塲合には、皆他人より此訴を起すことを得しなり、讀者幸に余か羅馬法精神論三卷百〇九頁を參照せられなば、更らに明かに了解せらるゝならむ、此訴訟たる、權利を防衞するの理想的感情に訴へたる者なり、何となれは、其訴訟の趣旨は訴訟者一身の利害に關する者にあらすして、全く權利自躰の爲めに權利の侵犯を訴ふる者なれはなり、此訴訟式の外に、此種の訴式、即ち他人より訴ふる訴式ありたるが、是れは原告が被告に言渡されたる罰金の上に望みを置き、普通利欲の動機に由りて起す性質の者なりしを以て、今日君か獨逸の告發者の得へき利益と同一の瑕瑾あり、而して此第二種訴訟の過半は其後羅馬法にて廢止せられ、而して此第一種の訴式は吾か法律に於て、之れなき者なるを以て之れを觀れは、此前提より讀者は必す此訴式か假想したる如き事情即ち自己に關係なき事件に關し、權利の爲めにとて訴ふるか如き精神は今や消亡したりとの斷案を下すことを難からさるへし、

然れとも理想的感情は只羅馬人にのみ存したる者にして、今日吾儕間

には見るへからさる者なり、と速了せんには是れ甚しき誤謬なり、茲に權利を犯す者ありとせんに、苟も之れを見て衷懷に憤怒する者あらんには、其人は皆此理想的感情を有する者なり、何となれは凡そ吾か一身上に侵害を受けたるとき發せる心裡の苦痛は、主我《エゴテイステイカル》の動機の混入せるなきに非すと雖も、他人か權利を犯さるゝを見て直接に關係なき者か、胸間に生せる憤怒の情は單に權利自躰の爲めに發し、全然道義力より來る氣力に外ならされはなり是れ實に權利の感情か有せる最美至高の表章にして以て心理學者の研究に好題目を與ふへく以て詩人の思想に好趣味を與ふへき道義的現象なりとす、余の知る所を以てするに、凡そ吾人の諸感情の中、此理想的權利の感情の如く急遽に發起し、且つ激變を人心に來たす者は未た嘗てあらさるなり、何となれは此感情は極めて温和の人をして、決して他の塲合に發することなき嗔怒を發せ

理想的權利の感情の激發するときは道義界の暴風雨の顯象を呈す

しむるの力ある者なれはなり、此の如きは皆な其侵害か渠等の生存の最も高貴なる部分を傷害し最も感覺鋭敏なる部分に觸接したることとを證する者なり、凡そ此感情の無形界に勃興するは恰も甚雷暴雨の有形界に震動するか若くは其來るや急劇にして猛烈なり遽然として道義界に自發し掀簸震蕩利害を遺忘して顧るなく萬物を壞滅して惜むとなきの狀を呈す故に其觀極めて豪壯又極めて崚嶒なり既にして其收るや俄然として治り倏然として靜かに烟散し雲消へて一天茲に霽るゝか如く其人の爲め又た、世人の爲めに道義界の空氣洒然として一洗す然れとも世若し溷濁して國家の法制は正理を保護せす反つて暴民兇徒を曲庇するか如きことあるときは敢爲の士、限ある個人の力を以て、此惡制度に抗抵せんとするか如き事情を來たすへく、此の如きときは、斯等の暴風雨は反つて復ひ正人の頭上に向て、災禍を捲き來る所以となるへし、此に至つて其結果は應さに何如なるへき乎、蓋し二者の外に出てさるへし、即ち此志士は(余か後段に至つて説かんと欲する所の如く)一種の罪人となり了るか否されは其人は害惡に抗する能はさるよりして、滿腔憤懣、心懷侘傺漸次に形而上の生活を失ひ漸次に權利を信するの念を消磨し盡すに至るへし、

夫れ權利の觀念の上に加へられたる侮辱を慣ふると一身上の損害よりも切にして他人の權利の害せらるゝを見るときは恰も己れ自ら害を蒙りたる如く自家に一點の利益なきも尙ほ進んて之れを助けんと欲するか如き丈夫の理想的權利感情即ち唯心主義は特に高卓の性を禀けたる人々の有する所にして蚩々たる世人の與り知る所にあらすと云へる論は是れ余も亦た信する所なり然れとも玆に注意すへきは太た卑陋なる權利の感情を有し唯心主義の感情に就ては聊かも知る

俗人も亦た我權利の法律たるを知る

所なく唯權利の受けたる物躰的の侵害のみに意を留むる輩にても、權利と法律との間の關係は十分に會得するを得ること是れなり、即ち他の語を以て之れを言へは、我か權利は權利自躰なり、我か權利を犯す者は即ち權利自躰を犯す者にして、我か權利を確立するは權利自躰を確立する者なりとの見解は、尋常の俗人も亦た自ら之れを解得せることなり

權利は法律の寫眞の如しとの說

然るに法律家の中に、此見解を抱く者太た少きは、實に奇怪なりと謂へし、法律家は多く謂へらく權利の爲めの競爭は、法律自躰(卽抽象的權利)と全く關係なきことにして、唯權利(卽具躰的權利)の形躰となり居る所の法律の寫眞と關係あるのみと、此に寫眞といふは固より比喩にして、此等の見解に由れは、權利は恰も法律の寫眞の如く、權利の中自ら法律を映寫貼着し居れとも、權利は法律と眞接に關係ある者にあらすとせるなり、余は此見解は法學上に全く必要なき說なりと言はさるなり然れ

とも余は兎も角も此説とは相反して、法律と權利とを同等の地位に居き、權利を危害する者を以て、同時に亦た法律を危害する者となすなり、蓋し後説の前説よりも遙かに勝りて、正當なることを證する最好の例は、獨逸人か今日用ひ羅馬人か昔時用ひたる語法を見るに在り獨逸にては訴訟に於て原告は法律を呼求む(das Gesets anrufen)と云ひ羅馬人は法律を活動せしむ(legis actio)と呼へり、左れは法律は實に訴訟に於て、問題となる者にて、一の訴訟事件に於て議論に係る者は法律自躰なり、是れ實に羅馬の嚴正訴式(legis actio)を解するに最も緊要なる見解なりとす、左れは權利の爲の競争は同時に法律の爲めの競争なり、關する所は單に一身上の利益の問題にあらす即ち所謂法律の寫眞の問題にあらす法律の寫眞ならんには法律の頃刻の光線に由りて映寫せられたる者なれは、又た法律自躰には何等の影響を及ほすこともなくして此寫眞は

法律權利の混同躰

破壞燬滅することを得へきなり、然れとも權利の競爭は決して此の如き關係の者にあらすして、係る所は亦た法律自躰に在り、權利侵害せらるれは、法律亦た蹂躪せらる、苟も法律をして玩弄物たらしめ、意義なき文字とならしめさらんと欲せは、必すや權利を防禦せさるへからす、一個人の權利犧牲となるの日には法律も亦た屠殺せらる、權利と法律は風馬牛相及ふ者に非すと解するは、抑も錯誤の甚たしき者なり、非耶、此見解は、余か前にも言へる如く、法律と權利と兩者の親密なる關係を顯はしたる眞實の語法なり、余は之れを稱して法律と權利との混同躰と言はんとす、去れとも此見解たるや、夫の高尚なる理想の如きは秋毫も有せさる、主我主義一遍の俗徒にも、決して通し難き者にあらす、只渠等か自己の利益是れ思ふのみにても、知らす、識らす、法律の爲めの競爭に其身を委ぬる者となり自己一身及ひ其一身の權利を保護するの所

私利の防衛も亦た暗に法律を防衛す

人肉質入の戯曲

爲は、自ら社會の利益を保護するの所爲と化し、冥々の中に、其身を法律の代表者となすに至るものなり、左れは、唯齷齪として一身の利害のみの爲めに權利を防衛するの人は其心情誠に陋劣なるか如しと雖とも、豈料らんや、此輩も亦た自から覺へさるの間に、法律の代表者となりて法律の爲めに皷旗を執り戰ひ在る者なることを、夫れ「シャイロック」老をして法廷に立ちて「アントニオ」の肉一斤を切り取らすんは已ますと叫號せしめし者は、一片怨恨復讐の念に過きす（案するに此段「シェーキスピーア」作の「ヴェニス」商人と云へる戯曲の事實を擧けたる者なり）然れとも「シェーキスピーア」翁が此貪婪なる猶太の老人をして吐かしめたる所の語たるや、翁の他の諸語の如く、其中、實に眞理の爭ふへからさる者ありて存せり、蓋し人何れの時、何れの地を問はす侵害に逢ふたる權利之感情が常に發するの言は、實に此老人の語の外に出る能はす、此語は即ち何如なる事情にても權利は則ち權利なりと云へる確信の力を顯はせる者にして、即ち自己の爭ふ所は啻に自己一身のみに關したる問題に非す直ちに法律自躰に關せる問題なりと自知せる人の感情を的確に道ひ出せる者なり「シャイロック」の言に曰く

某が渠に請求致す是れ丈けの肉は、高い金で買ふた者に御座りますれは、某の所有物で御座ります、某是非に受取りませう、殿下若し某の申す所を御斥け相成らは、殿下は自ら殿下の御法を輕蔑なさると申すもので御座ります、(中畧)某は法律を要求致します、(中畧)某は今證書の力に依賴致します

「某は法律を要求致します」、僅々たる此數言を以て、沙翁《シエークスピーア》は妙に主觀的權利と客觀的權利との關係を言ひ盡し、權利の爲の競爭の意義を述へ盡し、復た餘蘊なし、是れ實に古來幾多の法理哲學家か、呶々萬言を費して、終に及ふ能はさりし所なり、惟此一語「シャイロック」の請求を變して「ヴ

ニス」の法律の問題となし了れり、一たひ此語を發してより「シヤイロツク」はまた單弱の一匹夫に非すして直ちに万丈の躰長を加へたる者と謂ふへし左れは肉の一斤を要求する者は、復た唯猶太の一老夫にあらさるなり、正義の神の門を叩きし者は「ヴエニス」の法律其物なり、何となれは「シヤイロツク」の權利と「ヴエニス」の法律は一にして二ならす甲僵れは乙以て之れを倶に僵れ、乙立ては甲以て之れと倶に立てはなり、而るに判官は終に鄙陋の宣告を以て「シヤイロツク」ノ權利を拭拂し去りたるが爲め此老は宣告の力に屈從し、神氣沮喪、悄々然として、冷笑熱罵の間に法廷を退けり之れを觀る者誰れか「ヴエニス」の法律は、此老の上に於て破れたりとの感を興さゝらむ乎、又誰か此に恨を呑み敗を取て而して塲を去りたる者は、「單に一の「シヤイロツク」ニ非らす、して、實は中古社會の滓渣を以て目せられ、常に正義の保護を得す始終寃枉を伸ふ

るを能はさりし猶太人全躰なり、而して此老は特に其代表者なるのみ

その感を生せさらむ乎、

余謂ふに、吾儕か「シャイロック」に就ひて常に哀憫の情を催ふす所以の者は、全く法庭か此者に對して正義を行ふを肯せさりしに因る、何となれは、法律家は必す此老人の理を枉けられたることを認めさるを得されはなり、夫れ詩人は固とより其心の儘に、自家特種の法理を搆製するとを得べけれは、沙翁《シエーキスピーア》か「シャイロック」をして此の如き判決を受けしめたりとて、毫もこれを尤むへき理由もなく、又た寧ろ沙翁は古來の傳説を其儘に戲曲に組成したる者と想像する方當を得たる者なるへけれは、尙ほ更ら此裁判に就きて非難を加ふへき所なし、然れとも今日の法律家をして此裁判何如を批評せしめは、必すや、此證書其物既に無効なり、何となれは人肉を目的物と

なす契約の條項は、道義に反する者なれはなり、去れは判官は始より此理由を以て、契約の執行を斥け得へかりし者なりと言はん、其れ然り、然れとも判官なる「ポーシア」は、曾て斯理由を提出せさりしに非すや、所謂賢明なる「ダニエル」は、此契約を以て有効と認めたるに非すや、然るに後に至り、既に認許したる生肉一斤割斷の權利、及ひ之れに伴隨すへき濺血の權利を、原告に拒むは、實に卑劣の所爲、姦狀師的の譎詐と謂はさる可らす、若し判官にして斯の如き見解を有せん乎、必すや此判官は、地役の場合に於て承役地の通行を認めなから、其契約書に明記なけれはとて、權利者の足跡を其地上に印することを許さゝるなるへし、方今世人は、多く「シャイロック」の事蹟は、實際最古の羅馬時代に有りたることならんと信せり、其故は十二銅票の制法者は、債權者か債務者を傷つくることに就ては、其創傷の

大小は、債權者の自由に任せらるへき旨證書に明記するを要することを規定したれはなり、

左れは「シャイロック」の運命の殊に慘なる所以のものは單に裁判官か其權利を拒絕せしに由るのみに非すして別に故あり蓋し中古の猶太人の一人たる此老は深く權利を信仰し（基督敎信者の如き語を以て說かは）其堅きこと巖の如く何物も之を搖かす能はさりし者ありき然るに此信仰心たる平素裁判官か渠の心中に養成したるものなれとも而も災難此老の上に起り裁判官其眞相を露出し判官は依然猶太人を以て厭忌の府となし之を欺くは正義を行ふ所以と信するものなりとの意を示すに至りて此堅信を碎滅せり此等の事情は中古の猶太人に每每起りしことにして特に此場合のみにあらす是れ特に人の哀を此場合に惹く所以なり、

「ミツヘル。コールハス」

同しく蹂躙せらるへくんは寧ろ犬たるに如かす

「シヤイロツク」の事蹟を看るときは、吾人は亦た「ミツヘル。コールハス」の悲譚を想ひ起さゝる能はす此「コールハス」といへるは是れ「ハインリツヒ。クライスト」氏の著に係れる「ミツヘル。コールハス」と稱する小説の主人公にして此小説は啻に詩想的なるのみならす更に歷史的の著なり旨趣高逸眞理の光彩紙上に奕々たり「シヤイロツク」は悲痛滿腔、氣力銷亡し、敢て抗爭せすして判決に服從せるも「コールハス」に於ては乃ち然らす、其甚しく害せられたる權利を回復せんと欲し、猛戰奮鬪したる後、終に虐吏の刀に仆れたり權利回復の途は邪惡の秋官の爲めに塞り、正義神自身も亦其代表者を以て非曲を偏庇するか如き見、奮然罵て曰く「同しく足下に蹂躪せらるへくんは我れ今にして我の狗たらさりしを悔ふ」と又曰「權利の保護を余に拒む者は余をして山林の蠻賊の爲に倣はしむる者なり棒を余の手に授けて自ら吾身を保護せしむる者也と」乃ち正義の神の手より其劍を奪ひ、自ら縱橫八面に之を揮り旋はし國家をして爲に震撼せしめ、君主をして爲に股栗せしめたり、然れとも「コールハス」は些しも狂妄なる復讐の念に由りて亂を作せしに非さりしか故に決して强掠屠殺の賊とならさりき、夫の世道汚下して、正義其保護を得さるを憤り、人類全躰に對して戰爭を宣告したる「カール。モーア」の若きは、「叛逆の喊吶をして乾坤に滿たしめ、天地、海水、萬類をして、渾へて此豺狼に等しき人類に抗敵せしめん」と、欲したりしも「コールハス」は乃ち然らす「其氣力を奮つて以て心の滿足を求め又た以て同一の害惡に對し其同胞を防護するは實に是れ全世界に對するの義務なり」との觀念を以て、鬱勃激發したる者なり、而して實に此觀念の爲めに渠れ其一家の康樂、を擲ち、自己の名譽を捐て、現世の財產を棄て、其血と其生とを犧牲に供して顧みさりしなり、而して其戰爭は朦昧の破壞を行はんとするには非さりしを以て其攻撃せし所は單に不當の裁判を下せる汚官及ひ之れに與せる同臭味の輩にあり、曾て一不辜を殺すを欲せさりき、終に正義を得へきの望あるに至り「コールハス」は自ら其干戈を歛め、天に張るの戰氛をして一朝散消に歸せしめたり、然れども斯時に方り法律は力なく、廉恥は地を掃ふの事態なりければ、人類の汚濁は底極する所なく、「コールハス」は一旦保護、及ひ大赦を得しも亦褫はれ、終に空しく刑場の朝露と共に消滅せり、然れとも、其未た死せさるに逮んて、「コールハス」は正義を回復することを得、而して其盡瘁せるの勞は無用に歸せす、且つ自ら權利に對する尊敬を胸間に復し、人類たるの威嚴を保つを得たるを喜ひ、死に臨んて莞爾として一笑し、其身は再ひ世界、及ひ上帝と和したりとの情懷を以て怡然として刑吏に隨ひ去れり、嗚呼此法律小說を覽る者、胸中果して何等の反省を生し來る乎、夫れ情は眷族の慈愛を以て盈ち、心は質實祇虔を以て成るの正人をして、一朝變して烈火白刄を以て其仇敵の都城を崩壞するの「アッチラ」汗とならしめし者は、何物そや、是れ他にあらす、其人の高淨なる性質即ち法律に對するの尊敬、其法律の神聖に對する信仰、其純潔の氣力、其健全なる權利の感情是れなり、而して「コールハス」の殊に哀むへきは其人實に高明なる權利之感情、權利の觀念に對する勇健なる信仰を有し之れか爲めには一切の利害得喪を顧みさるの氣概ありしに、不幸にして佞倖鴟張、秋官鄙汚を極むるの濁世に遭遇し、勢の必至、茲に撞突を致シ、正直を以て殘虐の居る所となりしに在り、是れ人をして酸鼻せしむる所以なり、「コールハス」は固より罪を犯せり、然れとも斯人をして法律の範圍外に狂奔し、暴烈の所爲を演するの已むを得さるに至らしめし者は果して孰れそや思ふて此に至らは人必す知らん、大罪は則ち王に在り、有司に在り判官に在り、而して「コールハス」の罪はこれに比すれば遙かに微少なる者なりしことを、夫れ世上元と恐るへきの害悪多しと雖とも、少くとも、道義上の眼を以てこれを視れは、上帝の命したる權力、即ち國家か自ら法律を破るよりして生する害悪ほど、恐るへき者あることなし裁判を以て人を殺す者は法律に對する極罪なり、法律の護衛人たる地に在て法律を謀殺する者なれはなり、醫師にして其患者を毒殺し、後見人にして被後見人を縊殺するこど、以て異ることなし、古代羅馬に於ては貪汚の裁判官はこれを刑するに死を以てせり、蓋し法律を枉けたる判官に對しては、其權利を屈せられたるより罪人となれる者ほど恐るへき彈劾者は決してこれなし是れ自己の非行より致せる慘酷の結果なれはなり、貪婪偏頗の裁判より寃を受けたる者は、多くは激して破法の民となり自ら立て被害の復讐者となり其權利の執行者となる故に權利回復の目的を失する

寃者は多く破法の民となる

か爲めに、一轉して社會の公敵となり刧掠屠戮の暴賊となる者少からす、幸にして其被害者、善良高潔なること「ミッヘル。コールハス」の如き人ならんには、斯の如き殘毒の罪を犯すに至らすと雖とも、尙ほ且つ一個の罪人となり、而して其刑を受け、權利の爲めに殉義者となるの慘を免れす、誠に傷むへきなり、然れとも諺に云ふ殉義者の血は畢に無用に歸せすと「コールハス」に於ても此語は實に眞なりき其擲身の記念は永く人心に殘留し、隱に汚官姦吏の心を制し、曲法害正の所爲あるを得さらしめたり、

余か斯等の喞寃者の事蹟を喋々縷述し來りしは其意讀者をして權利の情操極めて强く且つ極めて理想的なる人に在りては、其非制に由り中懷悒快たるの時に至れは終に何等の方鍼を執るやを例解せんと欲せし而已、勢此に至れは、法律の爲めの競爭は翻て法律に敵するの競爭

全國民も亦た自ら立て權利の執行者となることあり

となり、保護を與ふへき權力にして、權利之感情を保護せさるときは、此感情は忽ち一轉して自ら法律の基礎と睽離し最早愚昧、不善、薄弱なる國家の權力を依賴せす自己の手を以て其權利を回復せんと努むるに至るなり然とも國家に反立して公衆の權利之感情を確立せんとすることは決して一二の勇往英邁なる壯士のみに限るにはあらすして時としては或る形體を以て全國民か共に其國の制度に對し反對運動をなすことあり、而して此反對運動は、その目的に因り、又は、衆民(或は一階級の民)か之れを認め之れを應用する方法に因りて、或は制度の代用と看做すへきともあり或は其增補と看做すへきともあるなり、設例へは中古の封建法に於て、當時の刑事裁判處の不能偏頗にして且つ國家權の薄弱なるの弊を補はんか爲め、民間に行ひたる刑事の秘密裁判の如き是れなり、方今尙ほ存留せる決鬪の如き亦た然り、決鬪の存するは是れ卽ち國家か名譽の侵犯者に蒙らしむるの刑か、未た以て社會の或る階級の人々の有する權利之感情を、精細に滿足せしむるに足らさる明證なり「コーシカ」島の內に行はるゝ流血に對する復讐及ひ米國に行はる所謂「リンチ」法の如き、亦た此例となすへし、是等の諸例は明かに其地の法制が、其民の感情と相伴はさるを證するに足る者にして、國家は實に人民をして、斯の如き法律外の私立制度を搆設するの必要を感せしめたる者なり、故に國家は、此の如き必要を人民に感せしめたるの點に對してゝも將た人民か此の如き制度を法律外に設立せるを默視傍觀する點に對してゝも兩つなから責を免るゝ能はさるへし、而して此等の場合に於て、若し法律にして、嚴に此法律外の私制度を禁せんか、一個人の行爲に對して甚しき難問題を生すへし「コーシカ」島に於て、該島に行はるゝ流血に對する復讐手段を取らすして、之れを裁判所に訟ふるときは、其同族民の賤辱を招くへく、若し又其復讐手段に由るときは、其人は友僚間の賛同を得へしと雖とも、法律は決して此者をして晏然視息せしむるを許さす、決闘も亦た然り、決闘の申込を受け名譽上、之れを承諾せさるを得さるに當りて、之れを斥けんか、必す世上の擯斥する所とならん然れとも之れを承諾せんか、法律の罰は之れを追るゝことを得さるなり、是れ實に裁判官に在て處置に苦むの制度たると同しく一個人に於ても眞に撰擇に苦むの制度なりとす、羅馬の早時に在りては、國家の制度は誠に能く人民の權利之感情と適合したりしと云ふを思ひ、人をして空しく類似の事實を羅馬法に覓めしむ、然れとも畢に能く之れを調和するの手段を此古法中に探し得たることなかりき、

## 第五章　權利の爲めの競爭は國民の生存に至重なり

余は既に、一個人か其權利の爲めにする競爭に就ひて考究し來り、爰に其終末に達せり、而して競爭の由て來る所の動機に關しては種々樣々あることを辯し、下は單に算盤上より發する鄙陋なる動機より、上は人品の確立、人の形而上生存要件の確立と云へる理想上の動機に論及し、終に正義の觀念の實踐と云ふことまて說及ほせり、正義の觀念の爲めにする競爭と云ふは、是れ最も高尙なる點に達せる競爭にして、若し此處より一跬歩を謬りて、橫逕に踏入らんには、權利を害せられたるより生する憤激嗔怒の情は、遂に人を驅て犯罪者たらしめ、之れをして滅法界の魔道に陷入せしむる者なりとは、是れ余か前に說き去りたる所なり、

權利の爲めの競爭は直ちに國家强弱の運に關す

然れとも權利の競爭の利害の及ふ所は决して私人の生存卽ち私法の區域のみに非すして、廣く國民全躰に關する者なり、夫の一國民と云ふは何物そと云ふに、到底之れを集成する所の一私人の合體を指すものに外ならす、左れは國民の思想し、感覺し、行爲する所は其分子たる各個人か思想し、感覺し、且つ行爲する所に外ならす、果して然れは若し夫の各個人の權利之感情、衰弱、痲痺し或は非法壓制ありて權利之感情の健かなる發達を妨け、或は權利之感情の當さに保庇奬勵を受くへき所に在りて、反つて虐待せられ、或は其結果として權利之感情自ら害惡を受るに慣れ、絕望して復た回復を以て意となさゝるに至りたらんには一旦國民全躰の權利侵害せらるゝに及んて俄然として其の勇剛なる權利之感情の奮起するを見んと欲するも决して得へきに非さるなり、假令國民の政治自由に關する侵害あるも、憲法の背反破壞あるも、又た外

憲法國際法の野に忠戰する者は必す是れ私法の爭に健鬪するの士

敵の攻撃あるも、平居常時己に萎靡痲痺せる各個人の感情は依然として振ふとなかるへし、徒らに一時の安を偷んて其權利を放拋し、其身上及ひ名譽上の理想的損害を顧惜せす、或は權利の問題を度かるに唯た有躰的なる利益の標準のみを以てするの習慣を得たる陋民をして、一たひ國民全躰の權利名譽の問題起りたるの日に至つて、遽かに權利の利害を度るに、殊別の尺度を以てし、痛癢を感するに異樣の方法を以てせしめんとを望むは是れ亦た木に緣て魚を求むるの類のみ感情の唯心主義未た曾て少しも現出せさる頭腦に向ふて其大事に臨んて突如として此感覺を發生せんとを期す、世寧そ此理あらむや、故に能く憲法國際法の戰に鬪ふの士は必す之れを善く私法の野に鬪ふ者に求めさる可らす、一私人として其權利の競爭に名を爲せるの勇と政治自由、外寇防御の戰爭に功を顯はすの力と彼此決して二種にあらさるなり、私

國民政治教育の學校は公法に在らすして私法に在り

法に於て播きたる所は、必す之れを公法、國際法に於て刈收するを得へし、夫れ廣く國家の用をなし、國家をして其の目的を達せしむるに缺く可からさる無形上の城郭を爲す材料は當さに之れに何れの地に求むべき乎、必すや一片又一片之れを私法の小溪、各人關係の細逕に就ひて集めさる可らす、國民の政治教育の學黌は誠に公法に在らすして私法に在るなり、故に人若し一個の國民か必要の場合に臨んて其政治上の權利を防衞し又他國の間に屹立して其位地を確保するの能否何如を知らんと欲せは、唯其國民の各分子か日常私人の關係に於て、其權利を確立するの程度何如を驗するを要す、余既に英國人か爭論を敢てするの例を引證せり、故に此には唯重ねて前言を記するを以て足れりとせん、夫れ英人か頑然として爭ふ所の數「シリング」は其中、實に英國の政治上の發達存するとなり、試に想へ、何人か其れ極微の事項に關し、斷乎と

権利は唯心的觀念なり

してその權利を抗爭するの人民に就きて能く其最高の所有物を奪取するヿを得ん乎、然らは則ち內に最高の政治的發達を得、外に最大の威力を振ひし古代羅馬の人民は、同時に、私法に於て最も進步せる組織を有したりしヿは、決して偶然に非るなり、夫れ權利と云ふは元と唯心的觀念なり、（此語は頗ふる奇怪なるか如く見ふるも決して誤れるに非す）然れとも此に所謂唯心的觀念とは、意象の唯心的觀念にはあらすして、人の品格の唯心的觀念なり、他の語を以て之れを解かは、權利は其身を自己の目的と定め、其人品に於て攻擊を受るときは、身外の諸物を擧けて一切甚た輕微にして、顧るに足らさる者となす人の、唯心的觀念なり左れは此權利の攻擊は、一私人より來るも、政府より來るも、將た外國民より來るも其對手は固とより問ふ所に非す、苟も攻擊する者あらんには、等しく之れに抗せさる可らす、故に攻擊に對して何如なる抗抵をな

一國の政治上の位地は其道義力と俱に昇降す

成丁子弟に竹鞭を加ふる神州の民

すやを決する者は、其の攻撃者の誰れたるに由るにあらすして、被害者の權利之感情の力、即ち自己を確立する所以の道義力の强弱何如に在るのみ由是觀之、內國に在ても將た外國に對しても一國民の政治上の位地は、其道義力と共に昇降する者なりと云へる原則は實に不磨の眞理なり、其成丁の子弟に竹鞭を加ふる支那帝國は、人口烝々數億の多きを有するも外國人の眼を以て之れを觀れは、其品位蔑爾たる瑞西國の尊ふへきに如かさるなり、瑞西人の天性たるや美術的詩想的の意味に於ては、決して之れを理想的と謂ふへからす、寧ろ羅馬人の如く、質實にして實用を尙ふの民なりと雖とも、然れとも、余か本書中に於て、前來權利に關して用ひ來れる意義を以てすれは、理想的なる語は、英國人と同しく的に之を瑞西人に適用すへし、

若し夫れ權利之感情を以て、只た一個人の權利防衛のみに止め、一般國

法律を防衛する權利を防衛する所以

の權利秩序の防禦の點には、毫も之れを用ひさるときは、權利之感情の唯心的觀念は、全く其の根據を失ふに至るへし、此唯心的觀念の示す所は啻に己れの權利を防衛するは權利全躰を防衛する所以なりと云ふのみにあらすして、抑も又た權利全躰を防衛するは、我權利を防衛する所以なりと云ふに在り、此の感情、即ち法律に對する此意義、十分に行はるゝの國家に在ては、人民官吏に抗して罪人を保庇するか如き不祥は、之れを認めむと欲すと雖とも得へからさるなり、夫れ權利之感情健全ならさる諸國に於ては、官吏、犯罪人を公訴し、之れを逮捕せんとするに當り、人民は紛然群集して、犯罪者を救援し、官吏に抗抵し、國家の公力を敵視すること、屢之れあり、唯權利全躰と權利との同等相關の理を知るの民は、決して此の如き謬戾を致すことなし、蓋し權利を援くるは、己れを援くる所以なることを知れはなり、此際に於て犯罪人に左袒する者は、惟犯

保安權威の最良策は權利之感情の培養に在り

罪人あるのみ、常人に在りては、啻に犯罪人を救護せさるのみならす、抑も自ら進んて公力執行の爲めに其力を假すとなり、

以上述へ來りたる所を以て、權利の競爭と國家との關係は、既に明かなるへけれは、其結果に就き更らに推論するの必要なきを信す、唯左の一原則を擧くれは則ち足れり、曰、國家若し國外に赫奕の威嚴を保ち國内に盤石の安きを維かんと欲せは、其策、國民の權利之感情を保育扶植するより善きはなしと、之を養成するは、想ふに政治教育法の最高至要なる者の一なり、夫れ國家力の浩大なる淵源は國民各個の健强なる權利之感情の中に存し而して國家生存の確實なる擔保も亦た人民各個の權利之感情に在り、權利之感情の國家に於けるは、其れ猶ほ根の樹に於けるがごとき乎、根若し健全ならす、或は岩上に枯れ或は沙中に萎せんには、其枝幹の崔嵬鬱蓊たる者、畢竟虚觀に過きす一朝風擊雨撲の變あ

權利之感情は國の根柢

らは、立ところに根柢より拔且つ仆れんのみ、然れとも、人の注目する所は、却て常に幹に在り、梢に在り而して其根は地中に隱沒して世は多く之れに留意せす、而して惡法暴政の力は常に根柢たる國民の道義力の上に其結果を來たす者にして、視近膚淺の政治家は、之を藐視して顧るに足らすとなすも、豈知らんや、惡制の毒は、道義力の根に入れは漸く幹に上り幹より枝梢に達し因て以て國家の危殆を致す者なるを、故に虐政か國を滅ほすの第一着歩は、幹梢にあらすして根柢に在り先つ私法を衝ひて個人の權利を襲ふ、此處己に破るれは國家の大樹は手を觸れすして自ら覆る、故に知るへし、國を保衛せんと欲する者は必す先つ個人の權利を堅守せさるへからさることを、羅馬人能く此理を識る者、故に夫の婦女の節操、及ひ名譽侵害の事件に乘して、遽かに王政を顚覆し、寡頭政治を廢滅せり、眞成好圖、誠に能く其爲す所を知れりと謂ふへし、

人身自由撲滅策

虐政内を害せは外寇之に從ふ

今夫れ國家中に人身自由の壯志を剿滅せんと欲せは、當さに何如すへきかを假想せんに、先つ租税及ひ庸役の點に於て農民の人身自由の感情を滅するに在り、警察をして嚴に人民を監視せしむるに在り、旅行者をして旅行劵を有せすして往來することを得さらしむるに在り、撿稿官を置き操觚者の思想を管制するに在り、政府の意に從て勝手なる租税を民に徵するに在り、虐政をして其志を逞ふし國家を害せしめんと欲せは「マキャヴェリー」復た生るゝと雖とも我れ是より妙籌あるを知らさるなり、然れとも虐政暴制の由つて入るの門は亦た能く開ひて外敵を容るゝの門なり、物先つ腐つて蟲之れに生し、非政、内を亂つて外寇之れに隨ふ、而して昧者は曉らさるなり、敵艦吾か砦を擁し、敵軍吾か疆に迫り、然る後始めて敵を防くの至堅の城壘は實に人民の道義力及ひ權利之感情に在るを悟り、此に至て俄に天を仰ひて頓足するも晩ひ哉、晩

「アルサス」「ローレーン」二州を取りしは獨逸國の損失なり

ひ哉、夫の封建時代の民、及ひ專政國の民は皆是れなり、而して「アルサス」「ローレーン」二州を攻め取りたるは獨逸帝國の利得にあらすして適に其損失となすに足りしは亦た之か爲め耳、夫れ此二州の民既に自已の爲めに權利之感情を保つ能はす、其れ惡んそ此帝國の爲めに之れを保つを得む哉、

歷史は吾人に敎ふるに國家盛衰興亡の關係を以てす、苟も能く之れを鑑みて以て、今日に警戒する所にあらは、國を保つに於て餘師あらん、史を讀んて其敎ふる所を悟る能はす、機逝き、時去て後、其事蹟の今日に補あるを覺るか如きは、是れ史の罪にあらすして、吾人の過なり、夫れ一國民の力といふことは、其權利之感情の力と云ふことと其意義を同ふする者なり、故に國民の權利之感情の敎育を力むる者は國家の强盛に意を用ふる者なり、此に余の所謂敎育とは、勿論、訓諭示授するの義にあらす、唯

時の法律に從て行爲するのみにては未た國力を補成するに足らす

正義の原則を人類日常の關係に實行するを謂ふのみ、然れとも唯外面に顯はれたる法律の機關のみを以て直ちに之れをなすに十分なりと謂ふ可らす、法律は固とより完全なる秩序を得へき目的を以て、組織し、又た命令する者なりと雖とも、而も前に述へたるか如き望を遂け得る者に非す試に看よ、夫の奴隷の若とき、又た猶太人の上に科したる受保護税の若とき、其他、往時の諸原則、諸制度の中には、健强なる權利之感情と、全く氷炭相容れさる者一にして足らす、其結局する所ろ市民、農夫、猶太人の如く、之か爲めに直接に難苦を取けたる者よりも、反て國家自躰に慘毒を來たしたりしと雖も、而れとも尙ほ當時の法律制度たりしにあらす乎、故に法律機關のみにては、決して國家を利するに於て足れりとすへからさるなり、左れは法律の確定、不變、明瞭、鞏固なること、又た健全なる權利之感情と矛盾すへき諸原則は、悉く之れを撤去すること、（單に私

護國の至計

國家の神聖なる義務

法のみならず警察規則、行政規則、財政制度に於ける諸原則をも包括す）裁判權を獨立せしむること、及び力めて訴訟法を完全ならしむることの如きは、實に軍備金に非常極度の增額なすよりも、國を守るに於て遙かに確實の方法たり人民をして不正なりと思惟せしむるの規則、人民をして厭忌せしむるの制度は、皆權利之感情に對するの障害なり、國力に對するの侵犯なり、抑も亦た權利の觀念に對するの罪惡なり、而して之れより生ずるの災孽は、飜て皆國家自躰の上に墮落し來り、其損害の至る所、甚しきは則ち、其領土の一部を失ふに至る、警めざる可けむや、而して余は固とより善政良法を敷き行ふを以て、單に國家は便利なりとして勸むる者にあらず、余は實に權利之觀念の爲めに、此觀念を補成するの美制を設くることこそ、最も神聖なる國家の義務なれと信ずる者なり、然れとも此の如く論し去るときは、唯是れ一片敎訓的理論に過ぎず、余に

権利の感情は抑壓すれは則ち衰ふ

して此の趣旨を以て世の實際的政治家に請求せんには、彼れ必すや頸を縮めて其迂を笑はん、而して此嗤笑に逢ふとも余は決して之れを責むるの辭を有せさるなり、故に余は今ま姑らく此問題の實用的の一面を見はし世人をして十分に會得する所あらしめんと欲する而已、蓋し此處にては、權利之觀念と國家の利害は、相共に手を携へて進退消長する者なれはなり、夫れ權利之感情は何如程健康なりとも、惡法非政の抑壓の下に歳を累ね時を積むに至りては稍く銷し漸く鑠し終に其勢力に屈下せさる者はあらす、其初め暴制に抗抵拒扞する者も、綿々延々、萎靡衰頽、畢に枯落するに至るは、比々皆是れなり、何となれは、權利の要素は余の既に數々述へたる如く、實際の行。爲。なれはなり火の能く燃ふる所以の者は何そや、空氣あれはなり、權利之感情の能く成立する所以の者は何そや、行爲の自由あれはなり、權利の感情をして行爲の自由を失

はしめん乎、此感情や便ち亡ひむ、

權利之感情と獨逸の現行法との關係何如

## 第六章　方今の羅馬法及ひ權利の爲めの競爭

余の論題は今や終りたれは、以て爰に筆を擱すへし、然れとも此論題と親密の關係を有せる一の問題あり、讀者願くは姑らく忍ひて眼を此の點に轉せられよ、此問題と云へるは、吾か現行法、即ち今日の羅馬法は何如なる程度まて余か前に述へたる必要に應するを得るやとの問題是れなり、余は此問題に對して裁判を下さんとするとなるか、余の意見に由れは今日の法律は、決して此必要に應するに足らす、現行法は健全なる權利之感情を距ると太た遠き者なり、其然る所以は、多くは法律の眞成の解釋を得さるか爲めにあらすして、現行の法律自躰か事物の上に下す所の見解か、夫の健全なる權利之感情の心髓たる、唯心主義と、正に

民事の損害は係争物品又は其價直のみを賠へは足る乎

圓鑿方枘するか爲めなり、此に唯心主義と云へるは前にも既に述へたる若く、權利を犯す者を以て、單に物躰上の攻撃とは看做さすして、直ちに人身上の攻撃と看做す所の主義を謂ふ、而して我か民法は此主義に對し、毫末の補助を與へさるなり、吾か現行法の權利の侵害を權かるの天秤は、何くに在るやと云ふに、名譽に對する攻撃の外は、都て有躰的《マテリアル》價《ヷアリ》直《ユー》に在り、此れ之を無味卑瑣の唯物主義と謂ふのみ、

然れとも人或は言はん、法律は財產に關する損害を蒙りたる人に對しては、道理上、其爭訟の目的物、或は其價直の外、何物をも担保する能はさる者に非すやと、嗚呼此説をして眞ならしめは、竊盜も亦た其贓物を返還せは、其罪を免れさる可らさるの理にあらす乎、然るに世人は之れに首肯せすして、竊盜は獨り竊まれたる被害者に對し罪を犯せるのみならす、亦た法律、秩序、及ひ道義に對し罪を得たる者なりと言ふに非すや、

然らは則ち、其理由は曷んそ獨り盜罪のみならん、其なせる負債の事實を論拒するの債務者や、其契約に違背せる買主、賣主や、其自己に受けたる依托を濫用するの代理人も、亦た何そ竊盜と同一の關係を有せさらむ乎、今夫れ長日月を爭訟に靡したる後、僅かに其始めより我に屬せる物を其侵犯者より回復したれはとて、吾か權利を侵蝕せられたりとの惡感情は、何を以て滿足するとを得む乎、而して此滿足を求むるの感情は、勿論、正當の感情にして、男兒の當さに有すへき所の者なり、然れとも這は姑らく之れを論外に置くも、唯此被害者と爲害者の間に、著大なる不公平あるを見るへし、試に思へ、爲害者敗訴せは何如なる危險あるや、唯其不良の手段を以て保持せる物を其正當の所有主に返へすと云ふに過きす、然れとも被害者敗訴せは其所有物を不當に失ふへし又た勝訴の塲合を想像せは、爲害者は、之れに由りて其正當なる所有者を害して、己れの財貨を增加すへし。然れとも被害者は、之れに由りて單に自己の所有物を奪はれさるの幸あるのみ、是れ豈無耻の詐欺を奬勵して、背信に與ふる褒賞を以てする者に非す乎、此等は、決して皇張誇大の論にあらす、唯現行法を有の儘に敍述せるのみ、倘ほ後段に至り、此意見を證するの地あるへし、然れとも古羅馬法か此問題に對して行ひし處置を參考し來れは、余の言を證するに於て甚た易きを見るへし、

此點に關して羅馬法は其發達に從ひ、其處置前後三變せり、第一は、最古の法律、即ち權利之感情、勁烈無限にして、自ら治制する能はさりし時代なり、第二は、中古の法律、即ち權利之感情の有限なる時代なり、第三は、羅馬帝國末世の法律、殊に「ジャスチニアン」法典の規定にして、即ち權利之感情衰頽の時代なり、

羅馬法と權利之感情との關係三變

余は今玆に第一期、即ち最古の羅馬法か、此問題上に置ける規定に就き、

第一期羅馬法即ち感情無限の世

余の嘗て稽査し、且つ他書に於て已に世に公にせる所の事實を約して、數言を陳ふへし、此時代に在りて、權利之感情の强弱何如を繹ぬるに、人の權利の攻擊は其害の大小を測るに、唯主觀的(即心意上)の被害を以て標準とせり、即ち被害者か其心意上に感せる苦痛の强弱に由りて、其害の大小を定めたり、故に爲害者の罪の程度は、實際重かりしか、將た輕かりしかは、少しも問ふ所に非さりしなり、左れは原告は單に表面上のみ有罪なりし人に對しても、實際有罪なりし人に對しても、均しく其心の滿足を得るたけの處分をなし得しこととなり、明瞭なる負債辨濟の訴(nexum)を受け、或は動産に對する損害賠償の訴を受けて、之れを拒み終に敗訴したる者は、二倍の賠償を拂はさる可らす、又た物の所有權の訴訟を受けたるとき、若し其占有者之れより利益を收め居りて、此訴終に敗れたるときは、其利益の二倍の價を拂ひ、又別に其裁判所に納めたる保

第二期羅馬法即ち感情有限の世

證金を沒せらるへし而して原告に於ても、若し其訴訟に敗れたるときは、同樣の罰金を拂はさる可らす、何となれは是れ他人の財產上に權利ありと主張したる者なれはなり、又た原告若し其請求して得へき金額の評價を些少にても謬るときは、其全額沒收せらるへき規定なりき、第二期即ち中世の原則は何如と繹ぬるに、上に述へたる如き規定も多く殘留したれとも、全く殊別なる新精神も亦た現出せり、何如なる新規なるかと云ふに、是れ私法侵害の塲合に犯罪の尺度を應用するの方法とも稱すへき者にして、主觀的の侵害と客觀的(即物躰上)の侵害を嚴密に區別せる者なり、客觀的侵害に對しては、爲害者は止た其物を返還せは其れのみにて義務を了る者なりしか、主觀的侵害に對しては、爲害者は其物の回復の外に責罰を受けさるを得さりしなり、其責罰と云ふは、或は罰金なるとあり、或は名譽罰なるとありき、此の處分の斟酌たるや、實に中世羅馬人の聰明なる思想の一と稱すへき者にして、信任に背き、寄托物を寄托者に返すを拒みたる受托者をして、單に其物を返還したるのみにて責を免れしめ、又は信任の位地を利用して自己の利獲を謀り、或は故意を以て其義務を怠りたる代理人、後見人の輩をして、單に其生したる損害を賠償せしむるのみにて他に何等の制裁をも受けしめさると云ふとは、決して當時の健全なる羅馬人の權利之感情をして滿足せしむるに足らさりしなり、故に此の外、別に其損害に對して刑罰を附し一は以て權利之感情の傷害を慰し、一は以て他人を警戒して此非行に倣はさらしめんとを欲せり、此責罰は先つ第一に名譽罰あり、此名譽罰は之れに由り社會上の貶斥を被るのみならす、兼て一切の參政權を剝奪せられ、政治上の死刑を受るとなるを以て、羅馬に在りては、至酷の罰の一に計へられたり、而して此名譽罰は背信の重大なる場合のみに適用せり、次に財。罰。あり、是の罰は今日よりも遙かに博く用ひられたり、左れは不正の原因により訴訟を起したる者若くは人をして不正の原因により訴訟をなさしめたる者に對しては、當時之れを戒警するの方法、自ら具はりて、其爭訴の物件の價格の十分一、五分一、三分一、四分一、と云ふか如き比例の罰金を之れに科し、被害者の怒氣の程度、到底他の方法を以て慰するを能はさる場合には、此比例を限りなく倍蓰し、原告宣誓して是れにて滿足せりと言ふに至るまて、增加するとなりき、當時又特に訴訟の二個の方法あり其の一は夫の外事《プレートル》奉行の發せる禁令にして一は「アクショネス、アービトラリー」と云へる訴訟手續なり、是二方法は被告をして不利益なる結果を增加せさる前に、早く抗抵を止めしむるの趣意に基く者なり、若し裁判所の命を聽かす尙ほ繼續して抵抗するときは法律は之れを認めて故意に法律を破る者となし、相當の處分を受けしめしなり、斯くして令を受けたる者依然抗抵或は攻撃を續くるときは、其所爲は原告人の身上に止らす、尙ほ公力に抗する者となす、此に於て問題は唯た個人の權利の上に在らすして、法律の代表者の身上に於て法律自躰を攻擊する者となるなり、

斯責罰の目的たるや、刑事上の刑罰と其目的を同ふし、一方に於ては純然たる實用的の趣旨を有し、刑法上の犯罪ならさる侵害に對して一個人の利益を保護するに在れとも、一方に於ては又た道義上の趣旨を有し、侵害を受けたる權利之感情に滿足を與ふるに在り、而して滿足を與ふるとは、啻に直接に害を受けたる人の感情を滿足せしむると云ふにあらす、幷せて此事件を知れる世上一般の人の感情を滿足せしめ、而して法律力自躰か蒙りたる害を回復し、法律力をして確立せしむる者なり、故に金錢は此場合に在て、目的にはあらすして、特に目的を達するの

方便なるのみ、

羅馬の「アクシヨチス、ヴインヂクタム、スピランテス」と云へる訴式に就きて之れを見れは、余か今論せし所の理想的の目的は明瞭に現はるゝとなり、此訴訟は元來金錢及ひ物件の回復を目的とせすして、權利之感情及ひ人品之感情の上に來せる損害を心意上に回復せしむるの趣意なり、是れを以て此訴權は相續人に傳ふるを得す、他人に讓渡すことを得す又破産のとき破産財團に組入るゝことを得す、又出訴期限も頗ふる短促にして、被害者即時に其受けたる侵害を感せさりしか如き場合には、到底起訴するを得さりしなり、

蓋し此第二期、即ち中世羅馬法の見解は、實に嘆賞すへき者あり其見解最古の法律と相距る遠く、又た「ジヤスチニアン」帝以降今日に行はるゝ法律に對するも、大なる逕渭あり、最古の法律は客觀的侵害をも主觀的

第三期羅馬法即ち權利感情衰頽の世

侵害と同一の位地に置きて其間に區別をなさす、又た今日の法律は一轉して、主觀的侵害をも、客觀的侵害と同一の地位に貶下混同し了れり、然るに中古の羅馬法は健全なる權利之感情に十分の滿足を與へたり、蓋し中古の法律たるや獨り嚴密に二種の侵害を甄別せしのみならす、之れに由りて事件の形躰、種類、重輕を判斷し、之れに精巧の解釋を與へ、主觀的侵害を殘る隈なく、顯發するを得せしめしを以てなり、

是より羅馬法發達の第三期、即ち末期に說き及ほす可し、此時代の法律は「ジヤスチニアン」帝の「インスチチユート」法典に於て確定せられたる所なりとす、而して此に至て余は夫の相續法と云ふ者は個人に在ても國民に在ても共に重要なることを認めさる能はす試に見よ、若し此第三期の法律は、悉く其時代の製造物なりせは果して何如なる法律成るへき乎抑〻世には其日〻の必要物たに、自ら贏け得すして、空しく遺產人か

勤勞蓄積したる貨財の上に、一生を送るの相續人多くあるヿなるか、國民に於ても之れと同一の關係あり、墮落衰殘の人民は、剛强なる前代の民の餘澤に依り、其智識上の資本の上に長日月を過すヿ尠からす、今茲に此事情を擧るは、單に卑弱なる時代の民か、自ら勞せすして、他人の辛勞の遺恩を享るのみを謂ふ爲めにあらすして、余の尤も讀者の注意を乞はんと欲するは、過去の事業、過去の制度の如き者は其性質上或る歳月の間は、其効力を保存し、且つ其精神を復活せしむるを得る者なりと云ふ點にあり、斯等の事業、制度の如きは、皆其中に潛勢力を蓄ふる者にして、人之に觸るれは潛勢力は玆に變して活動となるヿなり、是を以て、古羅馬人の剛疆勇健なる權利之感情を煥發したる共和政時の私法は、暫らく晩年の羅馬に殘留して活力の源泉たりしなり、羅馬の末路、溷濁の間に此精神の獨り存せしは、恰も極目無際の砂漠の中に、一點の沃地《オアシ》ありて、清泉湧出するに似たりき、然れども虐政の力は、終に「シムーン」熱風の若く、猛然吹き來りて、草木を枯落し去り、復た一片の緑を遺さゝるに至れり、此に於て中世私法の精神も、単に時勢に抗する能はす、羅馬末路の卑懦の風氣は法律面に顯はるゝに至れり此の末路の精神は頗ふる奇異なる形態を以て、尚ほ今日に傳はれり、而して仔細に視察し來れは、其精神の中自ら壓抑、苛酷、粗暴の性を具へ、且つ甚た商量を缺けるの事實を見るへし、然れとも尚ほ其表面上、薫然温和の態を装へり、温和は之れあらん、然れとも其温和たるや虐政的の温和なり、即ち甲に奪ふて之を乙に與ふる者たるに過きす、左れは是れ全く仁慈の温和にあらすして、横肆の温和なり、輕薄の温和なり其不正不公、殆と之を虐政か人に加ふる一個慘酷の罰と言ふと雖も可なり、余は此論定の基礎たる、諸種の證據を把て、一々讀者の前に提出せんとを欲す、然れとも此處はこれ

債務者を憐むは弱世の徴候

をなすの地に非らす、此には只其特質の最も顯著にして史上に其材料最も饒き例を擧けて、讀者の注意を乞はゝ則ち足れりと信す、其例とは他に非らす、法律か債權者を害して債務者に與へたる寛假及ひ工夫是れなり余は謂へらく、「債務者を憐むは是れ弱世の徴候なり」との一語は、今古に通用して、謬る所なき格言なりと、而して此惰慢の情は、尙ほ自ら呼ひて仁慈と號す、亦た怪ならすや、强健の世は、先つ第一に債權者を保護して、其權利を確立し、而して債務者は之れに由りて痛く窘逼せらるゝとも多く顧慮せさるを常となす、此の如き者は、盛代の表章決して爭ふ可らさる者なり、

是より進んで本章の本旨たる現今の羅馬法を評論すへし、余は今に至り、殆と此問題を提出し來れるを悔ふ何となれは、現今の羅馬法の善美を賛稱するを余の望むは、固より自然の情なれとも、之れに對して判斷

今日の羅馬法即ち獨逸の現行法

學説の跋扈

を下すに當ては、勢之れに反したる宣告をなさゝるを得されはなり、然れとも此判决は、今や余の决して躊躇す能はさる所なり、

此問題に就きて有せる余の意見を約言せんに、抑も通常の世態ならんには夫の國民の權利之感情の若き、習慣の若き、又は立法權の若きは、皆法律の生立幷ひに其發達を左右すへき要素なるに、吾か現行羅馬法にては决して然らす、歴史及ひ法律適用の實蹟に就きて之れを視るに、今日法律の上に跋扈して威力を奮へる者は單に學説あるのみ、蓋し是れ多少時勢の然らしめし所なると疑なし、此學説といへるは卽ち外國語を以て記載せる外國法律（槩、古代羅馬法）のとにして、之を明解するを得る者は、唯之れを輸入したる學者あるのみ、其他には十分之れを會得する者なきの状態なりき、而して此法律は其始より全く反對せる利益を有し、屢相矛盾することある、二個の力の爲めに感化せられたり、二個の

力とは一は純然たる歴史的の知覺にして、一は法律の實際上の適用及發達なり、此の如く學說專ら法律上に力を占めたれは、習慣は法律の精神の上に十分の力なく、唯常に理論に服事して之れを崇拜するのみ、故に又た立法上、司法取扱上區々の差異を生し統一を缺くの觀を呈するに至れり是れを以て國民の權利之感情と法律との間に、大逕庭を生し、人民は法律の意を解せす、法律は又た人民の意を解せさるに至りしは、毫も怪むに足る者なし、羅馬に在りては其境遇習慣に適して、甚た善良なりし制度、原則も、吾邦に移し來れは全く有害無益なる者少からす、蓋し其成立に必要なる事情、吾邦には消滅せるを以てなり、凡そ此渾圓球上に於て人民をして、權利を信任するの念を消滅せしむるに、吾か現行羅馬法よりも力ある規定は、他に之れあらさるへし吾か法律にては金一百圓の負債承認證書を判官の前に提出するも若し其證書にして負

獨逸法には權利の理想的感情を欲く

債の原因を記載し在らさるときは日付後二年を經過するに非れは効なしと裁判すへし、嗚呼、正直なる普通の人は、此等の事情を見て果して何等の怪訝を起すへき乎、

然れとも余は細説を試みさるへし、是より著々論歩を進めは、何如なる點に說き及はさる可らさるや、未た知るへからされはなり、故に余は寧ろ二個の例を擧けて、以て吾か現行法の正當を失せるを示すに止まるへし、而して此二例は實に吾か法理の基く所ろ、而して又弊害の根柢する所なり、

其第一は、則ち余が前來縷述したる一個の重要なる觀念が、吾か羅馬法理中には缺如すると是れなり、詳かに言へは、今ま人ありて其權利を侵犯せられたるときは、金錢上の利害の外に、權利之感情の損害を回復せさる可らさる道理なるが、現行法は毫も此點を顧みさることとなり、現行

法の標準は實に、鄙陋、實に不智なる唯物主義に在りて、眼中唯是れ、阿堵物あるのみ、余昔し聞けるとあり、吾か判官の一人、嘗て裁判所に臨み、其原告の請求する物件の太た微細なるを見て、其裁判手續の煩を避けんと欲し、「余は其金額を原告に拂はん爭訟は其れにて止むへし」と、諭しけるに、原告は敢て之れを拒絕せしかは、判官は艴然として怒りしと云ふ、元來原告の爭ふ所は、其權利の保護に在りて、金錢の額には在らさりしも、此賢明なる判官は之れを解する能はさりしなり、然れとも吾人は又た多く之れを咎むると能はす、何となれは若し之を尤むれは此判官は吾邦の法理を以て吾人を反擊するとを得へけれはなり、夫の罰金は羅馬の裁判官に在りては、權利之感情の侵害に對し、之れを慰撫するに於て、最有力の方法なりしも、現行證據法の勢力に由り、一變して裁判官か被害を防止するに用ふる、最も薄効なる一の方法となり果てたり、今日に於ては原告は其請求する所の金額の一厘までも之れを證明せさる可らす、然らは此の如き金錢上の利益の證すへきなき時に當ては、法律の保護は安くにか在る、設例へは家宅の貸主あり、其貸したる家に附屬せる庭園より、其借主を拒絶して、數時間入ることを禁せりとせよ、此借主は此數時間の價格を何如に計算して證明すへき乎、又家屋貸主其借主の未た其家を占有せさる前に、他人に之れを貸したるか爲め、前の借主は六月間、他に適當の貸家を覓め得す、其間太た不快なる家屋に起居せさるを得さるの不幸に遭へり又旅館の主人電信を以て一客に其室を貸さんことを約し客來るに及んて之を拒絶せり、客は因て更に他に室を覓むる爲めに夜陰に數時間彷徨せり、試みに金錢を以て之れを計算せよ何如して之れを能くすへきか、佛國の裁判官ならんには、數千「フラン」の賠償金を被害者に與ふへきも、吾か裁判官は、半文錢をも與へさるな

不便に賠償なし

り、獨逸の裁判官は云ふ、不便と云ふとは、何等の不便にもせよ、金錢を以て計算すると（を）得す、故に不便に對して賠償を求むる能はすと、又た玆に家庭の敎授をなす契約を結へる敎師あり、此敎師は其後、好位地を求め得たるを以て、前の契約に背ひて去れり、而して其雇主は他に之れに代はるへき人を得さりしとせよ、圖畵若くは佛語を學ふ兒童は、數週若くは數月間敎師を缺きしか爲め、幾圓幾錢の損失ありし乎、或は又違約して去りたる敎師の爲めに生したる校長の損失は、幾何なるやと問はゝ、孰れか之れを計算し得る者あらんや、又厨婢あり、故なくして雇主の家を去り、之れに代はるへき婦人なきか爲めに、其主人は大なる困難を得たり、左れと此困難を金錢に計算せんと欲するも能はさる所なり、故に此等の塲合に對しては、吾か獨逸國の人民は全く救援を得るの道なきなり、何となれは、獨逸法律の救援を得るか爲めには、此等の人々の出すと能はさる證據を要すれはなり、若し例外として證據を出し得るとするも、獨逸法律か之れに對して與ふる所の救援は其侵害に對し、決して十分ならさるなり、嗚呼事態此の如し害悪は實に吾邦を統治すと曰ふと雖とも、曾て過言に非るなり、夫れ斯等の諸例に於て、被害者か憤懣を感し痛惻を覺ふるは、啻に不便其物に非るなり、明瞭疑なき我か權利は他人の足下に蹂躙せられ、而して畢に之れか救濟を求むる所なしと云ふの感情あるか爲めなり、

此等の缺典に對しては、古羅馬法は與て罪ありしにあらす何なれは羅馬法に於ては、其結局の判斷は、基礎を金錢上に置くを以て、原則となしたれとも、罰金を應用するの方法、誠に靈活にして、單に金錢上の利益のみならす、更に權利之感情をも、保護するに於て、十分なる効力を有したれはなり、金錢を出すの罰は、民事の塲合に於て判官か、其被告人に命し

て裁判所の命令を遵守せしむるの保證として納めしめし者なり、故に、被告若し裁判官か命したる所を執行せさりしときは、唯其已れか原告に對して負へる金額のみを以て義務を免れす、兼て此差出し置きたる金額を、罰金として沒收せらるゝ者なり、此結果あるか故に、原告は大に心意上の滿足を得たり、蓋し此滿足は、時としては、原告に對して、形而下即ち金錢上の利益よりも、更に大に重要の者たることあり、而るに吾か現行法は、此道義上の滿足の何物たるを知らす、知る所は唯執行せさりし義務の金錢上の價格是れのみ、

現行法は、權利の侵害より生する理想的の利害を、毫も辨知せさるか故に、勿論、古羅馬私法に於て科したる責罰は、今や全く廢棄せられたり、背信の受托者も吾邦にては名譽罰を受るとなく、甚しき姦曲の所爲を行ふとも、其才、苟も、巧に刑法を遁るゝに足らは、其犯者は、今日は十分無事

主觀的侵害は客觀的侵害の位地に墜落混同せり

に世を送るへし、然るに罰金（*Geldstrafen*）及ひ輕薄なる負債辨濟拒絕の罰なる文字は初歩の法律書には存すれとも、殆と實際訴件に應用したるとなしとす、此等の事情は、何を意味する乎即ち、吾か現行法に於ては主觀的侵害が客觀的侵害の位地に貶下混同せる明證に外ならさるなり、自己の爲したる負債を靦然として之れをなしたるとなしと主張する債務者も、將た債務者の相續人にして實際自ら其債務者の位地に立てるを知らさるか故に、善意を以て負債を拒絕せし者も、吾か現行法の眼中には、毫も相異るとなく、余を欺きたる代理人も、將た單に錯誤を以て余に損害を來たせし代理人も、現行法の光に照せは全く同一なり、何れの塲合にも標準は、唯た金錢上の利害と云ふ、一あるのみ、吾邦の法律家は、正義の衡は、私法に於ても刑法と同しく財貨的損害と所爲の不正を、兼ね權からさる可らすと云ふ點に關しては全く盲目なるか故に

私法は理想的損害を顧みすして可なる乎

正義の觀念は可罰性の觀念の實行と離る可らす

現行證據法の缺點

余にして兼權ることを主張せは、吾か法律家諸先生は、必らす之れを駁して言はん、是れ不可なり、私法と刑法との區別は正さに此點に存すれはなりと、嗚呼然り不幸にして、現行法に於ては、此處に於て私法と刑法との差を見ることを得へし、然れとも法律の眞質上、此二者の間に、决して此の如き區別の存すへき者に非さるなり、若し余の言を爭ふ人あらは、其人は先つ余に對して、法律の中には、正義と云へる觀念を十分に實踐せすして可なる部分有ることを證明せさる可らす、若し之れ有らは、可なり、苟も之れなからんには、刑法と私法との間に、諸先生の言へるか如き區別は、理論上あるへからさることなり、何となれは正義の觀念は、可罰《カルパビリ》性《ティー》の觀念の實行と相離る可らされはなり、

吾か法理の不當なる第一證は、前に述へし如くなるか、其第二證は、現行證據法の理論にありとす、實に此證據法の理論は、權利を傷ふるの目的

原告の災殃被告の幸福

を以て作りたる者なりと、謂ふも殆と不可なし、若し世界中の債務者が悉く同盟して債權者の權利を奪はんと欲せは、其目的を達するには、吾證據法の如く有効なる者は、復た他に之れあらさるへし、何等の數學家と雖とも、現行法より精密なる、擧證の方法を案出すると、恐くは能はさるなり、損害賠償の訴式に關しては、眞に背理の極點に達せり、羅馬法律家か「法律の面相を以て法律を害する」者といへるは、蓋し吾訴訟法の謂なり、佛國の裁判所か今日行へる、慧敏なる訴訟法と對比し來れは、何等の差違あるやは、頃日出版の諸書に、夥しく記載し在る所なれは、余は更らに筆墨を搖かす勞を取らさるへし、唯一言以て之れを覆へは、原告の災殃にして、被告の幸福と曰はんのみ、

以上に余の述へたる所を約言すれは、余は原告の災殃にして被告の幸福と云ふ語は、今日の法理及ひ慣行の信號《アヒコトバ》なりと謂ふを得へし、蓋し此

前代刑法家の僻說及自己防衞

主義は「ジヤスチニアン」法典の主義を廣く推進めたる者にして、現行法の保護する所は、債權者に在らすして、債務者に在り、一人の債務者を酷待せんよりは、寧ろ百人の債權者の權利を犧牲にするに若かすと云ふ趣旨なるか如し、

法律の事務に經驗なき人は、或は思はん、今日私法及ひ訴訟法を取扱ひ來れる諸法律家の僻說か、世に及ほしたる弊害は、今や已に其極に達したれは、最早、百尺竿頭に一歩を進めんと欲するも、能はさる所なるへしと、然れとも是れ未た必しも然らすとす、此等の僻說と雖とも、之れを前代刑法家の僻說に比すれは、尙ほ後に瞠若たらさるを得さるの狀なり實に前代の刑法家は、權利觀念に向ふて、正面的に攻擊を加へし者にして學問を以て權利之感情に對し最大の罪を犯せる者なりと謂ふへし、

余は玆に夫の自己防衞の權利に就き、此輩か實に甚しき謬說を以て、及

ほせる悪結果を述ふへし、夫れ自己防衞の權利たるや、人類固有の權利にして、羅馬の「シセロー」翁の言へるか如く、天理の命せる法律なり、左れは羅馬法律家は、世界中何國の法律に於ても、認めさる能はさるの權利なりと、確信せり("Vim vi repellere omnes leges omniaque jura permittunt")然るに吾か前世紀の法律家は全く之れと反對せる見解を有せり而して今日に於ても、尙ほ且つ此見解を襲ふ者あるを見るに至ては咄々怪事と謂はさるを得んや、當時の法律家は單に原則としては、正當防衞の權利を認めしも、其實は此防衞をなす者を疾んて、罪人を憐むと、猶ほ私法及ひ訴訟法に於て、債權者を斥けて債務者を庇するかことし、故に力めて此權利の區域を制限し、正當防衞者をして、保護を得るの地なからしめたり、法律の理論も此に至て、人格の感情權利の情操、男兒の氣象と、天地懸隔せりと謂ふへし、人をして實に閹豎、宦官と伍するの感あらしめしなり、

### 自己防衛の例外

左れは生命名譽を襲撃する者ある時に際し、法律家は、遭難者に對し、遁逃して抗する莫れと命す、唯武官、貴族、其他高位の人のみは、例外なりと云ふ、嘗て兵卒あり、此旨を守り、二たひ攻撃を避けて逃走せり、然れとも危害已に身に逼り、今や躊躇すへきに非す、反つて之れを防扞し、竟に其敵を仆せり、而して此兵卒は、其自身に在ては、美擧なりと雖とも、他人に對しては惡例なりとて、空しく刑場に屠られぬ、

高位門閥の輩、及ひ武官は、例外として、名譽の爲めに防衛をなすを許さるへしと雖とも、是れ亦た制限あり、口舌を以て犯せる害に對しては、爲害者を殺すことを得すと云ふ、此數個の例外を除くの外、何如なる人にても、名譽の正當防衛を許さるゝことなし、文官と雖とも、亦許さるゝ限に非す、嘗て裁判官あり、其名譽の爲めに防衛をなしたりとて、其職を奪はれたり、其理由に曰く、「法律を學へる者なりとて、同しく尋常の一個人なれ

は、本國の法律、及ひ其法律か各人に同しく許す所の權利に從て、行爲せさる可らす、決して之れに超へたる請求をなすを得す」と、商人は此點に於て、尤も不利なる位地に在る者なり、余は嘗て或る書に就きて讀めることあり、曰「商人は假令何等の富戶たるも、決して名譽防衞の禁に於て、例外たる能はす、商人の名譽と云ふは、唯其信用に在るのみ、商人は金あれは是れ名譽あるなり、左れは何如なる惡名を、他人より付せらるゝとも、之れを忍ふか爲めに、別に其名譽を損することなかるへし、又た微細なる商人に在りては、甚しく疼痛を感せさる以上は、掌を以て批たるゝとも、鼻上に一拳を加へらるゝとも、之れを默々に付して、別に不名譽と云ふことなかるへし」と、但し猶太人、若くは農夫にして、名譽に對し正當防衞をなすときは、忽ち禁制を犯したりとて、嚴罰を蒙るへしと雖とも、他の人々に在りては、「事情の許す限り、寛大」に處せらるゝの異あるのみ、

財産上の自己防衛

然れとも法律か自己防衛を喜はさるの事情を最も明断ならしむるは、財産の問題に在り、人或は云、財産權は名譽權の如く、回復し得へき者なり、財産權損害は、物上訴權(*reivindicatio*)を以て之れを回復するを得へく、名譽は名譽訴權(*actio injuriarum*)を以て回復するを得へしと、然れとも、試に看よ、盗は物を奪ふて直ちに國外に遁走し、其賊の誰たるとを知らす、而て何地に在るとをも、亦た知らさる場合には何如すへき、人必す曰はん、其物品の所有主は尚ほ法律上に於て物上訴權を有するに非すや而て畢に實際其目的を得すとせは、是れ固より其偶然の境遇之をして然らしむる者にして、財産權の本質然るに非るなり、此訴權あるか故に、物を盗まれたる所有主は、其品物を有價證券となし、之を有せると同しく以て心を安んすへきなり、是れ此所有主は、尚ほ其財産と物上訴權とを其身に有する者にして、而して賊の有する所は、特に其現實の占有に止

自己防衛の用力の輕重

れはなりと、此說を聽ひて、誰れか啞然として其迂を笑はさらんや、是れ何そ强盜に逢ひ其品を奪はるゝに方り、賊は吾品物を奪ふも渠れは其贓品の上に處分權を有せすとの思念を以て自ら慰するの痴漢と異らむ乎、或人又た以謂へらく、其奪はれんとする物品、極めて高價の者ならんには、最終の手段として腕力を用ふるも、不可なるなしと雖とも、其所有主は、何等の怒氣、心頭に發するとも、玆に幾何の力を用ふれは、此攻擊を防くに足るやと云ふことを、詳かに商量計較せさる可らす、是れ其人の義務なり故に若し人の顱骨の堅脆を試みたるとある人は、必す輕く力を用ひて、其害を避くへかりし塲合に、腕を揮ふて其攻擊者の頭顱を擊破せんには、其罪逭る可らす、之れに反し、其奪はれんとするの品物、金時計若くは數圓以上百圓以下を藏せる金囊の如き、左まで貴からさる物件ならんには、決して攻擊者に害を加ふへからす、夫れ人の生命、若しくは四肢の重きを以て、之れを金時計の輕きに比すれば、其逕庭果して何如ぞや、金時計は一たひ失ふも之れを回復すること難きに非す生命を失ひ四肢を喪は丶、孰れか之れを回復するを得んやと、嗚呼然り、固とより四肢は、此賊に在つては貲られさる價格の者たるへく、遭難者に在ては賊の四肢を斷ちたりとて、一文錢に直せさるへきは、論を竢たさるへきも此論や時計は遭難者に屬し而して四肢は强盜に屬せることを忘れたり且つ夫れ時計は固より回復し得へき品なりとするも敢て問ふ誰れか之れを所有主に回復する乎、

然れとも斯等の學者の見の愚にして、其言の乖れるを示すは、既に述ふる所を以て足れり、また更に筆墨を費すの必要なかるへし、然れとも姑らく瞑目して夫の權利の侵害あるに於ては、其目的物は何たりとも其人の身、其人の一切の權利は必す之れと共に犯さる丶者なりと云へる

純正にして且つ各人の權利之感情と符合せる思想は法律上より排斥せられたりと思はゝ、何等の感を生すへき乎、又た更に夫の自己の權利は拋棄せよ、侵犯に逢はゝ遁逃せよと云へる怯論は、進んで一個の義務と爲りたりと想はゝ、何等の慨を發すへき乎、何人と雖も、其身の鄙陋の地に陷落したるを嘆息せさるはあらさるへし、道理の指南車たる學者にして、彼れか如き敎旨を世に宣布せるに當りて、吾か國民は悉く皆卑々として、忍辱含垢是れ事とし明目腆顏、曾て耻となさゝりしは、毫も怪むに足らさるなり、然れとも、此の如き理論は、今や過去の一事と化し去りたり、吾儕は自ら顧みて、之れと殊別なる一天地に生れ來れるを、大に賀せさる可らさるなり、蓋し此等の理論たるや。政治上、法律上共に腐爛したる意見を有せる國民の中にのみ、行はるへく、決して盛代に存すへき者に非されはなり、

「ヘルバルト」氏の權利大本論

權利の美は競

怯懦を主張するの理論、危害に逼りたる權利は之れを抛棄する義務を主張するの理論は余か前來陳へ來れる理論即ち權利の爲めに勇戰するは吾人の責務なりとの説と、全然反對して相容れさるものなり、而して夫の近世の哲學家「ヘルバルト」氏の權利大本論は余の説と比較し來れは、正反對と云ふの甚しきに至らすと雖とも、亦た相距る甚た遠き者なり、氏は一切の法の基礎を、美の動機の上に置けり、余は將さに此主義を呼んで、爭論厭忌主義と言はんとす、蓋し是より勝れるの適稱はあらさるへけれはなり、然れとも該主義の非點を擧けて、一々之れを論辯するは、今茲になすへきことに非す、殊に「ユリウス、グラーゼル」氏の既に之れを駁撃せるあり、余は姑らく批評を「グラーゼル」氏に讓りて止むへし然れとも若し美の點より權利を論評するを得るものならは、余は恐る、權利の美は、競爭と云ふことを除き去つて後之れを見るへきにあらすして、競争ありて、始めて之れを認むるを得へき者なるを、余は敢て「ヘルバルト」氏の反對に立ちて、之れを論辯し、而して快樂は自ら競争の中に存することを信すと、自白するを憚らさるなり、但し余の茲に所謂、競争とは、單に言論の争闘、即ち何等の事件にも關係なくして、紛々擾々、評議することを指すものに非すして、宏壯なる競争即ち其一身、其身の權利若くは其國の權利に關係する所の者の得喪を争ふ塲合を指すなり、若し斯の如き意義を有せる競争を愛する者を、擯斥する人あらは、其人こそ實に美の何たるを解せさる者なれ、其人は上は詩聖「ホーマー」の「アイリアド」、希臘の彫刻より、下は以て今日に至るまでの一切の文章、凡百の技藝を破壞圮滅して、惜まさる者なるべし、夫れ詩人をして巧に文詞を驅らしめ畫家をして、妙に其筆彩を弄せしむる者、孰れか格闘、戰争に如く者あらむや、而して文章畫圖中に存する凜々たる人類氣力の揮發を思想して、之れを喜はす、却て之れを厭ふか如き美術上の風尙を有する人は恐くは世に稀なるへし、蓋し藝術文辭の至高の題は一の觀念の防禦に在るなり、而して其觀念は、權利の觀念たり、信仰の觀念たり、眞理の觀念たり、父母の國の觀念たるは固より問ふ所にあらさるも、而も此觀念の爲めに鬪爭塲裡に入るは、卽ち一の競爭なり、

然れとも何物か能く權利の觀念と適合し何物か果して權利の觀念と背反するやを吾人に示指するは、美學にあらすして、倫理學なり、而して倫理學は決して權利の爲めの競爭を非斥せす、啻に之れを非斥せさるのみならす、一個の義務として之を吾人に命する者なり競爭と云へる分子は「ヘルバルト」氏は忌て之れを權利の觀念より外に排出したるへきも、競爭は權利の觀念の全部を占むる者にして、其起原よりして今に至るまで曾て變することなし何となれは競爭は滅すへからさる權利の

「面に汗して其食を得よ」と「競争して其權利を得よ」との二則は天の訓命なり

勤勞なれはなり「必す爾の額の汗を以て爾の食を獲さる可らす」と云へる辭と「必す爾の競爭に由て爾の權利を得さる可からす」と云へる辭とは同しく一定不動の天訓なり、權利が戰闘に對する準備を抛棄するの時は、即ち權利自體を抛棄するの時なり詩に曰、自由及ひ生命を享るに堪へたる者は、唯其れ日々戰ふて己れの爲めに自由生命を克ち得る者乎と權利に於ても亦た然り、嗚呼權利に於て亦た然り、

權利競爭論大尾

明治二十七年八月六日印刷
明治二十七年八月十日發行

定價金三拾錢

翻譯者　東京市牛込區袋町十二番地　宇都宮五郎
發行者　東京市本郷區本郷六丁目五番地　井上圓成
發行所　東京市本郷六丁目五番地　哲學書院
印刷者　東京牛込加賀町一丁目廿三番地　根岸高光
印刷所　東京牛込加賀町一丁目十二番地　株式會社秀英舍工場

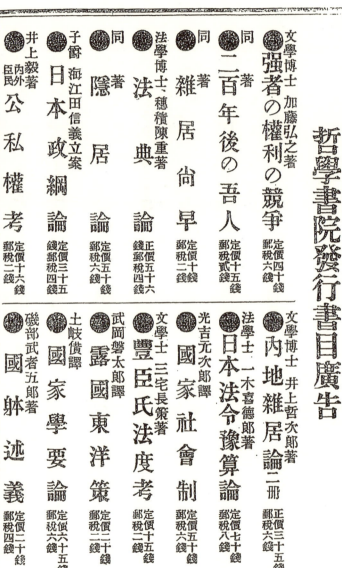

イエリング氏原著

# 權利爭鬪論

法學士
三村立人譯

東京
清水書店

# 序

予ハ一八七二年春、維納法學協會ニ於テ一場ノ講演ヲ為シ、同年夏、其ノ內容ヲ擴張シ、更ニ廣キ讀書界ニ適當スル形態ト為シ、『權利爭鬪論』ナル書名ノ下ニ之ヲ公ニセリ。予カ本書ヲ完成シ公ニスルニ至リタル目的ハ、元來論理的ヨリモ寧ロ倫理的實際的ニ在リ、權利ニ關スル學問上ノ智識ヲ促進セントスルヨリモ寧ロ權利ノ最後ノ力、卽チ權利感情ノ活潑且ツ確實ナル實現ヲ生スヘキ氣風ヲ促進セントスルニ在ルナリ。

此小冊子カ既ニ陸續版ヲ重ヌルニ至リタル事實ハ其ノ

最初ノ成績カ好奇心ニ因ルニ非スシテ、廣キ讀書界カ本書中ノ根本思想ノ正當ナルコトヲ確信セルニ因ルコトヲ證スルモノト認ム。外國ニ於テ非常ニ多數ノ翻譯書ノ出版セラルルニ因リテ予ハ亦此ノ事實ニ付キ確證ヲ得タリ。一八七四年ニハ、匈牙利、露西亞、新希臘、和蘭、羅馬亞、塞耳亞佛蘭西、伊太利、丁抹、クチエセ、クロアート等ノ諸國語ニ、一八七九年ニハ、瑞典、英吉利ノ國語ニ、一八八一年ニハ西班牙語ニ、一八八三年ニハ、再ヒ西班牙及英吉利語ニ、一八八五年ニハ、葡萄牙語ニ、一八八六年ニハ日本語ニ、而シテ一八九〇年ニハ再ヒ佛蘭西語ニ譯サレタリ。

後ノ刊本ニハ從前卷頭ニ附シタル部分ヲ省略セリ、之レ數頁ノ中ニ明瞭ニ說明スルコト能ハサル思想ヲ含メル部分ナルカ故ナリ。本書ハ素人社會ニ普及セシムルニ當リテハ、素人ヨリモ寧ロ法律家ニ著目セル部分、例ヘハ羅馬法及其ノ近世ノ理論ニ關スル末節ノ如キハ之ヲ省略ス可キモノナルヤモ知レス。本書ハ稍平明ヲ缺クモ、予カ此ノ點ニ留意スルコトヲ得タランニハ初メヨリ他ノ形式ヲ以テ本書ヲ著シタルナラン、然レトモ本書ハ元來、法律家ニ對スル講演ヲ本トシタルモノナルカ故ニ、其根本ノ性質ニ從ヒ法律家ヲ主眼トセリ、而シテ予ハ之カ爲ニ本書カ素人社會ニ普及スルノ妨トナラサルカ故ニ今之ヲ變更ス可キニ非スト信ス。

予ハ後版ニ於テモ内容ニ付テハ毫モ變更ヲ加ヘス。予ハ依然本書ノ根本觀念ヲ疑モナク正當且ツ論破シ難キモノト信スルカ故ニ、反對者ニ對スル辯明ノ如キハ無用ナリト信ス。卑劣ナル手段ニ依リテ自己ノ權利ヲ輕蔑セラレ且ツ蹂躪セラレタル場合ニ、問題タルハ單ニ權利ノ客體ニ非スシテ寧ロ自己ノ人格ナルコトヲ感知セサル者、又ハ此ノ如キ場合ニ自己及其ノ權利ヲ主張スルノ必要ヲ感セサル者ハ之ヲ救フヘキニ非ス、而シテ予ハ此ノ如キ者ヲ改心セシムルニ付キ興味ヲ有セサルナリ。之レ吾人カ單ニ事實トシテ認ム可キタイプナリ、予ノ所謂法律上ノ俗物ノタイプナリ、自家製造ノ利己主義及物質主義ハ彼ノ特徴ナリ。

彼カ權利ヲ主張スルニ當リ、行囊ノ利益ヲ追及スル人ヲ以テドンキホーテノ如キ者ニ非ストナスナラハ、彼ハ權利ノサンショーパンザタル可キニ非ルヘシ。予ハ彼ニ對シテカントノ『自ラ蛆蟲トナリタル者ハ、假令脚下ニ蹂躙セラルト雖以後不平ヲ訴フルコトヲ得ス』トノ語以外ニ云フ可キモノナシ、此ノ語ハ本書發行ノ後初メテ予ノ知リタル語ナリ他ノ場合ニ於テカントハ之ヲ稱シテ曰ク『自己ノ權利ヲ他人ノ脚下ニ拋棄スルハ、人類自體ニ對スル義務ノ損害ナリ』ト、而シテ『吾人人類ノ品位ニ關スル義務』ヨリ一ノ格言ヲ作リテ曰ク『汝等ノ權利カ他人ニ蹂躙セラルルヲ默認ス可カラス』ト。之レ予カ本書ニ詳論シタルト同一ノ思想ニシテ此ノ思想ハ、總テノ個人及國民ノ心底ニ銘記セラレ、且ツ幾度トナク發表セラレタリ。予ノ求ム可キ唯一ノ巧績ハ、此ノ思想ヲ系統的ニ論シ且ツ一層精密ニ陳述シタル點ニ在リ。

シュミードル博士ハ、一八七五年維納ニ於テ『猶太教及最古ノ基督教ト權利爭鬪論』ナル書論ヲ公ニシ大ニ本書ニ興味ヲ添ヘラレタリ、博士カ第十五頁ニ引用セル猶太ノ法律家ノ言『權利ノ目的物カ一「ペンニヒ」ナルト百「グルデン」ナルトハ汝ノ眼中ニハ同一ナリ』ハ予カ十八頁ニ陳ヘタルト全然一致ス、カール、エミール、フランツオースハ本問題ヲ其ノ小說『權利爭鬪』中ニ於テ詩的ニ描ケリ、此ノ小說ニ就テハ予ハ本書ニ述ヘ置キタリ。予カ内外ノ參考書中ニテ見出シタル論說ハ其ノ數非常ニ多キカ故ニ茲ニ其ノ書名ヲ列擧スルコトヲ省略ス。

讀者ヲシテ本書說ク所ノ解釋ノ正當ナルコトヲ確信セシムルハ本書其ノモノノ任務ナルカ故ニ茲ニハ單ニ予ニ反對スル人々ニ對シテ次ノ二點ヲ希望スルニ止メントス第一ニ希望ス可キハ、彼等カ予ノ意見ヲ豫メ誤認曲解セサランコト是ナリ、卽チ喧嘩、爭論、訴訟及爭鬪好キ等ノ文字ニヨリテ予ヲ解スルコトナカランコト是ナリ、予ハ決シテ如何ナル紛爭ニ於テモ權利爭鬪ヲ要求スルモノニ非ス。唯權利攻擊カ同時ニ人格ノ輕蔑ヲ包含セル場合ニノミ權利爭鬪ヲ要求スルモノナリ。謙讓ト宥恕、寛大ト平和、和解ト權利行使ノ抛棄等モ適當ノ場合ニハ予モ十分是等ヲ認ムル主義ナリ、之ニ反シテ彼等ハ卑怯、安逸、懶惰ノ念ヨリシテ徒ニ不名譽ニモ不法ヲ默認スルコトヲ說ケリ。

第二ニ希望スル所ハ、眞面目ニ予ノ主義ヲ明ニセント欲スル者ハ予ノ說キタル實用的措置ノ積極的形式ニ對シ自ラ他ノ積極的形式ヲ作ランコト是レナリ、然ル時ハ反對者ハ如何ナル點ニ到達セルヤヲ直チニ悟ルヘシ、權利カ蹂躙セラレタルトキ權利者ハ如何ニ爲スヘキカ、此ノ問ニ對シテ予ノ答ト異リ且ツ維持シ得ヘキ答卽チ法律秩序及人格觀念ト一致スル答ヲナシ得ル者ハ予ノ說ヲ破壞シタル者ナリ、之ヲ爲シ得サル者ハ唯予ノ說ニ屈服スルカ、又ハ中途ニテ滿足スルカ二途其ノ一ヲ選フヘキノミ、此ノ中途ナルコトハ總テ不明瞭ナル精神ノ特徵ニシテ吾人ハ之ヲ嫌惡且ツ否定シ決シテ自ラ是認スルコトナシ、純學問上ノ問題ニ當リテハ、吾人カ假令積極的ナル眞理ヲ述スシテ直チニ誤謬ヲ駁スルヲ以テ足ルト、然レトモ實際問題ニ就テ、取扱ハサル可カラサルコト確定シ且ツ如何ニ取扱フ可キカカ重大ナルカ故ニ、吾人ハ他人ノ提出セル積極的方針ヲ不當ナリトシテ拒クルノミニテハ足レリトセス、更ニ進ンテ他ノ方針ヲ示ササル可カラス。予ハ余ノ提示セシ所ニ關シテモ此クアルヲ期待セリ、然ルニ現今ニ至ルモ未タ何等此ノ如キ萌芽ヲ見出サス。

予ノ説ニハ無關係ナル附隨ノ點ニ關シテ終リニ予ハ少シク述フル所アラントス、之レ予ト他ノ點ニ於テ一致セル者ヨリ反問セラレタルカ故ナリ、即チシヤイロツクノ受ケタル不法ニ關スル予ノ主張ニ就テ述ヘントス。

予ハシヤイロツクノ證書ヲ有效ト認ム可キモノトハ主張セス、唯裁判官カ一旦之ヲ有效ト認メタルナランニハ、判決ヲ執行スルニ當リ後ヨリ卑劣ナル詭辯ヲ以テ再ヒ證書ヲ無意味ナラシム可キニ非スト主張シタルナリ、證書ヲ有效ナリト宣告スルト無效ナリト宣告スルトハ一ニ裁判官ノ選擇ニ依ル。　裁判官ハ之ヲ有效ト宣告シタリ、而モ沙翁ハ法律上此ノ判決以外ニ爲シ能ハサルモノノ如ク述ヘタリ、ヴェニスノ人ハ何人モ此ノ證書ノ有效ヲ疑フモノナタ、アントニオノ友人達、アントニオ自身、總督、裁判所等悉ク皆此ノ猶太人ノ正當ナルコトニ一致セリ、而モシヤイロックハ一般的ニ認識セラレタル彼ノ權利ヲ確實ニ信シテ裁判所ノ助力ヲ求メタリ、而シテ彼ノ『賢明ナルダニエル』ハ復讐ニ渇ヘタル債權者ヲシテ豫メ其ノ權利ヲ拋棄セシムルニ努力シタルモ終ニ無效ニ了ルヤ、證書ヲ無效ナラシメタリ、而シテ今ヤ、判決宣告後、猶太人ノ權利ニ關スル疑問カ裁判官自身ニ依リテ除カレタル後、最早之ニ對シ敢テ異議ヲ公ニスル者ナカリキ、全會衆カ、總督ヲモ含ム、免カレ得ヘカラサル裁判ニ服シタル後――今ヤ勝利者ハ我事成レリト確信シテ判決ノ與フル所ヲ爲サント欲セシ時、彼カ權利ヲ認メタル裁判官ハ口實ニ依リ、卽チ卑劣ニシテ無效ナル性質ノ詭計ニ依リテ遂ニソノ權利ヲ無效ナラシメタリ、故ニ此ノ詭計ハ之ヲ眞面目ニ駁スル價値ナキモノナリ。血ヲ含マサル肉アリヤ、シヤイロックニアントニオノ身體ヨリ一磅ノ肉ヲ截斷スルノ權利アルコトヲ認メタル裁判官ハ又血ヲ取ルコトヲモ認メタルモノナリ、血ナキノ肉アルコトナシ、而シテ一磅ヲ截ルノ權利ヲ有スル者ハ自ラ欲セハ一磅ヨリ少キ肉ヲモ取ルコトヲ得、彼ノ猶太人ハ兩ナカラ禁セラル、肉ヲ取ルモ血ヲ流ス能ハス、正確ニ一磅ヲ截リ得ルノミニシテ之ヨリ多クモ又少クモ取ルコト能ハス。猶太人ハ此ノ場合其ノ權利ノ爲ニ欺カレタリト言フモ過言ニ非サルナリ、之ハ實ニ人道ノ爲ニ爲サレタルナリ、然レトモ人道ノ爲ニ犯サレタル不法ハ不法タルコトナキニ至ルカ、而シテ若シ目的ハ手段ヲ神聖ニス可キモノナリトセハ、何故ニ豫メ判決後ニ初メテ爲セシカ。

予カ此所及本文ニ於テ辯護セル意見ニ對シ、初版以來既ニ屢反對アリシカ六版ヲ公ニスニ至リテ後、二人ノ法律家ハ各々一小册子ヲ出シ以テ反對セリ。其ノ一ハ地方裁判所長ピーチャー氏ノ著『法律家ト詩人、イェリングノ權利爭闘論ト沙翁ノヴェニスノ商人ニ關スル研究、デッサウ一八八一年』ナリ、著者ノ意見ノ要點ヲ其ノ文言ヲ以テ示サン曰ク『奸計ヲ征スルニ更ニ大ナル奸計ヲ以テスルコトハ之レ惡漢カ自ラ作リタル陷穽ニ陷リタルナリ』ト。此ノ文言ノ初メノ部分ハ該著者カ予ノ意見ヲ繰返シタルニノミ、予ハ唯シヤイロツクハ奸計ニ依リ其ノ權利ノ爲ニ欺カレタリト主張シタルニ過キス、然レトモ法ハ此ノ如キ手段ヲ賴ミテ差支ナキカ又賴ム可キモノナリヤ。之ニ對シ著者ハ答ヘス、而シテ予ハ該著者カ裁判官トシテ此ノ如キ手段ヲ適用スルニ非サルカヲ疑フ。次ニ予ハ此ノ文言ノ第二ノ部分ニ關シテ左ノ疑ヲ有ス、卽チヴエニスノ法律カ此ノ如キ證書ヲ有效ト宣告シタルトキ、此ノ猶太人カ此ノ證書ヲ援用シタルカ故ニ彼ハ惡漢タリシカ、又此ノ中ニ陷穽アリトセハ其ノ責任ハ彼ニ在リヤ又ハ法律ニ在リヤ、此ノ如キ斷案ニ依リテ予ノ意見ハ論破セラルルコト無ク却テ強力トナルナリ。第二ノ册子卽チウキルツブルグノ教授コーラー氏著『法學ノ法廷ニ於ケル沙翁』ハ他ノ方法ヲ採レリ、其ノ說ニ依レハウヱニスノ商人ノ裁判光景ハ『其ノ幼稚ナル法ノ本質及發生ノ骨子ヲ含ミ且ツ十册ノパンデクテン教科書ヨリモ更ニ深遠ナル法學ヲ含ミ、而モ吾人ハ之ニ依リテザビニー以降イエリングニ至ル迄ノ法律史上ノ著書ニ依ルヨリモ更ニ深遠ニ法律史ヲ知ルコトヲ得タリト。吾人ハ沙翁ノ法學ニ關スル奇異ナル巧績ノ一部カコロンブスノ如ク從來法學ノ未タ知ラサリシ法ノ新世界ヲ初メテ發見シタルコトニ在ランコトヲ希望ス――埋藏物發見ノ原則ニ從ヒ其ノ半ハ彼ニ歸セン、彼ハ此ノ測リ難キ價値アル物ニ於テハ此ノ報酬ニテ滿足セルナラン。予ハ『沙翁カ該小說ニ注キシ幾多ノ法律上ノ觀念』ニ就キテハ讀者カコーラー氏ノ著書自身ニ依リテ學ハルルニ任ス、然レトモ予ハ之カ爲ニ法學生カポルチアノ敎ヲ受ケテ法ノ新福音書ヲ齎スニ至ルト雖其ノ責ニ任スルコト能ハス、然レトモ一般ニハ彼ノポルチアハ尊ハルルナリ、彼女ノ判決ハ『從來ノ法律狀態ヲ覆ヒシ暗黑ナル夜ヲ明ニシタル法律的意識ノ勝利ナリ、此ノ勝利ハ虛僞ノ道理ノ背後ニ匿レ必要上惡シキ原因ナル假面ヲ著セリ、此ノ勝利ハ大ナリ、有力ナル勝利ナリ、卽チ多分個々ノ訴訟ニ於ケルノミナラズ、法律史全般ニ於ケル勝利ナリ、之レ裁判所ニ再ヒ温キ光線ヲ投スル進歩ノ太陽ナリ、而シテザラストロスノ國ハ夜ノ權力ニ勝テリ』其ノ名カ、吾著者ニ依リテ淨化サレタル新シキ法ノ端緖ト結合セル者ハ、ポルチア及ザラストロスノ外ニ尙ホ總督アリ、彼ハ是迄ハ尙ホ『從來ノ法學』ノ羈絆ニ囚ハレテ『夜ノ權力』ニ陷リ居リシカポルチアノ解決的判決ニ依リテ此ノ羈絆ヲ脫スルコトヲ得、而モ彼ニ當時落チ來リシ『世界史上』ノ使命ヲ認ムルニ至レリ。彼ハ以前ノ怠慢ヲ根本ヨリ改メタリ、先ツ第一ニ、彼ハ殺人ヲ企圖セシ、シヤイロワクヲ有罪ト宣告セリ『假令此ノ點ニ於テ不正存ストモ雖此ノ如キ不正ハ世界史上十分理由アルモノニシテ、此ノ不正ハ世界史上必要ナリ、而シテ此ノ要素ヲ採用シタルカ故ニ沙翁ハ法律史家トシテ自己ヲ超越セリ――シヤイロツクノ要求カ拒絶セラルルノミナラス彼カ處罰セラルルコトハ、新シキ權利觀念カ凱歌ヲ奏シテ入リ來ル所ノ勝利ヲ飾ルニ必要ナリ』、次ニ總督ハ此ノ猶太人ニ基督教徒トナル可キコトヲ宣告セリ、又『此ノ要求モ世界史上ノ眞理ヲ含ム。此ノ要求ハ吾人ノ感情ニ取リテハ拋棄ス可キモノニシテ又信仰ノ自由ニ反ス、然レトモ此ノ要求ハ世界史上ノ經路ニ一致シ、改宗セヨトノ温和ナル語ニ依リテ信仰ノ營舍ニ入リタル者ナシト雖、絞首吏ノ合圖ニ依リテ之ニ入リタル者幾千人ナルカヲ知ラサルナリ』。之レ『進歩ナル太陽カ裁判所ニ投スト温キ光線ナリ』――猶太人及異端者ハ曾テトルクエマタノ積木ノ上ニテ其ノ力ヲ熟知セリ。此ノ如クシテザラストロノ國ハ夜ノ權力ニ勝テリ。・賢明ナルダニエルトシテ從來ノ法律ヲ覆シタルポルチア、彼ノ女ノ足跡ニ從ヒタル總督、『深奥ナル法學及法ノ本質成立ノ骨子』ヲ理解セト法律家、彼ハ『世界史上』ナル形式ニ依リテ彼女ノ判決ヲ辯解セリ――而モ之ニテ總テ終レリ、之レ該著者カ予ノ招待シタル『法學ノ法廷』ナリ。

予カ著者ノ説ニ從ハスト雖彼ハ之ニ甘セサル可カラス、『パンデクテン教科書』ヨリ出テタル古キ法學ノ尙予ノ腦裡ニ存スルモノ多キカ故ニ、予ハ彼ノ開拓セル法學ノ新機軸ニ左袒スルコト能ハス、而シテ予ハ法律史ノ範圍ニ於テモ依然トシテ從來ノ經路ニ從ヒ決シテ此ノ破碎的經驗ニ依リテ迷ハサルルコトナシ、予ハ著者ノ怜悧ナル眼光ヲ藉ルモ、此ノヴエニスノ商人ニ依リテ得タル所ノ法ノ成立ニ關スル見識ハ正法ノ淵源及サビニー以降現代ニ至ル迄ノ法律史上ノ著書ノ全部ヨリ得タル見識ヨリモ更ニ深遠ナリト信スル能ハス。

米國ノ新聞タル一八七九年十二月二十七日ノアルバニー法律新聞ハ、シカゴ發行ノ本書ノ英譯書ニ就キ論文ヲ載セテ、ポルチアノ判決ニ關シ予カ本書ニ述ヘタルト同一ノ意見カ其ノ記者ニ依リテ、予カ發表セシ以前ニ既ニ同紙上ニ發表セラレタルコトヲ述ヘタリ、而モ同論文ノ記者ハ此ノ一致ヲ見テ予カ之ヲ抄窃シタルニ外ナラストセリ(「盗マル」ト無責任ナル方法ニテ明言セリ)。予ハ之ヲ知リテ社會ニ對シテ之ヲ留保スルコトヲ欲セス、之レ恐ラク從來抄窃ニ關シテ加ヘラレタル所ノ最モ極端ナル論ナリ、何トナレハ予カ本書ヲ著ス當時予ハ該新聞ヲ見タルコトナク又其ノ存在ヲモ知ラサリシヲ以テナリ。其ノ後ニ至リ、予ノ著書モ亦予自ラ著シタルニ非スシテ予カ米國發行ノ英譯書ヲ獨乙ニ輸入シタルナリト云フヲ聞ケリ。アルバニー紙ノ編者ハ「予ノ反駁ニ對シ後ノ號ニ於テ其ノ總テヲ笑談ナリト云ヘリ（一八八〇年二月二十八日九號）――奇怪ナリ、洋ノ彼方ノ人ハ此ノ笑談ニ滿足セリ。

予ハ何等ノ變更ヲ加フルコトナクシテ前版ヨリ繼承セシ此ノ序文ヲ終ルニ當リ、予カ本書ヲ初メテ發行スルニ際シ此ノ小册子ヲ捧ケタル婦人ニ對スル追懷ニ就キ一言セサルヲ得ス。第九版ヲ公ニセシ以來（一八八九年）死ノ神ハ彼女ヲ奪ヒ去リタリ、而モ此ク云ハハ高慢ナランモ予ノ女姓ノ友人ヲ奪ヒタルナリ、彼女ハ予ノ從來知レル婦人中最モ卓越セル人ノ一人ナリキ、其ノ精神、非凡ナル敎育及博學ノ點ニ於テ優秀ナルノミナラス、更ニ其ノ心情ノ美シキ性質ノ點ニ於テモ卓越セリ、而シテ予ハ予ノ維納赴任ニ依リテ、最初ヨリ彼女ト親密ニナリタルハ予ノ運命ノ幸福ナル攝理ノ一ナリト信ス。庶幾クハ卷頭彼ノ女ノ名ヲ載セタル小冊子カ、尚將來ニ對シテモ彼ノ女ノ名聲ト同時ニ予ノ名聲ヲ廣キ範圍ニ於テ保持センコトヲ。彼女ハ其ノ親友グリルパルチエニ關スル記錄ニ依リテ文學史家ナル小範圍ニ於ケル自己ノ名聲ヲ維持センコトニ注意セリ。

一八九一年七月一日、

ゴエチンゲンニテ

ドクトル、ルードルフ、フォン、イェリング、

## 第十一版ニ對スル序

逝キシ婦人ノ友人ニ對スル追懷ノ前掲文ヲ書キ終リタル後正ニ一年ニシテ、數月後ニハ『權利爭鬪論』ノ著者ヲ奪ヒ去ル可キ疾病ノ前兆現ハレ、一八九二年九月十七日ルードルフ、フォン、イエリング氏ハ逝ケリ、然レトモ彼カ著書ノ活力ハ依然トシテ存セリ。外面上ニテハ其ノ活力ハ彼ノ大部分カ其ノ間ニ九版ヲ重ネタルコトニ在リ、彼カ名聲ヲ全世界ニ傳フル此ノ一小冊子モ亦今ヤ――著者ニ對スル寄書ノ多キハ之ヲ證ス――到ル所名譽及權利感情ノ警聲トシテ活働セリ。吾人ハ此ノ『權利爭鬪論』ノ切論セル人格ノ鞏固ナル主張中ニ於テ、固キ民族ノ子孫カ其ノ祖先ヨリ受ケタル特性ヲ再ヒ見出シタリ。彼自身ハ殆ント之ヲ知ラス、何トナレハ彼ノ精神ノ振動力ト彼カ眼界ノ廣大ナルトハ予ヲシテ狹隘ナル社會ヨリ遠ク離レシメタレハナリ。此ノ社會ニ於テハフリーゼン人カ數世紀以來其ノ存在ノ絲ヲ紡キ來リタルナリ、然シ之ヲ知ラスト雖イェリングハ其ノ權利爭鬪論ニ依リテ、其ノ雄々シキ國民ノ精神ニ聳立セル紀念碑ヲ建タルモノト謂フヘシ。

一八九四年十一月　ゴェチンゲンニテ

フォン、エーレンベルグ

# 自序

予昨夏閑暇ヲ得、イェリング氏ノ著『權利鬪爭論』ヲ讀ム、立論ノ徹底シテ其論鋒ノ犀利ナル、眞ニ肺腑ヲ衝クノ感アリ、乃チ寢食ヲ忘レテ讀破スルコト數日。卷ヲ蔽フテ熟々惟ルニ、吾國民ノ權利觀念ニ乏シキ權利ヲ侵害セラレ人格ヲ毀損セラルルニ到ルモ意ニ介スルコト少キカ如シ。然ルニ事ノ金錢ニ關スルヤ、厘毛ト雖モ之ヲ爭ハントス。夫レ此ノ如クシテ、安ソ能ク法治國タルノ實ヲ擧クルヲ得ンヤ。於茲乎、予ハ非才ヲ顧ミス本書ヲ譯シテ以テ權利觀念普及ノ一助ト爲サント欲シ、遂ニ之ヲ公ニスルニ到レリ。蓋シ本書ノ內容中、原著者モ云ヘルカ如ク、法律ヲ學フ者ニ非サレハ解シ易カラサル點ナシトセス。然レトモ一般讀者ニハ其內容ノ核心ヲ知ルニ於テ何等妨ケナシト信ス本書ヲ公ニスルニ當リ先生春木博士ノ譯者ノ爲メニ甚大ノ助力ヲ與ヘラレタルコトヲ茲ニ感謝シテ已マサル所ナリ

大正四年一月

本鄉寓居ニ於テ

譯者識

# 凡例

一、原文ニ忠實ナランカ爲メニ聊カ逐字譯ニ溶レタル點ナシトセス、又已ムヲ得サルニ出ツ、讀者諒セヨ、

一、脚註ハ重要ナルモノノミヲ譯シリ、

# 權利爭鬪論

イェリング氏原著
法學士　三村立人譯

## （一）

權利ノ目的ハ平和ニ在リ、之カ手段ハ爭鬪ナリ、權利カ不法ノ侵害ヲ免カルコト能ハサル間――而モ世界ノ存在スル間、此ノ爭鬪ハ繼續ス――爭鬪ハ權利ニ缺ク可カラス、權利ノ生命ハ爭鬪ナリ、國民ノ爭鬪、國權ノ爭鬪、階級ノ爭鬪、個人ノ爭鬪ナリ。

世上總テノ權利ハ爭鬪ノ賜ニシテ、各重要ナル法規ハ、先ツ反對者ノ掌中ヨリ之ヲ奪取セサルヲ得サリキ。總テノ權利ハ、個人ノ權利タルト國民ノ權利タルトヲ問ハス、之ヲ主張スルカ爲ニ常ニ準備スル所ナカルヘカラス。權利ハ空想ニ非ス活力ナリ。故ニ正義ノ神像ハ、一手ニ衡器ヲ持チ以テ權利ヲ秤リ、他手ニ劍ヲ握リ以テ權利ヲ主張ス。衡器ナキ劍ハ暴力ニ過キス、劍ナキ衡器ハ威力ナキ權利ナリ。由是觀之、劍ト衡器トハ唇齒ノ關係ニ在リ、而モ完全ナル權利狀態ハ唯、獨リ、劍ヲ揮フ威力ト、權衡ヲ扱フ熟練トカ相一致セル所ニ於テノミ存在スルコトヲ得。

法ハ獨リ國權ノ仕事タルノミナラス、全國民ノ間斷ナキ仕事ナリ。法ノ全生涯ハ、吾人ノ眼前ニ、全國民不息ノ格鬪ト勞働トノ活劇ヲ現出ス。此ノ活劇タルヤ、經濟的及精神的産物ノ範圍ニ於ケル國民ノ活働ヲ保證セリ。自己ノ權利ヲ主張セサル可カラサル立場ニ至リタル各個人ハ、此ノ國民的勞働ノ一部ヲ擔當シ、以テ世上ニ、權利觀念實現ノ爲ニ各微力ヲ盡セリ。

事實上、此ノ要求ハ總テノ人ニ對シテ一樣ニ非ス、幾多個人ノ生涯ハ、無障無碍ニ、權利ノ軌道ヲ經過セリ、而シテ吾人カ、彼等ニ對シテ『權利ハ爭鬪ナリ』ト云ハンカ、蓋シ彼等ハ其ノ意ヲ解セサル可シ、之彼等カ、權利ヲ以テ平和及秩序ノ狀態ニ過キストスト爲セルカ故ナリ、而モ彼等固有ノ經驗ノ立脚地ヨリセハ、此ノ觀念ヲ懷クニ至ルモ蓋シ失當ニ非ス、之恰モ富裕ナル相續人カ『所有物ハ勞働ナリ』トノ原則ヲ否認スルモ、易々樂々、何等一擧手一投足ノ勞ナクシテ、他人ノ勞働ノ結果ハ彼カ坐上ニ落下シ來ルカ如シ。兩者誤解ノ原因ハ、所有物竝ニ權利ヲ包含セル二方面カ、主觀的ニ相分離シテ、甲者ハ利益ト平和トヲ得、乙者ハ勞働ト爭鬪トヲ分擔スルニ在リ。

所有物ハ權利ト等シク、雙面ノヤヌス神像ナリ、此ノ神像ハ一部ノ者ニ對シテハ半面ヲ顯ハシ、他ノ者ニ對シテハ他ノ半面ヲ顯ハスカ故ニ、兩者カ見ル所ノ像ハ全ク相異ル。權利ニ關シテハ、各個人ニ付テ認メラルルト等シク、全時代ニ付テモ之ヲ認ムルコトヲ得。　卽チ或時代ノ生命ハ戰爭ナリ、他ノ時代ノ生命ハ平和ナリ、而シテ國民ハ兩者ノ主觀的分割ノ差異ニ因リテ、個人ト全ク同一ノ誤解ニ陷レリ。永キ平和ノ繼續スルヤ――永久平和ノ信念ハ人心ヲ風靡スト雖、砲聲一發長夜ノ夢ヲ破ルニ至リテハ、無爲ニ平和ヲ貪リシ氏族ニ代リテ、他ノ氏族ハ現ハレ、而シテ此ノ氏族ハ戰爭ノ苦役ニ依リテ、初メテ平和ヲ回復セサル可カラス、夫レ權利ノ場合ト等シク、所有物ノ場合ニ於テモ、此ノ如ク勞力ト收益トハ相分ル、利益ト平和トノ中ニ生活スル者ノ爲ニ、他ノ者ハ勞働シ爭鬪セサル可カラス。　爭鬪ナキ平和、勞役ナキ利益ハ樂園時代ニ求ム可キモ、之ハ歷史上、間斷ナキ困難ナル勉勵ノ成果トシテノミ認ムルコトヲ得ルナリ。

予ハ次ニ、爭鬪ハ權利ノ働ニシテ、爭鬪ノ實際的必要竝ニ倫理的價値ニ關シ、爭鬪ハ所有物ニ於ケル勞働ト同等ノ地位ニ立ツモノナリトノ觀念ヲ說明セン。之蓋シ贅事ニ非ス、寧ロ從來ノ理論カ(法律哲學ノミナラス又成法的法理學)爲スヲ怠リシ所ノ罪ヲ償フモノナラン。世人ハ吾人從來ノ理論カ、正義ノ劍ヨリモ寧ロ、衡器ヲ事トセシコトヲ明ニ注目セシナラン。即チ予ノ見ル所ヲ以テセハ、從來ノ理論カ、純科學的見地ニ依リ權利ヲ觀察シタルコト、而シテ簡單ニ概括セハ、權力觀念トシテ權利ヲ寫實的方面ヨリ觀察セス、寧ロ抽象的法文ノ系統トシテ一方的ニ論理的方面ヨリ觀察シタルコトハ、彼等ノ權利解釋全體ニ影響ヲ及ホシ、殆ント權利ノ本體ニ適合セサルニ至レリ。予カ順次說述スルニ從ヒ此ノ妥當ナルコト明瞭トナラン。

『レヒト』ナル語カ主觀的、觀客的ノ二義ニ用ヰラルルコトハ已ニ明カナリ。主觀的意義ニ於テハ權利トナリ、客觀的意義ニ於テハ法トナル。法ハ國家ニ依リテ執行セラルル法律原則ノ集合、生活ニ關スル法則ナリ、主觀的意義ニ於ケル『レヒト』即チ權利ハ、抽象的原則ヲ具體化シタルモノニシテ之人ノ有スル具體的權利ナリ。二個ノ方面ニ於テ權利ハ抵抗ニ遭遇ス、此ノ抵抗ヲ征服セサル可カラス、即チ爭鬪ナル方法ニ依リテ權利ノ存在ヲ贏チ得ルカ又ハ其ノ存在ヲ主張セサル可カラス。予ノ觀察本來ノ對照トシテ予ハ第二ノ方面ニ於ケル爭鬪ヲ選ヘリ。然レトモ予ハ、爭鬪カ權利ノ本質中ニ存ストノ予ノ主張カ、第一ノ方面ニ於テモ正當ナルコトヲ證明スルヲ怠ラサルナリ。

國家カ法律ヲ施行スルコトニ關シテハ論ナク、從ッテ更ニ說明スルノ要ナン、國家ニ依ル法規維持ハ、法規ニ牴觸スル所ノ無法ニ對スル間斷ナキ爭鬪ニ外ナラス。然レトモ法ノ發生ニ關シテハ之ト異リ、歷史開始ノ時ニ於ケル原始的法律ノミナラス、現今日日反復セラルル法律ノ改新、既存制度ノ廢止、新法ニ依ル舊法ノ廢止、要スルニ法律ノ發達ニ關シテハ大ニ論爭アリ。卽チ法律ノ發生ハ亦等シク其ノ存在ト同一ノ法則ニ從フトノ予ノ見解ニ對シテ反對說アリ、此ノ反對說ハ、現ニ少クトモローマニスト法學ノ一般ニ承認スル所ナリ。子ハ此ノ反對派ヲ、其ノ主タル代表者ノ名ニ依リテ、法律ノ成立ニ關スルザビニー、プフターノ學派ト稱セン。此ノ學說ニ據レハ、法律ノ成ルハ恰モ言語ノ如ク、無意識且苦痛ナク獨力ニテ行ハレ、何等奮勵、爭鬪ヲ要スルコトナク、加之法律ヲ建設セントノ企畫ヲモ要スルコトナシ、寧ロ眞理ノ靜的活動力ナリ、此ノ眞理ハ暴力的努力ヲ要スルコトナクシテ、徐徐且確實ニ其ノ進路ヲ開拓ス、卽チ換言セハ、漸次人心ヲ啓發シ、其ノ行動ニ依リテ發現スルニ至リタル人民ノ確信力ナリ――新法文ハ言語上ノ規則ノ如ク、努力ナクシテ發現スルモノナリト說ケリ。此ノ見解ニ從ヘハ、債權者ハ辨濟不能ノ債務者ヲ奴隸トシテ外國ニ賣却シ、又物ノ所有者ハ其ノ物ノ占有者ヨリ奪取スルコトヲ得トノ古代羅馬法ノ規定ハ、羅馬古代ニ於テ、前置詞 cum カ六格ヲ支配ストノ規則ト、殆ント同樣ニ成立シタルモノナリト云フ。

以上ハ法律ノ發生ニ關スル見解ニシテ、予自身モ當時大學ヲ去リタルノ際ニ、此ノ見解ヲ有シ、其ノ後數年此ノ影響ノ下ニ在リタリ。此ノ說ハ果シテ眞理ヲ穿チ得タルモノナリヤ、法律モ亦言語ノ如ク、偶然且無意識的ノモノナルコト卽チ從來ノ語ヲ以テセハ、內部ヨリ有機的ニ發達シタルモノナルコトハ承認セサル可カラス。平等且自治的ニ法律行爲ヲナスニ依リテ、漸次取引上確定スルニ至リタル總ヘテノ法則及法學ニ依リテ從來ノ法律ヲ分析推理シ、以テ意識セシムルニ至リタル總ヘテノ抽象、結果、原則ハ之ニ屬ス。然レトモ取引及法學ノ兩仲介物ノ力ハ、制限的ノモノニシテ、單ニ既存軌道ノ範圍内ニ於テ運動ヲ調整促進スルコトヲ得ルト雖、新方向ヲ取ラントスル潮流ヲ妨クル所ノ堤防ヲ決潰スルコト能ハス。惟之ヲ能クスルモノハ、獨リ成文法アルノミ、卽チ立法ノ目的ノ爲ニスル國權ノ有意的行動アルノミ、故ニ手續法及實體法ノ根本的改正カ、成文法ニ基クハ偶然ニアラス、全ク法律ノ本質ニ深キ根據ヲ有スル必要ニ出テタルモノナリ。成文法ニ依ル現行法ノ變更ハ、多數ノ場合其ノ影響ヲ、單ニ法卽チ法文ノ範圍ニ局限シテ、其ノ效力ヲ、從來ノ法ニ基ケル具體的關係ノ領域ニ及ホササルコトヲ得、之恰モ機關ノ無效ナル螺旋又ハ圓筒ヲ補充スルニ、完全ナルモノヲ以テシタルカ如シ、單ニ變更ノ名アルノミ。事態屢此ノ如キカ故ニ、變更ト云フモ旣得權及私益ニ對シテハ、殆ント感應ナキ干涉ヲ爲シタリト云フノ價値アルノミ。現行法ハ、時代ノ經過スルニ從ヒ多數個人及階級全體ノ利害ト密接ニ結合スルニ至リ、之ヲ削除センドセハ、必ス其ノ利益ヲ害スルニ至ル、卽チ法文又ハ制度ヲ云々スルハ、凡テ是等ノ利益ニ對シテ宣戰ヲ布告スルモノナリ、之恰モ多數ノ手足ヲ以テ固著セル珊瑚蟲ヲ剝キ取ルカ如シ。故ニ凡テ此ノ如キ企圖ハ、自己保存ナル本能ノ自然的活動ニ依リテ、脅サレタル利益ノ猛烈ナル反抗及之ニ伴フ爭鬪ヲ惹起スヘシ、此ノ場合ニ於テ、勝敗ヲ決スルモノハ、各爭鬪ノ場合ニ於ケルカ如ク、理由ノ强弱ニアラスシテ相對峙セル威力ノ權力關係ナリ、而シテ力ノ平行四邊形ニ於ケルト同一ノ結果ヲ惹起スルコト又稀レナリトセス、卽チ本來ノ線ヲ避ケテ對角線ヲ通ルヘシ。種々ノ制度ノ廢止カ宣告セラレタルハ、既ニ久シキ以前ナルニモ拘ラス、尙依然トシテ此ノ制度ノ存續スルコト永キハ、之蓋シ、是等制度中ニ包含セラルル歷史的膠著力ニ因ルニ非スシテ、寧ロ其ノ所有權ヲ主張スルトコロノ利益ノ反抗力ニ因ルモノナリ。

現行法カ其ノ後援ヲ利益ニ有スル是等總テノ場合ニ於テ、新法ヲ採用セントセハ、必ス茲ニ爭鬪ヲ生シ、此ノ爭鬪ハ屢數百年ニ亘ルコトアリ、利益ニシテ、其ノ既得法ノ形態ヲ認メンカ、爭鬪ノ强烈ナルコト、實ニ其ノ極度ニ達ス。茲ニ於テ二個ノ黨派相對峙シ、各、法ノ神聖ヲ以テ其ノ名トス、一派ハ、法ノ歷史的神聖、過去ノ法ノ神聖ヲ標榜シ、他派ハ、法ノ神聖ハ、法カ發生シテ息ムコトナク常ニ新ナルニ在リ、卽チ常ニ新ニ成立スル所ニ人類根本法ノ神聖アリトナス。此ノ如クシテ法律觀念ニ關スル爭論ハ、自己ノ所信ノ爲ニ其ノ全力ト其ノ生命トヲ賭スルト雖、終ニ「歷史」ナル神ノ裁斷ニ服從スル論者ノ點ヨリ見レハ、悲劇ノ性質ヲ帶フルモノナリ。法律上特筆ス可キ大成果ハ、奴隷制度ノ廢止、從屬制度ノ禁止、土地所有ノ自由、營業ノ自由、信仰ノ自由等ニシテ、是等總テノモノハ、數世紀間繼續シタル激烈ナル爭鬪ニ依リテ漸ク得タルモノナリ、而モ此ノ法ノ經路ハ、血潮ト蹂躪セラレタル法ノ遺骸ヲ留ムルノ狀ナリ、蓋シ『法ハサタンニシテ其ノ子ヲモ食フ』カ故ナリ、換言スレハ、法ハ其ノ過去ヲ除去スルニ依リテノミ新ナルヲ得。一旦成立シタルカ故ニ無制限ニ、從ツテ永久ナル存續ヲ要求スル具體的ノ法ハ生母ニ向ツテ腕ヲ揮ル小兒ノ如シ、法ノ理想ヲ賴ミツツ而モ法ノ理想ヲ侮辱スルモノナリ、何トナレハ、法ノ理想ハ成リテ息マサル點ニ在ルモ、既成法ハ新ニ成立スルモノニ道ヲ讓ラサル可カラサレハナリ、蓋シ夫レ曰ハスヤ

生者必滅

此ノ如クシテ法ハ、其ノ沿革ニ依テ、企圖、奮勵、爭鬪、約言セハ惡戰苦鬪ノ畫像ヲ實現ス、無意識ニ言語ニ於テ自己ノ構想ヲ遂ケントスル人ノ精神ニ對シテハ有力ナル反對アルコトナシ、又藝術ハ自己固有ノ過去卽チ流行ノ趣味以外ニ敵アルコトナシ。然レトモ目的觀念トシテノ法ハ、人類ノ目的、努力及利害關係ノ渾沌タル渦中ニ投シ絕ヘス正道ヲ

發見センカ爲メ、探求シ而カモ一度正道ヲ發見スルヤ、之ヲ閉塞セントスル抵抗ヲ打破セサル可カラス。此ノ發達モ、言語藝術ノ發達ト全ク同樣ニ、適法ニシテ統一的ノモノナルコトハ疑ナシト雖、此ノ發達ハ其ノ生スル方法及形式ニ於テ、言語及藝術ト甚シク異ル所アリ、故ニ此ノ意味ニ於テザビニーニヨリテ提唱セラレ而シテ急ニ一般ノ承認ヲ得ルニ至リタル說、卽チ法ト言語及藝術ヲ對比セントスル說ハ斷然之ヲ拒絕セサル可カラス。此ノ說ハ學理トシテハ謬見ナルモ危險ナシト雖、政策上ノ原則トシテハ、吾人ノ考ヘ得可キ最モ不幸ナル謬論ヲ包含ス、何トナレハ此ノ說ハ人類カ行動スヘキ場所ナルニ拘ラス、而カモ目的ニ關シ十分且明白ナル意識ヲ懷キ全力ヲ傾注シテ行動スヘキ場所ナルニ拘ラス、人ヲ欺キテ、物ハ自然ニ成立スト云ヒ、最善ノ手段ハ、拱手傍觀シテ、法ノ外型ノ淵源、卽チ人民ノ法的確信ヨリ漸次現レ來ルモノヲ鶴首シテ待ツ可シト云フカ故ナリ。故ニザピニー及總テ其ノ承繼者ハ、立法ノ干渉ヲ忌ミ慣習法ニ關スルプフターノ學說ニ於テハ、慣習ノ眞意ヲ全然誤認セリ。プフターノ見解ニ依レハ、慣習ハ單ニ法的確信ノ認識方法ニ過キス、此ノ確信ハ、自ラ行動スルニ依リテ初メテ生スルコト、卽チ其ノ行動ニ因リテ、漸ク生活ヲ支配スル力ト本務トヲ確實ニスルコト——約言セハ、慣習法ニ對シテモ亦、法ハ權力觀念ナリトノ原則カ適用セラルルモノナルコトニ對シテハ、此ノ卓越セル思想家ノ烱眼モ全然其ノ光ヲ蔽ハレタリキ。彼ハ唯其ノ時代ニ對シテ、其ノ賦役ヲ支拂ヒタルノミ、何トナレハ、當時ハ詩作ニ於テモ浪漫的時代ナリタレハナリ。而シテ浪漫主義派ノ概念ヲ、法學ニ移植シテ敢テ驚クコトナク、而モ浪漫主義及法學ノ兩界ニ於ケル適當ナル傾向ヲ相互比較スルノ勞ヲ惜マサル人ハ、予カ歷史派ヲ稱シテ浪漫派トナスコトヲ得ト主張スルモ敢テ失當ナリト云ハサルヘシ。法ハ何等ノ苦痛ナク易々樂々田圃ノ植物ノ如ク成立ストナスハ、之レ眞ノ浪漫的觀念、卽チ過去ノ狀態ヲ誤リテ理想化シタルニ基ク觀念ナリ、然レトモ法ノ眞實ハ全ク之ニ反ス。而カモ吾人ノ目擊シ且現在國民ノ腕力的爭鬪ノ光景ヲ殆ント到ル所ニ現出セル其ノ小部分カ、然ルノミナラス、更ニ吾人ノ眼光一度過去ヲ彷徨センカ、其ノ印象ハ同一ナリ、故ニザビニー派ノ學說ニ對シテハ、單ニ歷史以前ノ時代ヲ剩スノミ、而モ此ノ時代ノコトニ關シテハ吾人之ヲ知ルニ由ナシ。然レトモ此ノ時代ニ付テ想像ヲ發表シテ差支ナシトセハ、予ハ、ザビニー派カ該時代ヲ以テ、人民確信ノ內心ヨリ出テタル法ノ平靜無害ナル成立舞臺ナリト決定シタルニ對シ、正反對ナル說ヲ對抗セシメン、然ル時ハ、世人ハ、該時代カ少クトモ、法ノ明白ナル歷史的發達ヲ有シ、而モ予ノ信スル如ク、大ナル心理學上ノ蓋然性ノ特徵ヲモ有シタルコトヲ自白セサル可カラサルヘシ、原始時代！曾テハ此ノ時代ヲ飾ルニ、眞實、公平、忠實、無邪氣、敬神等總ヘテノ美質ヲ以テスルノ風アリキ、而シテ法モ亦此ノ如キ基礎ノ上ニ在リテ、確カニ法的確信ノ力以外ニ何等動力ヲ要スルコトナクシテ發達シ、拳及劍ハ其ノ必要ナカリシト云ヘリ、然レトモ、彼ノ黄金時代カ、之ト正反對ナル粗野、殘忍、不人情、狡猾、奸詭ノ特徴ヲ有セシコトハ、現今各人皆之ヲ知ル、而シテ凡テ後代ヨリモ容易ニ法ヲ得ルニ至リタリトノ推定ハ、容易ニ信シ難シ。彼等カ法ノ爲ニ盡シタル勞力ハ、後代ノモノヨリモ尚一層激烈ナリ最モ單純ナル法文、例ヘハ上示セシ羅馬古法ヨリ出テタルモノ、卽チ自己ノ物ハ其ノ占有者ヨリ奪ヒ取ルコトヲ得トソ所有者ノ權能、及辨濟不能ノ債務者ハ之ヲ奴隸トシテ外國ニ賣却スルコトヲ得トノ債權者ノ權能ニ關スル法文ノ如キモ、激シテ爭鬪ノ末、初メテ反對アラサル一般ノ承認ヲ得タリ。然レトモ之ハ兎モ角、原始時代ニ付テ論スルコトハ之ヲ止メン、文書ニ依ル歷史カ、法ノ成立ニ關シテ與ヘタル報告ハ、以テ吾人ヲ滿足セシムルニ足ル。其ノ報告ニ曰ク、法ノ成立スルハ、人ノ出生ノ如ク、普通激シキ陣痛ヲ伴フト。

而シテ之吾人ノ悲シム可キコトニ非サルナリ。法ハ、國民カ拱手傍觀シテ待ツト雖、落下シ來ルモノニ非ス。法ヲ得ンカ爲メ、格鬪シ、奮鬪シ、爭鬪シ、流血セサル可カラサルノ狀態ハ又、出生ニ際シテ、母子ノ間ニ自己ノ生命ヲ賭スト同一ノ内的結繩ヲ國民ト其ノ法トノ間ニ作ルモノナリ。何等ノ努力ナクシテ得タル法ハ、鴻ノ持チ來リタル雛ニ等シク、再ヒ狐狸猛禽ニ依リテ奪ヒ去ラル。然レトモ自ラ子ヲ生ミタル母ハ其ノ子ヲ奪ハシメス、之ト等シク、國民カ流血ノ勞ニ依リテ得タル法及制度ハ、容易ニ廢滅スルモノニアラス。茲ニ於テ乎、國民カ其ノ法ニ對シテ有シ、之ヲ主張スルニ付キ有スル愛惜心ハ、其ノ之ヲ得ル爲ニ費シタル努力奮鬪ニ對スル賭物ニ依リテ定ルト主張スルモ、敢テ過言ニ非ス。國民ト其ノ法トノ連鎖ヲ鍛エテ最モ强固ナラシムルモノハ、單純ナル慣習ニ非スシテ犧牲ナリ。神ハ、其ノ愛スル國民ニ對シテ、其ノ必要トスル所ノモノヲ賜フコト無ク又之ヲ得ンカ爲ニスル勞働ヲ容易ナラシムルコトナシ、却テ之ヲ困難ナラシム。此ノ意味ニ於テ、法ノ成立スル爲ニ必要トスル所ノ爭鬪ハ、神ノ呪詛ニアラスシテ恩惠ナリト云フニ躊躇セサルナリ。

## （二）

予ハ茲ニ權利ノ爲ニスル爭鬪ニ就テ論セン。此ノ爭鬪ハ、權利ノ侵害又ハ抑留ニ依リテ惹起セラル。權利ハ、個人ノ權利タルト、國民ノ權利タルトヲ問ハス、悉ク此ノ爭鬪ナル危險ニ對シテハ保護セラレサルカ故ニ――蓋シ權利者ノ利益ハ之ヲ主張スルニ在ルニ對シテ、他人ハ常ニ之ヲ輕視スルニ於テ利益ヲ有スルカ故ナリ――爭鬪ハ如何ナル權利ニモ反復セラルルモノナリ、卽チ下ハ私權ヨリ、上ハ國權、國際間ノ權利ニ至ル迄、皆然ラサルハナシ。權利侵害ニ因ル國際法上ノ主張ハ戰爭ナル形式ヲ以テシ――國民ノ反抗ハ、國權ノ任意活動即チ違憲行爲ニ對スル暴動、擾亂革命ノ形式ヲ以テシ——私權ノ不穩ナル實行ハ、中世ニ於ケル所謂リシチ法、決鬪權及私鬪權ノ形式ヲ以テシ、現今ニ於ケル其遺物ハ即チ決鬪ナリ——而シテ最後ニ、權利實行ノ正規ノ方法ハ民事訴訟ノ形式ヲ以テス——以上列擧セル是等總テノモノハ、其ノ爭鬪ノ目的皆相異リ、爭鬪ノ賭物、形式、範圍ヲ異ニスト雖、之皆權利爭鬪ノ形式、活劇ニ外ナラス、今是等爭鬪ノ形式中其ノ最モ冷靜ナルモノ、即チ私權ノ爲ニ訴訟手續ノ形式ヲ以テスル適法ナル爭鬪ヲ選ハン、之法律家タル予ニ密接ノ關係アルカ故ニアラス、訴訟手續ニ於テハ、法律家タルト否トニ拘ラス、一樣ニ事物關係ノ眞相ヲ誤認スル危險最モ多キカ故ナリ。總テ其ノ他ノ場合ニ於テハ、事物關係ハ公平明瞭ニ現ハル、是等ノ場合ニ在リテハ、賭物ニ報ユルモノハ物品ナルコト愚者ト雖亦之ヲ知ル、而シテ何人ト雖、何故ニ爭鬪スルカ？何故ニ讓歩セサルカ？ト問フモノナシ、然レトモ彼ノ私法上ノ爭鬪ニ在リテハ事態全ク之ト異ル。爭鬪ノ中心トナレル比較的些細ナル利益、卽チ普通所有物ニ關スル問題ニ就テ設ケラレタル不磨ノ散文ハ、絕對ニ爭鬪ヲ以テ、冷靜ナル計算及人生觀ノ範圍中ニ入レタルヲ見ル、而シテ爭鬪ノ形式卽チ形式ノ機械的ナルコト、換言スレハ、人ノ自由ニシテ有力ナル活動ヲ排斥セルコトハ、不利益ナル印象ヲ滅退セシムルニ殆ント適セス、又實ニ爭鬪ニ取リテモ、人ヲシテ自ラ爭ハシメ、從ツテ爭鬪ノ眞價ヲ明白ニ知ラシメタル時代アリ。劒戟カ、所有物ニ關スル爭論ヲ解決シタル時代、中世ノ騎士カ、私鬪狀ヲ送リタル時代、無關係者ト雖、尚此ノ爭鬪ハ單ニ物ノ價格、金錢上ノ損失ヲ保護セルノミナラス、人カ身自ラ其ノ物ニ於テ自己ノ權利及自己ノ名譽ヲ賭シ又主張セルモノナリトノ臆測ヲ抱クニ至レリ。

然レトモ現今ニ於テハ、形式上ハ異ルモ實質上ハ當時ト同一ナルモノノ說明ヲナサンカ爲ニ、既ニ消滅シタル狀態ヲ特ニ追及スルノ必要ナシ。吾人ノ現生活ノ現象ニ對スル觀察ト心理學上ノ自己觀察トハ同一ノ働ヲナス。

權利ノ侵害ト同時ニ各權利者ニ生スルモノハ次ノ問題ナリ、卽チ彼ハ、權利ヲ主張シ、相手方ニ對シテ反抗シ、從ツテ爭鬪ス可ヘキカ、又ハ、爭鬪ヲ免レンカ爲ニ權利ヲ拋棄ス可キカノ二個ノ問題是レナリ、何人モ權利者ノ爲ニ之カ解決ヲナシタルモノナシ。又如何ニ解決セラルルニ拘ラス、權利者ハ雙方ノ場合ニ於テ常ニ犧牲ヲ拂フコトヲ免レス、卽チ一ノ場合ニ於テハ、平和ハ權利ノ犧牲トナリ、他ノ場合ニ於テハ、權利ハ平和ノ犧牲トナル、故ニ此ノ問題ハ更ニ進ミテ、場合及個人ノ個々ノ關係ニ從ヒ、何レノ犧牲ヲ以テ堪フ可キモノナリヤノ點ニ歸着スルカ如シ。富者ハ平和ノ爲ニ、自己ニ對シテ重要ナラサル係爭額ヲ放棄シ、貧者ハ自己ニ對シテ一層重要ナル金額ノ爲ニ、平和ヲ捨ツルナラン。故ニ權利爭鬪ノ問題ハ、純粹ナル計算問題トナリテ、雙方ニ於テ相互ニ損益ヲ衡量シ之ニ依リテ決心ヲ定メサル可カラス。

然ルニ實際ニ於テハ、全ク此ノ如クナラサルコトハ各人ノ善ク知ル所ナリ。日常ノ經驗ニ徵スルニ、訴訟ニ於テ係爭物ノ價格ハ、努力、騷擾、費用ノ消耗ト全ク比較シ得サルコトアリ、何人モ一「ターレル」ヲ水中ニ落シタル時、之ヲ拾ハンカ爲ニ二「ターレル」ヲ賭スルモノナカラン、彼ニ取リテハ幾何ヲ之ニ要スルカノ問題ハ、之純粹ナル計算問題ナリ、然ラハ何故ニ彼ハ、訴訟ニ於テ同一ノ計算問題ヲ試ミサルカ、之其ノ所得ヲ計算シ、出費ハ相手方ヲシテ負擔セシムルコトヲ希望セルカ故ニアラス、勝訴カ出費多キコト明白ナル場合ニ於テモ尚或當事者カ訴訟ヲ避ケサルコトハ、法律家ノ熟知スル所ナリ、辯護人カ、事件ノ危險ヲ當事者ニ說明シ、訴訟ノ撤回ヲ諫告スルニ拘ラス、彼ハ曰ク、既ニ斷然訴訟ヲナスニ決心セリ、故ニ如何ニ出費ヲ要スルモ自己ノ欲スル所ヲ遂行ス可シト答フル・コト實ニ屢ナリ。

吾人ハ、如何ニシテ、思慮アル利益打算ノ見地ト正反對ナル此ノ不條理ナル行動ヲ說明セン。

之ニ對シテ、普通耳ニスル所ノ答ハ明白ナリ、曰ク之訴訟趣味、頑固ヨリ來ル悲シム可キ弊ナリト、又曰ク、爭論ニ對スル純粹ナル快樂、即チ自己ノ忿怒ヲ相手ニヨリテ冷却セシトノ熱望ヨリ訴訟ヲ爲スモノニシテ、相手方ト同額又ハ以上ノ出費ヲ要スルコト確實ナリト雖、之彼等ノ意トスルトコロニ非スト。

吾人ハ姑ク、私人間ノ紛爭ヲ離レテ、二個ノ國民間ノ紛爭ニ就テ論セン。甲ノ國民カ、乙ノ國民ヨリ不法ニ、一哩平方ノ無價値ナル荒蕪地ヲ奪取シタル時、乙ハ之ニ對シテ戰爭ヲ開始ス可キモノナリヤ。吾人ハ此ノ問題ヲハ、一農民カ隣地ノ二三歩ヲ鋤キ取リ又ハ之ニ瓦礫ヲ投シタル場合ヲ訴訟趣味說ニヨリテ論斷シタルト同一ノ見地ニ立チテ觀察セントス、一哩平方ノ荒蕪地ハ、幾千人ノ生命ヲ要シ、小舍ト宮殿トヲ苦痛貧困ニ陷ラシメ、幾億ノ國財ヲ呑下シ、時ニ或ハ國家ノ存立ヲ脅サントスル戰爭ニ對シテ如何ナル價値カアル！此ノ如キ係爭額ノ爲ニ此ノ如キ犧牲ヲ生ス、愚モ亦極レリト謂フヘシ。

一農民ト一國民トヲ同等ニ論スル時ハ叙上ノ斷案ニ至ラサルヲ得サル可シ、然レトモ何人モ農民ニ對スルト同一ノ勸告ヲ國民ニ對シテ爲スモノナシ、何人モ此ノ如キ權利侵害ニ對シテ沈默スル國民ハ、彼自身ノ死刑宣告書ニ捺印スルモノナリト感ス可シ、隣邦ヲシテ、一哩平方ノ土地ヲ奪取セシメ敢テ反抗セサル國民ハ、殘餘ノ土地ヲモ奪ハル可シ、而シテ終ニ自己ノ領土ト稱ス可キモノ無ク國家トシテノ存立ヲ止ルニ至ル、此ノ如キ國民ノ運命ハ之ニ過キサルナリ。

然レトモ國民カ、價格ヲ顧ミスシテ、一哩平方ノ土地ノ爲ニ防禦ス可キモノナル時ハ、何故ニ農民ハ、一條ノ土地ノ爲ニ防禦ス可キニ非ルカ、或ハ次ノ格言ニヨリテ之ヲ決定ス可キモノナルカ、卽チ quod licet jovi, non licet bovi『神ニ許サルル所ノモノハ、農民ニ許サレス』國民ハ一哩平方ノ土地ノ爲ニ爭鬪スルニ非スシテ、彼自身ノ爲メ、彼カ名譽ノ爲メ、獨立ノ爲ニ爭鬪ス、原告カ訴訟ヲ爲スハ、無禮ナル權利侮辱防禦ノ爲、瑣細ナル係爭物ノ爲ニ非スシテ、自己自身及其ノ權利感情ヲ主張スル爲ニスルモノナリ、此ノ目的ニ對シテハ、訴訟ニ伴フ犧牲及不祥事ハ何等權利者ノ眼中ニ重ヲナスモノニ非ズ――目的ハ手段ヲシテ報ヒシム。被害者ヲ驅ツテ、訴訟ヲ提起セシムルモノハ、瑣細ナル金錢利益ニ非スシテ、其ノ受ケタル不法ノ精神的苦痛ナリ、單ニ目的物ヲ取リ戻スカ爲ニ爲スモノニ非スシテ――此ノ如キ場合ニハ、此ノ金錢利益屢訴訟動機ヲ確定スト雖、彼ハ多分此ノ利益ヲ救貧院ニ寄附セシナラン――正當ナル權利ヲ實行センカ爲ナリ。内心ハ彼ニ告ケテ曰ク、之汝ノ退ク時ニ非ス、汝ニ取リテハ、無價値ナル物ニ關スルカ爲ナラス、汝ノ人格、名譽、權利感情、自尊ニ關スルカ故ナリ、要スルニ訴訟ハ、汝ニ取リテ單純ナル利益問題ヨリ出テテ、性格問題トナル即チ人格ノ主張カ拋棄カノ問題ナリト。

然ルニ予ハ多數ノ者カ同一ノ狀況ニ於テ、之ト正反對ノ斷定ヲ下セルコトヲ屢見聞セリ――彼等ハ努力シテ權利ヲ主張センヨリモ寧ロ平和ヲ好ムト。吾人ノ斷定ヲ以テシテハ茲ニ到ルコトヲ得サルナリ。換言スレハ、一概ニ吾人ハ、此ノ問題カ個人ノ趣味、性質ノ問題ナリト云フ可キカ、卽チ或者ハ爭鬪ヲ好ミ、他ノ者ハ平和ヲ好ム、權利ハ權利者ニ、權利ヲ實行スルト否トノ選擇權ヲ與フトノ理由ヲ主張シテ、此ノ二者ヲ同等ニ正當ナリト辯明ス可キカ。吾人ハ世上明ニ此ノ如キ意見ニ遭遇スルコト稀レナラサルカ、予ハ此ノ意見ヲ以テ最モ排斥ス可ク、權利ノ根本的性質ニ反對スルモノト思意ス。此ノ意見ニシテ一般的トナランコトヲ考ヘ得ル時ハ、之レ法其ノ者ノ滅亡ナリ、蓋シ法ノ成立ニハ、不法ニ對スル有力ナル反抗ヲ必要トシタルニ拘ラス、此ノ意見ハ今ニ至リテ、不法ニ對シテノ卑怯ナル遁亡ヲ説クモノナレハナリ。予ハ此ノ意見ニ對シテハ次ノ原則ヲ對立セシメン曰ク、人其ノ者ヲ爭鬪ノ渦中ニ投セシムル所ノ卑怯ナル不法ニ對スル反抗、換言スレハ、權利侵害行爲ノ性質カ權利ノ輕蔑、人的侮辱ヲ帶フル權利侵害ニ對スル反抗ハ之レ義務ナリト。此ノ反抗ハ自己其ノ者ニ對スル、權利者ノ義務ナリ――何トナレハ之レ精神的自己保存ノ命令ナレハナリ、之レ社會公共ニ對スル義務ナリ――何トナシハ之レ權利實現ニ必要ナレハナリ。

（三）

權利爭鬪ハ權利者自己ニ對スル義務ナリ。

自己生存ノ主張ハ生物全體ノ最高原則ナリ、各生物ハ自己保存ノ本能ニ依リテ自己ヲ表現ス。然レトモ人類ニ在リテハ、之單ニ肉體的生活ノミニ關スルニ非ス同時ニ又其ノ精神的生存ニモ關ス、此ノ精神的生存ノ一要件ハ權利ノ主張是レナリ。人類ハ、權利ニ依リテ其ノ精神的生存要件ヲ維持シ防禦ス、故ニ權利ナキトキハ動物ノ階段ニ陷ルヘシ(註一)之恰モ羅馬人カ、至當ニ法ノ見地ヨリ、奴隸ヲ動物ト全ク同一ノ階段ニ置キタルカ如シ、故ニ權利ノ主張ハ精神的自己保存ノ義務ニシテ、權利ヲ全然拋棄スルハ現今之ヲ許サス、往時ハ之ヲ許シタリ、之レ精神的自殺ト謂ツ可シ、然レトモ法ハ各制度ノ集合ニ過キス、各制度ハ獨特ナル肉體的及精神的生存要件ヲ包含ス(註二)即チ所有權並婚姻契約並名譽——故ニ是等個々ノモノノ拋棄ハ、總テノ權利ノ拋棄ト等シク法律上不可能ナリ。然レトモ實ニ可能ナルハ、是等要件ニ對スル他人ノ攻擊ナリ、而シテ此ノ攻擊ノ擊退ハ權利主體ノ義務ナリ、蓋シ法ニ依ル生活要件ノ單純ナル抽象的保證ヲ以テシテハ足レリトセス、更ニ進ンテ權利主體ニ依リ具體的ニ主張セラレサル可カラス、此クナルニ至ラシメタル原因ハ、强ヒテ生活要件ヲ侵サントスル放肆ナリ。

然レトモ總テノ不法カ皆放肆、卽チ權利ノ觀念ニ對スル反抗ニ非ス、予ノ物ノ占有者カ、自ラ所有者ナリト思意スルハ、予自身ノ所有權ノ觀念ヲ否認シ、寧ロ彼自身ノ爲ニ之ヲ主張スルモノナリ、吾等二人間ノ爭點ハ、何人カ所有者ナルカニ在リ。然レトモ窃盜强盜ハ、自ラ所有權者ニ非ストナスト同時ニ、予ノ所有權ニ關シテモ亦所有權ノ觀念ヲ否認シ、從ツテ予ノ人格ノ重要ナル生存要件ヲ否認ス。彼等ノ行動ヲ以テ一般的ノモノト思意センカ、然ル時ハ、所有權ハ理論上並ニ實際上否認セラルルニ至ル、故ニ彼等窃盜强盜ノ行爲ハ、予ノ物ニ對スル攻擊タルノミナラス、又同時ニ予ノ人格ニ對スル攻擊ナリ、而シテ人格ヲ主張スルヲ以テ予ノ義務ナリトセハ、此ノ義務ハ人格存立要件ノ主張ノ上ニモ及フモノナリ、被害者ハ、其ノ所有權ニ依リテ自ラ其人格ヲ防禦ス。强盜カ、被害者ヲシテ生命カ然ラスンハ金錢ノ二者其ノ一ヲ選擇セシムル場合ニ生スルカ如ク、只所有權主張ノ義務ト、生命維持ノ一層重要ナル義務トカ相衝突スル場合ニハ、所有權拋棄ヲ以テ理由アルモノトス。然レトモ此ノ如キ場合ヲ除キ、命セラレタル總テノ手段ヲ盡シ以テ彼レカ權利ノ輕蔑ニ對シ爭鬪スルハ、是レ各人ノ自己其ノ者ニ對スル義務ナリ、若シ之ヲ容認センカ、彼レカ生涯ニ權利喪失ノ一切ノ動機ヲ與フルモノナリ。然レトモ何人モ自ラ之ニ贊成ス可キニアラス。善意ノ占有者ニ對スル所有者ノ地位ハ全ク之ト異ル。此ノ場合ニ所有者カ何ヲ爲スヘキカノ問題ハ、彼カ權利、感情、性格、人格ノ問題ニ非スシテ、純粹ナル利益問題ナリ、何トナレハ、彼ニ對シテハ物ノ價値以外ニ問題トナルモノナケレハナリ、而シテ此ノ場合ニ、利益ト損失及二者ノ結果ノ生センコトヲ相互ニ衡量シ、然ル後、訴訟提起カ、訴訟抛棄カ和解カノ決心ヲナスハ之レ全ク正當ナルコトナレハナリ（註三）

（註一）「ハインリヒ、フォン、クライスト」ノ小說「ミカエル、コールハース」ノ中ニ於テハ英雄ヲシテ次ノ如ク云ハシメタリ『人トシテ脚下ニ蹂躙セラレンヨリハ寧ロ犬タルヲ好ム』ト、此ノ小說ニ付テハ後ニ詳論スル所アル可シ。

(註二)此ノ證明ハ拙著「權利ノ目的」中ニ見ユ、而シテ予ハ目的ノ見地ヨリシテ權利ヲ定義シテ『國權ニ依リ强制ノ形式ニ於テ實現セラレタル社會ノ生存要件ノ保證』ナリトセリ。

(註三)單ニ權利爭鬪ノミヲ辯護シテ、之カ衝突ニ依リテ惹起セラルルコトニ著目セストノ予ニ對スル臆測ハ叙上ノ說明ニ依リテ氷解セン。人格主張ノ爲ノ權利主張及之ト共ニ名譽及精神的義務ノ爲ノ權利主張ヲ說明シタルハ、人カ其ノ權利ヲ蹂躙セラレタル場合ニ於ケルノミナリ。予カ精細ニ說明シタル所ヲ觀過シ、而モ予ニ對シテ、余カ喧嘩爭論ハ美事ナルカノ如ク、又訴訟趣味頑固ハ美德ナルカノ如ク說キタリト云フ者アランカ、予ハ之ニ對スル說明トシ次ノ如ク答ヘン、卽チ、予ノ說ニ反對センカ爲、不名譽ニモ、不確實ナル意見ヲ誤傳シタルニ因ルカ、然ラスンハ、粗忽ナル讀方ニ依リ卷末ニ至ラハ卷頭ニアリシコトヲ忘レタルニ因ルト。

和解ハ、雙方ヨリ爲サレタル此ノ種ノ概算ノ一致點ナリ之予カ此處ニ認ムル前提ノ下ニ於テ許容ス可キ解決方法タルノミナラス、又爭論ノ最モ正當ナル解決方法ナリ。若シ和解ニシテ其ノ目的ヲ達スルコト困難ナランカ、又兩當事者カ、其ノ辯護士ト協議シ法廷ニ於テ最初ヨリ總テノ和解交渉ヲ拒絶センカ、之レ訴訟ノ結果ニ就キ各當事者カ各自己ノ勝利ヲ信スルノミナラス、又相手方ニ認識アル不法、惡意アリト前提スルカ故ナリ、問題カ假令、訴訟上客觀的不法ノ形式ヲ取ルト雖(所有物囘收訴權(reivndicatio)此ノ問題ハ、當事者ノ心理上ハ上述ノ場合ト全然同一ノ形態ヲ帶フ、即チ認識アル權利侵害ノ形態ナリ、而シテ權利主體ノ見地ヨリセハ、權利ニ對スル攻擊ヲ拒絶スル頑固ハ、窃盜ニ對スルト全然同一ニ證明サレ、又道德上正當視ス可キモノナリ。此ノ如キ場合ニ於テ、訴訟ノ費用、其ノ他ノ結果及結果ノ不安ヲ指示シ以テ當事者ヲシテ訴訟ヲ恐怖セシメントスルハ、心理學上ノ誤謬ナリ、何トナレハ此ノ問題ハ、彼ニ取リテハ決シテ利益問題ニ非ス、侵害セラレタル權利感情ノ問題ナレハナリ。槓杆ノ結果ヲ生スル唯一ノ點ハ、相手方ノ惡意ヲ前提スルコトナリ、卽チ之ニ依リテ當事者ハ左右セラル、若シ此ノ前提ヲ打破スルコトヲ得ハ、反抗ノ獨特ナル神經ハ切斷セラレ、而シテ當事者ハ、利益ノ見地ヨリ事件ヲ觀察シ、從ッテ和解スルニ至ル。當事者ニ先入主トナリタルコトカ屢總テノ試ミニ對シ如何ニ頑强ナル抵抗ヲナシタルカハ、之只各實際的法律家ノミ熟知スル所ナリ、予カ此ノ心理上ノ接近不能及猜疑ノ執粘ナルハ、之恐ラク個人的ノモノニ非ス、人ノ偶然ナル性格ニ基クモノニ非ス却テ教化職業ノ一般的反對ニ原因スルモノナルコトヲ說クト雖、予ハ此ノ方面ニ於テ反對ニ遭遇スルコトナキヲ信ス、農民ニ於ケル猜疑ハ最モ御シ難シ。彼ニ負ハシメタル訴訟趣味ハ、正シク彼ニ特有ナル二要素ノ產物、卽チ貪慾ト云フニハ非サレトモ頑固ナル所有權感情及猜疑ノ產物ニ外ナラス。他ノ何人ト雖、農民ノ如ク善ク自己ノ利益ヲ解シ、自己ノ所持スル物ヲ確保スルモノナシ、而モ彼レカ如ク自己ノ財產ヲ訴訟ノ爲ニ屢犧牲トスルモノナキハ著明ナル事實トス。之一見矛盾セルカ如キモ實際ニ於テハ當然ノコトナリ。何トナレハ、其ノ強度ニ發達セル所有權感情アルカ故ニ、之カ侵害ノ苦痛ハ、彼ニ取リテ益堪ヘ難ク、從ツテ其ノ反動モ亦激烈ナリ。農民ノ訴訟趣味ハ、猜疑ニ基ク所有權感覺ノ錯誤ニ外ナラス、之恰モ戀愛ニ於ケル類似現象カ嫉妬トナリ、自ラ救ハント欲スルモノヲ破壞シツツ遂ニ其ノ劍端ヲ自己其ノ者ニ向クルカ如シ。

羅馬古代ノ法ハ、予カ叙上ノ說ニ對シ興味アル確證ヲ與ヘタリ。如何ナル權利上ノ紛爭ニ於テモ相手方ノ惡意ヲ探知スル農民ノ猜疑心ハ、次ノ如キ法文ノ形式ヲ採用セシメタリ。卽チ權利紛爭ニ當リ各當事者カ皆善意ナル場合ニ於テモ、敗訴者ハ、尚自ラ相手方ノ權利ニ反對シタリトノ事實ヲ以テ、刑罰ヲ以テ償ハサル可カラス、換言スレハ、刺戟セラレタル權利感情ハ、權利ノ恢復ノミニ依リテ滿足セス、責任アルト否トニ拘ラス、相手方カ權利ヲ爭ヒタリト云フニ對シテ、特別ナル滿足ヲ要求セリ。現今ノ農民カ法ヲ作ランカ、察スルニ其ノ法ハ、羅馬古代ノ農民ノ法ト同一ノ意味ヲ有スルナラン。然レトモ既ニ羅馬ニ於テハ、文化ノ進ムニ從ヒ、不法ヲ精密ニ區別シテ二種トナシ以テ法律上猜疑心ヲ打破セリ、卽チ責任アル不法ト責任ナキ不法、又ハ主觀的不法(ヘーゲルノ語ニヨレハ純粹ナル不法)ニ區別セリ。

主觀的及客觀的不法ノ差異ハ、立法上及法學上ノ點ニ於テ著シク重要ナリ。法カ正義ノ見地ヨリ事物ヲ觀察スル方法ハ此ノ差異ヨリ生シ、從ッテ又不法ノ差異ニ從ヒテ不法ノ結果ヲ種々ニ區別ス。然レトモ權利主體ノ解釋ハ、此ノ差異ニ依リテ影響ヲ受クルコトナク又法制ノ抽象的概念ニ從ヒテハ鼓動セスト雖、其ノ受ケタル不法ニヨリテ刺激セラルル權利感情カ採ル所ノ方法ハ、決シテ此ノ差異ニ依リテ制限セラルルモノニ非ス。法律上純粹ナル客觀的權利侵害ト見ル可キ權利衝突ニ際シ、權利者ハ、特別ナル場合ニハ相手方ニ惡意卽チ認識アル不法アリトノ推測ヨリ事ヲ始ム可キ十分ナル理由ヲ有スルコトアリ、而シテ彼ノ此ノ判斷ハ、相手方ニ對スル彼ノ態度ヲ正當ニ決定ス。債務者ノ相續人カ債務ノ存在ヲ知ラス且ツ之レカ辨濟ハ債務存在ノ證明如何ニ依リテ決セントスル場合ニ、予ハ此ノ相續人ニ對シテ貸金返還請求訴權(condictio ex mutuo)ヲ有ス、又債務者カ破廉恥ナル方法ニ依リテ其ノ債務存在ヲ否認シ又ハ理由ナクシテ返還ヲ拒絶シタル場合ニモ、予ハ此ノ債務者ニ對シテ前ト全然同一ノ請求訴權ヲ有ス、然レトモ此ノ同一ナル請求訴權ヲ有スルコトハ、兩者ノ行爲ヲ全ク異リタル方面ニ於テ觀察シ從ツテ予ノ行爲ヲ決定スルコトヲ拘束スルモノニ非ス。債務者ハ、予ニ取リテハ窃盜ト同一ノ地位ニ立チ故意ニ予ノ物ヲ奪ハントスルモノナリ、彼ニアリテハ法ニ反スル認識アル不法ナリ。之ニ反シテ債務者ノ相續人ハ、予ノ物ノ善意占有者ニ等シク、彼ハ、債務者ハ辨濟スル可シトノ原則ヲ否認スルモノニアラスシテ、彼レ自身カ債務者ナリトノ予ノ主張ヲ否認スルモノナリ、而シテ予カ善意占有者ニ就キ前述セシ所ハ又此ノ相續人ニモ適用セラル。予ハ彼ト和解シ、又ハ訴訟ノ結果ニシテ不確實ナラントト思意セハ、訴訟ノ提起ヲ避クルモ差支ナシ、然レトモ予ノ正當ナル權利ヲ奪ハントシ、訴訟ニ對スル予ノ恐怖、柔弱、緩漫、薄弱ヲ豫想スル債務者ニ對シテハ、予ハ、予ノ權利ヲ追及ス可ク又追及セサル可カラス、如何ニ費用ヲ要ストモ之ヲ爲ス可キナリ、予カ之ヲ爲ササルトキハ、予ハ單ニ此ノ權利ノミナラス權利全體ヲ拋棄スルモノト謂フヘシ。

予ノ從前ノ論ニ對シ反對シテ、國民ハ人ノ精神的生活要件トシテ所有權ナル權利、債權ナル權利ニ就キ知ル所アリヤト云フ者アラン。知ル？否知ラス、然レトモ國民カ是等權利ヲ生存要件トシテ感知スルト否トハ別問題ナリ、予ハ之カ事實上國民ノ生存要件タルコトヲ示サントスルモノナリ。國民カ肉體的生存要件トシテ肺臟、腎臟、肝臟ニ就キ知ル所ハ何ソヤ。然レトモ肺臟ノ刺痛、腎臟又ハ肝臟ノ苦痛ハ何人モ之ヲ感知シ、而カモ苦痛ノ指示シタル警告ヲ了知ス。卽チ肉體的苦痛ハ組織ノ障害ノ徵表ナリ、之ニ有害ナル影響ノ存在ノ徵表ナリ、此ノ苦痛ハ吾人ニ迫レル危險ニ對シ吾人ノ活眼ヲ開カシメ、而シテ吾人ニ、苦痛ニ伴フ疾病ニ依リテ用心ス可シトノ警告ヲ與フ。之レ惡意ノ不法、卽チ放肆ニヨル精神的苦痛ニ就テモ全然同一ナリ、肉體的苦痛ト等シク、權利侵害ノ主觀的感受性、形式、目的物ノ異ルニ從ヒテ(之ニ就テハ後ニ詳論ス)旣ニ全ク其ノ神經ヲ消耗セサル者、卽チ事實上ノ權利喪失ニ慣レサル各人ハ、種々ノ程度ノ精神的苦痛ヲ感シ、而カモ此ノ苦痛ハ肉體的苦痛ト同一ノ警告ヲ與フ。　予ハ茲ニ苦痛ノ感情ヲ消滅セシムル直接ノ警告ヲ云フニ非ス、寧ロ行動スルコトナクシテ健康ヲ維持スル遠大ノ警告ヲ云フ。　此ノ警告ハ或ハ精神的自己保存ノ義務ニ對スル警告タルコトアリ、或ハ肉體的自己保存ノ義務ニ對スル警告タルコトアリ。今最モ明白ナル場合卽チ名譽侵害ノ場合ト、名譽心ノ最モ發達セル階級、卽チ將校階級トヲ擧ケテ論センニ、名譽侵害ヲ平然トシ寬容スル將校ハ將校トシ無能ナリ、何トナレハ名譽ノ主張ハ各人ノ義務ナレハナリ、何故ニ將校階級ハ此ノ義務履行ヲ特ニ著シク呼稱スルカ、之人格ノ勇悍ナル主張ハ、彼ニ取リテハ正シク彼レノ全地位ノ必要條件ナリトノ正當ナル感情ヲ有スルト、其ノ地位ハ性質上個人的勇氣ノ化身タル可ク、同輩ノ怯懦ハ彼自身ヲ卑下セシムルモノナリトノ正當ナル感情ヲ有スルニ因ル、是ト農民トヲ比較センニ、自己ノ所有權ヲ極端ニ頑固ニ防衛スル者ハ、其ノ名譽ニ就テハ著シク無感覺ナリ。是何ノ故ソヤ。蓋シ之將校ノ場合ノ如ク、生存要件タル所有權ニ關スル正當ナル感情ヨリ出ツルモノナリ。彼カ職務ハ、彼ヲ勇氣ノ點ニ於テ責メス、其ノ勞働ノ點ニ於テ責ム、而シテ後者ハ所有權ニ依リテ保護セラルルモノナリ。勞働ト所有權取得ハ農民ノ名譽ナリ。農地ヲ維持セス又ハ輕卒ニ所有物ヲ勞費スル農民カ、同輩ニ依リテ輕蔑セラルルコト恰モ名譽ヲ保タサル將校ノ如シ、侮辱ヲ受ケテ爭鬪又ハ訴訟ヲ爲ササリシトノ非難ヲ受クル農民ナキカ如ク、善良ナル戸主ニアラストノ非難ヲ受クル將校ナシ。農民ニ取リテハ其ノ耕作セル土地、其ノ飼育セル家畜ハ、彼カ存在ノ基礎ヲナスモノナリ。彼ハ、其ノ土地ノ數歩ヲ鋤キ取リシ隣人ニ對シ、又ハ其ノ牡牛ノ代金ヲ支拂ハサル商人ニ對シ、其ノ特有ノ方法ニ依リ即チ忿怒セル熱情ヲ以テ提起セラレタル訴訟ニ依リ、權利爭鬪ヲナスコト、恰モ將校カ、其ノ名譽ヲ侵害セシ者ニ對シ劍ヲ揮ツテ格鬪スルカ如シ。兩者等シク四顧ノ遑ナク、結果ヲ慮ルノ餘裕ナシ。而モ彼等ハ之ヲ爲ササル可カラス、何トナレハ彼等ハ、其ノ精神的自己保存ニ就キ各個有ノ法則ニ從ヘハナリ。假リニ彼等ヲ陪審席ニ著カシメ、先ツ將校ヲシテ所有權ニ關スル犯罪ニ就キ裁判セシメ、農民ヲシテ名譽ニ關スル犯罪ニ就キ裁判セシメ、次ニ後者ヲシテ前事件ヲ、前者ヲシテ後事件ヲ裁判セシメタリトセン、然ルトキハ二個ノ場合ニ於ケル判決ノ差異果シテ如何。所有權ニ關スル犯罪ニ就キ裁判官ノ嚴格ナルコト、農民ヨリ著シキモノナキハ明白ナリ。而シテ予自身ハ之ニ關シテ無經驗ナリト雖、稀レニモ農民カ誹譏ノ訴ヲ提起センカ、裁判官ノ和解提議ニ依リテ事件ノ容易ニ落著スルコト、所有權ニ關スル同一人ノ訴ニ於ケル比ニアラス、之予ノ確信スルトコロナリ。羅馬古代ノ農民ハ、耳ヲ打タレ二十五「アス」ヲ得テ滿足セリ、而カモ何人カ彼ノ眼ヲ打チ出スモノアルトキ、假令法ニ依リテ許サレタルニセヨ、彼ハ相手方ノ眼ヲ打チ出ス代リニ自ラ熟慮シ遂ニ和解ス。之ニ反シ現場ニテ竊盜ヲ捕ヘンカ、之ヲ奴隷トナシ而モ反抗セハ斬殺スルノ權能ヲ法ニ要求セリ、而シテ法ハ之ヲ認ム、前者ハ名譽肉體ニ關シ、後者ハ財產ニ關ス。

兩者ヲ連絡セシムル爲ニ第三者トシテ商人ニ就テ說明セン。將校ニ對シテ名譽タリ。農民ニ對シテ所有權タルモノハ、商人ニ對シテハ信用ナリ。信用ノ維持ハ商人ニ取リテ死活問題ナリ、商人ニ其ノ義務履行ニ怠慢ナリトノ責ヲ歸セシメタルトキハ、商人ヲ個人的ニ侮辱シ又ハ其ノ商品ヲ盜ミタルヨリモ一層商人ノ苦痛トスルトコロナリ、新法典カ、輕卒ニシテ詐欺的破產ノ刑ヲ益商人及同類ノ者ニ局限シタルハ、之レ商人ノ特別ナル地位ニ適スルモノト謂フヘシ。

予カ最後ニ述ヘタル目的ハ、權利感性ヲ單ニ階級的利益ノ標準ニ依リテ量リ以テ權利感情カ、階級、職業ノ差異ニ從ヒテ種々ノ刺激性ヲ表示スルモノナリトノ簡單ナル事實ヲ論證スルニアラス、寧ロ此ノ事實ハ、非常ニ高尙ナル意義ノ眞理、卽チ各權利者ハ其ノ權利ニ依リテ精神的生存要件ヲ防衛ストノ原則ヲ明白ニスルノ一助トナルノミナリ、何トナレハ、叙上三階級ノ各獨特ナル生存要件ヲ認メタル其ノ點ニ於テ、正シク權利感情ノ最高刺激性ノ現ハルルハ、之權利感情ノ反動カ、普通ノ感情ノ如ク單ニ性情品性ノ個々ノ動機ニ從ヒテ定マルモノニ非スシテ、寧ロ同時ニ社會的動機ノ之ニ加ハレルコトヲ示スモノナレハナリ、卽チ此ノ階級ノ特別ナル生存目的ノ爲ニ、正ニ一定ノ法制ハ缺ク可カラストノ感情之ナリ。予ノ見ル所ヲ以テセハ、權利侵害ニ對シ權利感情ノ活動スル『エネルギー』ノ程度ハ、個人、階級又ハ國民カ權利ノ價値、卽チ權利全體並個々ノ制度ノ價値ヲ自己及其ノ特種生存目的ニ對シテハ、如何ナル程度ニ感知セルカヲ測定スル安全ナル準尺ナリ。此ノ原則ハ予ニ取リテハ全ク一般的眞理ヲ含ムモノニシテ、之公權並ニ私權ニ適用セラル。種々ノ階級カ、其ノ存在ノ基礎ヲナセル總テノ制度ノ侵害ニ關シテ表示セル刺激性ハ、卽チ又種々ノ國家カ其ノ固有ノ生存方針ヲ實現セリト見ル可キ制度ノ侵害ニ關シテモ亦反復セラルルモノナリ。其ノ刺激性及制度ニ加ヘラレタル價値ノ測度計ハ之刑法ナリ。刑法立法上、刑ノ緩嚴ニ關スル著シキ差異ハ、主トシテ叙上ノ生存要件ノ見地ニ其ノ基礎ヲ置クモノナリ。各國家ハ、其ノ固有ノ生存方針ヲ危クスル犯罪ヲ極刑ニ處ス、之ニ反シテ其ノ他ノ犯罪ニ對シテハ殆ント之ト對比シ得サル迄ニ寛大ナリ、神政政體ニ於テハ、瀆神、排神ヲ以テ死罪トナシ、境堺變更ヲ單純ナル犯罪ニ適キストセリ(モーゼ法)之ニ反シテ農業國ニ於テハ、後者ヲ極刑ニ處シ瀆神犯人ニハ輕微ナル刑ヲ科セリ(羅馬古代法)商業國ニ於テハ貨幣僞造及一般僞造ヲ、陸軍國ニ於テハ不從順、服役犯其ノ他ヲ、君主國ニ於テハ君主ニ對スル犯罪ヲ。共和國ニ於テハ王權護得運動ヲ各第一位ニ置ケリ、而シテ總テノ國家ハ、此ノ點ニ於テ嚴格ヲ現シ、他ノ犯罪ニ對スル方法ト著シク異ル。要スルニ國家及個人ノ權利感情ノ反動ハ、其ノ固有ノ生存要件ヲ危クスルモノト感シタルトキニ最モ強烈ナルモノナリ(註)。

(註)予ハ叙上ノ說明ニ依リテ「モンテスキュー」カ第一ニ認メ論シタリト云フ觀念ヲ利用シタルニ過キス。

階級及職業ノ固有ノ要件カ、一定ノ法制ニ高キ意義ヲ與ヘ、而モ其ノ結果之カ侵害ニ對スル權利感情ノ感受性ヲ高メ得ル如ク、反對ニ兩者ニ對シ減少ヲモ來スコトヲ得ヘシ、從僕階級ハ、社會ノ他ノ階級ト同一ニ名譽心ヲ維持スルコト能ハス、其ノ地位ハ一定ノ服從ヲ伴ヒ、此ノ階級自ラ之ヲ忍フ間ハ、其ノ各人カ之ニ反對スルモ徒勞ナリ、此ノ如キ地位ニ在ル名譽心强キ個人ハ、同輩ト同等ナル程度ニ自己ノ要求ヲ下スカ、又ハ其ノ職業ヲ退クノ外ナシ。此ノ種ノ知覺ニシテ一般的トナリタル場合ニ於テノミ、各人ニ取リテ其ノ勢力ヲ無益ナル爭鬭ニ消耗スルコトナク階級名譽ノ水平線ヲ高ムル爲ニ同志ト協力シテ有效ニ其ノ勢力ヲ利用スルノ希望ヲ達スルコトヲ得、予ノ茲ニ謂フ所ノ意味ハ主觀的名譽心ノミナラス、社會ノ他ノ階級及立法ノ方面ヨリ客觀的ニ認識セラルルコトヲ云フ、此ノ方面ニ向ツテ、從僕階級ノ地位ハ最近五十年間ニ著シク改良セラレタリ。予カ名譽ニ關シテ述ヘタルトコロハ又所有權ニ關スル刺激性、即チ正シキ所有權觀念モ亦、不健全ナル事情及狀態ノ影響ニ依リテ減退スルコトアリ――予カ所有權觀念ト云フハ、金錢、財物ノ取得性、涉獵性ヲ云フニ非スシテ、所有者ノ雄々シキ觀念ヲ云フモノナリ、予ハ、此ノ如キ所有者ノ根本的代表者トシテ既ニ農民ヲ例示セリ、彼カ自己ノ物ヲ防衞スルハ、價値ノ對照物ナルカ故ニ非スシテ、自己ノ物ナルカ故ナリ。　屢耳ニスル如ク、予ノ物ハ予ト如何ナル關係アリヤ、曰ク生活維持、取得、收益ノ手段タルノ效アリ、然レトモ金錢ヲ涉獵スルハ、道德上ノ義務トシテ殆ント皆無ナルカ如ク、小事ノ爲ニ金錢及時間ヲ消費シ、又吾人ノ快樂ヲ阻害スル訴訟ヲ開始スルノ義務トシテモ殆ント認ムルコトヲ得ス。予ヲシテ財產ニ關シ法律上ノ主張ヲナスニ至ラシムル唯一ノ動機ハ、取得ト消費トニ當リテ予ヲ決定セシムルモノ、卽チ予ノ利益ナリ——所有權ニ關スル訴訟ハ純粹ナル利益問題ナリ。

予ハ自ラ、所有權ノ此ノ如キ解釋ヲ以テ健全ナル所有權觀念ノ墮落トナシ、而シテ其ノ原因ヲ所有權ノ自然的狀態ノ推移中ニ認ムルコトヲ得、予ハ之ニ對スル責任ヲ富裕奢侈ニ歸セス——兩者ノ中ニ於テハ何等國民ノ權利觀念ニ對スル危險ヲ認メス——寧ロ其責ハ不義ノ取得ニ在リトス、所有權ノ歷史的淵源及道義的辯明ノ根據ハ勞働ニ在リ、茲ニ勞働ト云フハ單ニ肉體的勞働ノミナラス精神的勞働及才能的勞働ヲ意味ス、而シテ予ハ、勞働ノ結果ニ對スル權利ヲ、勞働者自身ニ對シテ認ムルノミナラス又其ノ相續人ニモ認ム、卽チ予ハ相續權中ニ勞働ノ當然ノ結果ヲ發見ス、何トナレハ予ハ、勞働者カ自ラ收益セサルコト及生前ニ於ケルト等シク死後ニ於テモ收益ヲ他人ニ讓渡スルコトヲ拒ミ得サルモノト思意スレハナリ、所有權ハ勞働ト繼續的ニ結合スルニ依リテノミ常ニ新ニシテ健全ナルコトヲ得、所有者カ絕ヘス新ニ發生シ且ツ更新セラルル此ノ淵源ニ於テ、所有權ハ人類ニ對シテ如何ナル價値アルカハ、其ノ根柢迄明瞭ニ透明トナリテ能ク之ヲ洞察スルコトヲ得ルモノナリ。然レトモ此ノ潮流ニシテ其ノ淵源ヲ遠カリ、下流ノ容易、卽チ困難ナキ取得ノ域ニ達スルニ從ヒ益々潮流ハ混濁シ、遂ニ相場及詐欺的株式投機ノ泥中ニ其ノ本來ノ根跡ヲ失フニ至ル。所有權ノ道德的觀念ノ遺骸カ悉ク失ハレタル所ニハ、實際所行權保護ノ道德的義務ノ觀念ハ最早話頭ニ上ルコト能ハス、額上汗ヲナシテ糧ヲ儲ケサル可カラサル人ノ腦裡ニ所有權觀念カ活躍セルカ如ク、最早是等ノ者ハ所有權ニ對シ各々理解ヲ有セス。此ノ理由ニ依リテ作ラレタル生存ノ傾向及風習カ、他ト接觸スルニ非スンハ自ラ此ノ傾向風習ヲ作リ得サル社會ニ、漸次傳播スルハ最モ患フ可キコトナリ。投機ニ依リ得タル數十萬圓ノ勢力ハ、陋舍ニ住ム者モ之ヲ感ス、而シテ他ノ社會ニ移サルルトキハ勞働ニ基ク天惠ニ關スル自己ノ經驗ヲ悟ル者ト雖此氛圍氣ノ去勢的壓迫ノ下ニアリテハ勞働ヲ以テ單ニ呪詛ト感スルノミ――共産主義ハ所有權觀念ノ全然喪失セル沼地ニ於テノミ發達スルコトヲ得ルモノナリ此ノ觀念ノ淵源ニハ此ノ主義アルコトナシ。勢力界ノ所有權觀察ハ此ノ社會ニ局限セラレスシテ寧ロ社會ノ他ノ階級ニ及フトノ經驗ハ正反對ニ田舍ニ於テ其ノ事實ヲ證セリ田舍ニ永ク住シ常ニ農民ト接觸スル者ハ他ノ點ニ於テ其ノ狀態及人格ヲ改善スルコト能ハスト雖無意識ニ農民ノ所有權觀念及其ノ儉約ノ幾分ヲ繼承ス同一ノ人ニシテ其ノ他ノ事情全ク等シキトキハ田舍ニ於テハ農民ト共ニ儉約家トナリ、維納ノ如キ都會ニ於テハ數十萬ノ富豪ト共ニ浪費者トナルナリ。

目的物ノ價格ニシテ、此ノ思想ヲ刺激シ反抗セシメサル限リハ、安逸ノ爲ニ權利爭鬪ヲ避ケントスル冷膽ナル思想カ、何處ヨリ常ニ發生シ來リタルニ拘ラス、此ノ思想カ如何ナルモノナリヤヲ認識シ之ヲ發表スルハ、吾人ニ取リ重要ナリ。其ノ教ユル所ノ實際的哲學ハ、卑怯ノ政策ニ外ナラス、戰鬪ヨリ逃亡セシ卑怯者モ他人カ犧牲トセシモノ卽チ其ノ生命ヲ救ヒ得タラン、然レトモ之レ其ノ名譽ナル代價ヲ支拂ヒテ得タルナリ、他人カ其ノ地位ヲ固守シタルカ故ニ漸ク彼レ及其ノ社會ハ、或ル結果ニ陷ルヲ免レタリト雖モ其ノ他人カ固守セサリシナランニハ、彼カ行爲ノミナルトキハ當然此ノ結果ニ陷ルヘシ、總ヘテノ人皆彼ノ如キ思想ナランニハ、彼等ハ總ヘテノ物ヲ失フヘシ。是卑怯ナル權利拋棄ニ就テモ同一ナリ、權利拋棄ハ一個人ノ行爲トシテハ無害ナランモ、一般ノ行爲ノ準則トナランカ權利ノ滅落ヲ意味ス。此ノ如キ狀態ニ於テモ、此ノ權利拋棄ナル行爲カ最早大體ニ於テ不法ニ對スル爭鬪ヲ阻害セサル場合ニ於テノミ此ノ行爲ハ害ナキナリ、何トナレハ、曾テハ一個人ノミナラス發達セル國家ニ於テハ國權モ、亦大ニ此ノ爭鬪ニ加ハリ以テ自發的ニ個人ノ權利、生命、人格、財產ニ對スル重大ナル犯罪ヲ追及處罰セリ、卽チ警官、刑事裁判官ハ既ニ豫メ權利主體ヨリ其ノ困難ナル勞働ノ一部ヲ引受ケテ以テ自己ノ勞働トナセルヲ以テナリ。權利侵害ニ對スル追及カ、絕對ニ個人ニ放任セラレタル場合ニ於テモ爭鬪ヲシテ支離滅裂ナラサラシムルコトニ注意セリ、蓋シ各人悉ク卑怯ノ政策ニ從ハス、而モ卑怯者ト雖、係爭物ノ價格ニシテ安逸ニ勝ルトキハ少クトモ爭鬪者トナルカ故ナリ。然レ共今茲ニ權利主體カ警察及刑事裁判ノ後援ヲ得ル能ハサルニ至リタル狀態ヲ豫想シ、古代羅馬ニ於ケル如ク窃盜强盜ノ追及カ、純粹ニ被害者ノコトタル時代トナリタリト假定セハ、何人モ權利抛棄ノ結果如何ヲ洞察シ得サルモノナカランシ。此ノ如キハ又國際間ノ生活ニ於テモ認ムルコトヲ得ヘシ、蓋シ國際間ニ在リテハ各國民ハ全然自立シ、優越ナル權力ノアリテ國民ノ權利主張ヲ保護スルモノナシ、而シテ予ハ係爭物ノ物質的價値ニ從ヒテ不法ニ對スル反抗ヲ量ラントスル人生觀カ、國際生活ニ對シ何ヲ意味スルカヲ示サンカ爲ニ、叙上ノ一哩平方ノ例ヲ想起セサルヲ得ス。然レトモ一ノ格言ハ吾人カ之ヲ試驗スル每ニ、到ル所此ノ格言ノ想像タモス可カラサルモノナルコトヲ知リ、又權利ノ崩壞絕滅タルコトヲ知ル、而シテ此ノ不幸ナル結果カ例外トシテ他ノ便宜ナル事情ニ依リテ融和セラレタル場合ニ於テモ、吾人ハ之ヲ正當ナルモノト稱スルコト能ハス、予ハ此ノ如キ比較的便宜ナル地位ニ於テ此ノ格言カ及ス所ノ破壞的勢力ニ就キ後述スルノ機會ヲ得ルナラン。

故ニ吾人ハ此ノ格言ヲ否認ス、卽チ健全ナル權利觀念ヲ有スル國民又ハ個人ハ、此ノ安逸ノ道德ヲ自己ノ守ル可キ道德トナサス、此ノ道德ハ病的ニシテ且ツ不具ナル權利觀念ノ記號及產物ナリ、法ノ範圍ニ於ケル粗野ニシテ赤裸々タル物質主義ニ外ナラス。後者卽チ物質主義ト雖、此ノ範圍ニ於テハ然シ一定ノ制限內ニ於テ十分理由アルモノナリ、純粹ナル客觀的不法ノ場合ニ於テハ、權利取得、其ノ利用及實行サヘモ純利益問題ナリ——利益ハ主觀的意味ニ於ケル權利ノ實際的核心ナリ。然レトモ權利ニ敵對スル放肆ニ對シテハ、權利問題ト利益トヲ混同スル此ノ物質主義者的觀察ハ正當ナリト云フコトヲ得ス、何トナレハ赤裸々タル放肆カ權利ニ加フル打擊ハ、權利ニ關スルト同時ニ又人格ニモ關係セルヲ以テナリ。

權利ノ目的物ヲ構成セルモノノ如何ハ何等關スル所ニ非ス、物カ單ニ偶然ナル事情ニ因リテ予ノ權利內ニ入リ來ルトキハ、予自身ヲ侵害スルコトナクシテ物ヲ再ヒ權利ノ範圍ヨリ遠去クルコトヲ得ルナラン。然レトモ偶然ナル事情ニ因ルニ非ラスシテ、予ノ意思ニ依リテ予ノ權利ノ範圍內ニ入リ來リタルトキハ、物ト予トノ間ニハ連鎖ヲ生シ、而カモ予又ハ他人ノ過去ノ勞働ノ代價丈ケノ連鎖ヲ生ス――卽チ予カ物ヲ所持シ主張スル所以ハ、自己又ハ他人ノ勞働ノ一片アルカ爲ナリ、予カ物ヲ自己ノ所有物トナシタル以上ハ、之ニ予ノ人格ナル印章ヲ押捺シタルモノナリ、之ニ觸ルル者ハ、予ノ人格ニ觸ルルモノナリ、之ニ加ヘタル打擊ハ物中ニ潛在セル予自身ニ加ヘタル打擊ナリ――所有物ハ物的ニ擴張セラレタル人格ノ外面ニ過キス。

權利ト人格トノ結合ノ結果、如何ナル種類タルヲ問ハス總テノ權利ハ、彼ノ量リ難キ價値ヲ有スルニ至レリ、此ノ價値タルヤ、權利カ利益ノ立場ヨリ有スル純粹ナル有形的價値ニ對スルモノニシテ、予ハ之ヲ理想上ノ價値ト稱ス。予カ上ニ詳論セシ權利主張ニ於ケル彼ノ犧牲及「エネルギー」ハ此ノ價値ヨリ生シタルモノナリ。權利ノ理想上ノ解釋ハ俊賢ノ特權ニアラス、田夫モ紳士ト等シク之ヲ理解ス、赤貧タルト、富豪タルト、將タ又蠻人タルト文明人タルトヲ問ハス皆然リ、是此ノ理想主義カ權利ノ內性ニ基礎ヲ有スルコトノ正當ナルヲ證明スルモノナリ、卽チ此ノ主義ハ健全ナル權利觀念ニ外ナラス。夫レ故ニ人類ヲシテ表面上絕對ニ利己主義及計算ノ奧底ニ到ラシメタル權利ハ、他ノ方面ニテハ再ヒ人類ヲ理想上ノ高所ニ登ラシム、茲ニ於テ乎人類ハ其ノ習得セシ假裝的知識、計算及他ノ場合ニ於テ總テ物ヲ量ルニ用ヒタル利益ナル準尺ヲ忘却シテ、純粹且全然理想界ニ進入スルニ至ル、純粹ナル物的方面ニ於ケル散文ハ人的方面ノ法トナリ、人格主張ノ爲ニスル權利爭鬪ニ於ケル散文ハ詩歌トナル――權利爭鬪ハ性格ノ詩歌ナリ。
而シテ是等總テノ奇績ヲ作ルモノハ何ソヤ、知識ニ非ス、單純ナル痛感之レナリ、苦痛ハ危地ニ迫レル者ノ悲鳴ト救鳴ナリ、是物質的組織ニ於ケルト等シク精神的組織ニ於テモ認メラルル所ニシテ、法律家及法理學者ニ於ケル權利觀念ノ研究ハ、恰モ醫師ニ於ケル人體組織ノ病理學ノ如シ、否一層適切ニ云ハハ此クアル可キナリ、何トナレハ既ニ此クナレリト云フハ事態ヲ顚倒セルカ故ナリ。權利感念ノ病理學中ニハ權利ノ全秘密ヲ包含ス。權利カ侵害セラルルニ當リ人ノ受クル苦痛ハ、權利カ彼ニ取リテ如何ナル價値アリヤ、卽チ第一ニ彼一假人ニ取リ次ニ人類社會ニ取リテ如何ナル價値アリヤニ關シテ、壓出セラレタル本能的自白ヲ包含セリ。此ノ一瞬間ニ於テハ、苦痛ハ權利ノ眞價眞髓ニ關スル愛情ノ形式及直感ノ形式ニ於テ表ハルルコト永年間平穩ニ權利ヲ行使セル場合ヨリモ著シ、自己又ハ他人ノ此ノ苦痛ヲ嘗メタルコトナキ者ハ、假令法典全部ヲ記臆スト雖、權利ノ何タルカヲ知ラサルモノナリ、此ノ問題ハ決シテ理知ニ依リテ解スルコト能ハス、感情ニ依リテノミ解スルコトヲ得ヘシ、夫レ故ニ總テノ權利ニ關スル心理的源泉ヲ權利感情ナル文字ニテ示シタルハ正當ナリ、權利知覺、法的確信ハ國民ノ知ラサル科學上ノ語ナリ――權利ノ威力カ感情ニ基クコト恰モ愛情ノ威力カ感情ニ基クカ如シ、理知モ見識モ感情ノ欠缺ヲ補充スルコト能ハス、愛情カ屢愛自心ヲ知ラス而モ之ヲ完全ニ自覺スルニハ唯一ノ原因アレハ足ルカ如ク、權利感情モ不意ノ狀態ニ於テハ普通其ノ何者ナルカ、又其ノ中ニ何者ノ潛在セルカヲ知ラス、然レトモ權利侵害ハ苦々シキ問題ニシテ遂ニ權利感情ヲシテ發言セシメ、眞理ヲ明ニシ、而シテ其ノ威力ヲ現出セシムルモノナリ。此ノ眞理ハ何處ニ存スルカニ付テハ予既ニ業ニ論セリ――權利ハ人類精神的生活要件ナリ、之カ主張ハ自己ノ精神的自衞ナリ。

權利感情ノ侵害ニ對シ事實上反應スル腕力ハ、之此ノ感情ノ健不健ノ試金石ナリ、此ノ感情ノ受クル苦痛ノ程度ハ、危急ニ迫レル財物ニ對シテ如何ナル價値ヲ附セルカヲ知ラシムルモノナリ。然レトモ危險防禦ノ爲ニ苦痛中ニ存スル諫告ニ留意スルコトナクシテ苦痛ヲ感スルハ、換言セハ卽チ自己ヲ保護スルコトナクシテ苦痛ヲ忍フハ是權利感情ニ戾ルモノナリ、個々ノ場合ニ於テハ或ハ其ノ事情ニ依リテ恕ス可キモノナリト雖、之カ永久ニ亘ルトキハ權利感情其ノ者ニ對シ有害ナル結果ヲ及ホササルヲ得ス、是權利感情ノ本質ハ行爲ニシテ、此ノ行爲カ不必要トナリタル場合ニハ此ノ感情ハ萎縮シ、漸次全ク遲鈍トナリ、終ニハ苦痛ヲ感スルコト殆ント無キニ至ルヘシ、刺激性卽チ權利侵害ノ苦痛感能力ト行爲力卽チ攻擊々退ノ勇氣及決心ハ、予ノ見ル所ヲ以テセハ是健全ナル權利感情ノ一個ノ徵表ナリ。

予ハ權利感情ノ病理ナル興味アリ且ツ豐裕ナル論題ニ就テハ是以上論セス、只二三ノ註解ヲ加フルニ止メントス。權利感情ノ刺激性ハ總テノ個人ニ同一ニ非スシテ、個人階級、國民カ、各自己ノ精神的生活要件トシテ權利ノ價値ヲ感スル程度ニ從ヒ夫々强弱アルモノトス、但シ一般ノ權利ノミナラス、個々ノ法制ノ價値ヲ云フ、所有權及名譽ニ就テハ既ニ論セリ、第三ノ事情トシテ婚姻ニ就キ附言セン――婚姻ノ種類ニ伴フ結果如何、個人、國民、立法ノ差異ニ從ヒ姦通ニ對スル措置如何。

權利感情ニ於ケル第二ノ動機卽チ行爲力ハ、純粹ナル性格問題ナリ、權利侵害ニ對スル個人又ハ國民ノ態度ハ、其ノ性格ノ確實ナル試金石ナリ、性格ナル意味ヲ、內存セル自己主張ノ完全ナル人格ノ意味ニ解スルトキハ、此ノ性格ヲ試驗スルニハ放肆ニ依リテ人格ヲ侵スニ勝レル好機會ナシ、權利感情及人格感情カ侵害セラルルニ當リ感情ノ影響ニ依リ野蠻ニシテ熱情的行爲ノ形式ヲ以テ之ニ反抗スルト、眞面目ニシテ而モ忍耐的反抗ノ形式ヲ以テスルトハ、權利感情ノ威力ノ强度ヲ量ル標準トナルモノニ非ス、第一ノ形式ヲ採ルヲ普通トスル野蠻人ハ、第二ノ手段ヲ採ル文明人ヨリモ權利感情熱烈ナリトスルヨリ大ナル誤謬ナシ。然レトモ此ノ形式ハ多少教育及性格如何ノ問題ナリ、野蠻、猛惡、熱烈ハ確心、不撓、忍耐ト相對立ス、然ラスンハ不都合ナラン卽チ個人及國民ハ教育ヲ增スニ從ヒテ其ノ權利感情ヲ失フト說クモノアリ、然レトモ歷史及市民生活ヲ一瞥セハ此ノ思想ヲ否定スルニ充分ナリ。又等シク貧富ノ差異ハ之ヲ決定スルモノニアラス、富者及貧者カ物ヲ量ル價値ノ標準ハ如何ニ異ルト雖、既ニ上述セシ如ク權利侵害ニ際シテハ此ノ標準ハ毛頭適用セラルルモノニ非ス。蓋シ此ノ場合ニ於テハ物ノ物質的價値ニ關スルニ非スシテ、權利ノ理想上ノ價値ニ關スレハナリ、卽チ財產ノ特別ナル方面ニ於テ權利感情ノ勢力ニ關スレハナリ、而モ財產ノ作ラレタル方法カ之ヲ決定スルニ非スシテ、權利感情ノ作ラレタル方法カ之ヲ決定スルモノナリ。英國民ハ之ニ對シテ最良ノ證明ヲ與フ、卽チ英人ノ富ハ其ノ權利感情ヲ害スルコトナシ、而シテ單純ナル所有權問題ニ於テ權利感情其ノ者ヲ確實ニセン爲ニハ如何ナル「エネルギー」ヲモ惜マサルナリ、吾人ハ大陸ニ於テ旅行セル英人ノ『タイプ』トナル典型ニ依リテ之ヲ確信スルノ機會ニ屢遭遇セリ、旅館ノ主人又ハ辻馬車ノ馭者カ詐欺ヲ働カントスルヤ、英人ハ古英國ノ權利ヲ防禦スルカノ如キ勇氣ヲ以テ之ニ對抗シ、緊急ニ際シテハ其ノ出立ヲ延期シ、數日滯在シ、而モ自ラ仕拂ヲ拒ミタル金額ノ十倍ノ多キヲ費シテ顧サルナリ。之ヲ笑フ者ハ英人ヲ知ラサルナリ、彼ヲ笑ハンヨリハ彼ヲ知ル可キナリ。何トナレハ英人カ此場合ニ防禦シタル些細ナル金錢ノ中ニハ、實際古英國ノ含マルレハナリ、彼カ故鄕祖國ニ於テハ、各人彼ヲ知ルカ故ニ彼ヲ騙ルコトヲ容易ニスルモノナシ、墺國人ヲ同一ノ地位ニ置キ、同一ノ財產關係ヲ同一ノ地位ニ置カシカ、彼ノ行動果シテ如何、此ノ點ニ關スル予ノ見聞セル所ニシテ信用ス可クンハ、英人ノ例ニ傚フ者百分ノ十ナシ、論爭ノ不快及注目ヲ忌ミ自己ノ誤解ノアランコトヲ恐ル、此ノ誤解ハ本國ニ於テ英人ノ恐ルル所ニアラス、大陸ニ於テ彼カ平然其ノ責ヲ引受クル所ナリ、卽チ支拂フノミ。英人ノ拒絕シ墺人ノ支拂フ「グルド」ノ中ニハ英國ノ一部、墺

國ノ一部ヲ含ミ、全國ノ數百年間ノ政策上ノ發達及社會的生活ノ存在セルヲ見ルナリ。(註)

(註)茲ニ此ノ文章ハ維納ニ於テ予カナシタル講演中ヨリ出シタルコトヲ讀者カ忘レサランコトヲ希フ、維納ニ於テハ墺人ト英人トヲ比較スルヲ最モ適當トス、此ノ比較ハ多方面ヨリ惡感ヲ以テ迎ヘラレ誤解セラレタリ、單ニ墺國ノ同胞ニ對スル溫情卽チ權利感情ヲ彼國人ノ心中ニ活躍セシメン爲メニ予ノ微力ヲ捧ケントスル希望カ終ニ此ノ文章ヲ作ラシメタルコトヲ察セスシテ、予カ非友情的觀念ヲ抱クモノナリトセリ、然レトモ之大ナル誤ナリ、而シテ維納高等學校ニ敎授トシテ送リタル予ノ四ケ年間中予カ誤解セラルル原因殆ントナカリシ爲ニ其ノ去ルニ當リテハ、反對ニ深甚ナル感謝ノ念ヲ以テ送ラレタリ、予ハ予カ上記ノ講演ヲナスニ至リタル動機ト之レヲナシタル意向トハ墺國ノ讀者ニ依リテ益々正當ニ評價セラレタルコトヲ確信ス。

## (四)

予ハ從來叙上二節ノ中、第一卽チ權利爭鬪ハ權利者ノ自己ニ對スル義務ナリトノ節ヲ說明スルニ努メタリ、今ヤ更ニ進ミテ第二ニ入リ權利ノ主張ハ公共ニ對スル義務タルコトヲ說カン。

本節ヲ論スルニ當リテハ法ト權利トノ關係ヲ稍々精細ニ觀察スルノ必要アリ。此ノ關係ハ如何ナル點ニ存スルカ、前者ハ後者ノ前提ヲナス、卽チ抽象的法則ノ存在條件カ存スル所ニ於テノミ權利ハ存スト說明セハ、現行觀念ヲ完全且忠實ニ述ヘタルモノト信ス。通說ハ兩者ノ相互的關係ハ之ヲ以テ盡キタリトセリ、然レトモ此ノ觀念ハ全然一方的ニシテ權利カ法ニ從屬スルコトヲ絶對ニ論スルノミニシテ、此ノ如キ關係ハ反對ノ方面ニモ等シク存スルコトヲ觀過セリ。權利ハ法ヨリ生命ト威力トヲ受クルト同時ニ又之ヲ法ニ返還ス、法ノ本質ハ實際的ニ之ヲ實行スルニ在リ實行ニ無關係トナルカ又ハ再ヒ實行スルコト能ハサルニ至レル法規ハ法規タルノ資格ナク權利ナル機械ノ不具ナル發條ニ過キス、何等ノ働ナク之ヲ取去ルモ決シテ他ニ變化ヲ及スコトナシ。此ノ原則ハ少シノ制限ヲモ受クルコトナク法ノ總テニ適用セラルルモノニシテ、國法タルト刑法タルト、將タ又私法タルトヲ問ハサルナリ、而シテ羅馬法ハ之ヲ明示的ニ是認シ、法ノ發止原因トシテ不使用(desuetudo)ヲ認メタリ、之永年適用セサルコト(nonusus)ハ權利ノ消滅ニ等シキナリ、於茲乎公法及刑法ノ法律上ノ實行ハ是ヲ國家ノ官廳ノ義務トナシ、私法ノ實行ハ私人ノ權利トナス、卽チ私人ノ自由意思及自由活動ニ放任ス。前ノ場合ニ於テハ、國家ノ官廳及官吏カ其ノ義務ヲ履行スルト否トニ係リ、後ノ場合ニ於テハ私人カ其ノ權利ヲ行使スルト否トニ係ル。後者カ或事情ニ際シ之ヲ中止スルトキハ、自己ノ權利ヲ知ラサルニ出ルト、安逸又ハ卑怯ニ出ツルトヲ問ハス、法規ハ事實上不具トナル。私法法規ノ眞價、卽チ實際的威力ハ權利行使ニ依リテ證明セラル、一方ニ於テ私人ハ自己ノ生命ヲ法律ニ依リテ維持スルト等シク、他方ニ於テ私人ハ法律ニ生命ヲ賦與ス、法ト權利トノ關係ハ恰モ心臟ヨリ出テテ心臟ニ入ル血液ノ循環ノ如シ。

公法法規ノ實行問題ハ、官吏ノ義務忠實ニ關シ、私法法規ノ實行問題ハ、權利者ヲシテ其ノ權利卽チ利益及權利感情ヲ主張セシムルニ至リタル動機ノ效力ニ因ル。官吏カ其ノ職務ヲ拒ミ、權利感情遲鈍ニシテ、利益カ、安逸、爭鬪ニ對スル嫌惡、及訴訟ニ對スル恐怖ニ打チ勝ツニ不十分ナルトキハ、法規ハ適用セラレサルニ至ルノ簡單ナル結果トナル。

然ラハ其ノ結果如何ト予ニ詰問スルモノアラン、然レトモ之ニヨリテ苦ム者ハ權利者ニ外ナラス、予叙上ノ比喩、卽チ個人カ戰爭ヨリ逃亡スルノ比喩ヲ再ヒ繰返サン。若シ戰鬪ニ從事スル者千人ナリトセハ、一個人ノ逃亡ヲ追及スルモノナカラン、然レトモ軍旗ヲ捨テヽ逃亡スル者百人ナランカ、忠實ニ防衞セル者ノ地位ハ次第ニ危險トナリ、反抗ノ全負擔ハ彼等ノ頭上ニノミ落下シ來ルナリ。予ハ此ノ比喩ニ依リテ事物ノ眞相ヲ適當ニ證明シ得タリト信ス。私法ノ範圍ニ於テモ亦不法ニ對スル權利ノ爭鬪行ハレ、吾人總テ强固ニ團結スルヲ要スル全國民ノ共同爭鬪アリ、此ノ場合ニ於テモ逃亡者ハ、各々共同事業ニ對シ背反罪ヲ犯スモノナリ、何トナレハ彼ハ敵ノ膽力ト勇氣トヲ高メ以テ敵勢ヲ强ムルモノナレハナリ。若シ放肆、擾亂ニシテ其ノ頭ヲ擡クルトキハ、是常ニ法律保護ノ爲ニ任命セラレタル者カ、其ノ義務ニ不忠實ナルコトヲ證明スルモノナリ、然レトモ私法ニ於テハ法律保護ノ爲ニ、各人ハ各々其ノ範圍內ニテ其ノ位置ノ儘ニテ法律ノ監督者、執行者トシテ任命セラレタルモノナリ、彼ニ屬スル權利ハ、其ノ利益ノ範圍內ニ於テ法律ノ爲ニ爭鬪シ而モ不法ヲ防ク爲ニ國家ニ依リテ與ヘラレタル全權ナリト解ス可キナリ、卽チ官吏ハ無條件且ツ一般的要求ヲ受クルニ反シ、私人ハ條件附且ツ特別要求ヲ受クルモノナリ。自己ノ權利ヲ主張スル者ハ、彼ノ狹キ範圍ニ於テ權利全體ヲ保護ス、從ツテ此ノ彼カ行動ノ利益及結果ハ遙ニ彼一身ニ止ラス。此ノ行動ニ關聯セル一般的利益ハ、法律ノ權威及尊嚴ヲ主張スルノ理想的利益ノミナラス、更ニ各人ノ感知シ得可キ現實的ニシテ最モ實際的利益ナリ、而シテ此ノ現實的利益ハ理想上ノ利益ヲ毫モ解セサル者ト雖之ヲ解スルコトヲ得、卽チ各人カ其ノ分ニ應シテ利益ヲ受ケタル取引界ノ確固タル秩序カ、保證サレ正當ニ維持セラルルノ利益ナリ。若シ雇主カ僕婢條令ヲ敢テ適用セス、債權者カ債務者ヲシテ擔保ラ提供セシメス、買主ハ正確ナル秤目及定價ヲ尊重セサルトキハ、之ニ依リテ法律ノ理想上ノ權威及尊嚴ヲ害スルノミナラス、更ニ市民生活ノ現實的秩序ヲ破ルニ至ルヘシ、信用制度ハ之カ爲ニ著シク打擊ヲ被リ、其ノ有害ナル結果ノ及ブ範圍ハ豫メ明言スルコト困難ナリ、何トナレハ予ノ明白ナル權利ヲ行使スル爲ニ予ハ爭鬪ヲ演セサル可カラストセハ、予ハ出來得ヘクンハ寧ロ之ヲ避クルナラン――然ラハ予ノ資本ハ故郷ヲ去リテ外國ニ赴クヘク、予ノ商品ハ故郷ニ求メスシテ之ヲ外國ニ仰クヘシ。

此ノ如キ事情ニ於テハ、法律ヲ適用セントスル勇氣アル小數者ノ運命ハ眞ノ殉教トナル可ク、放肆ヲシテ活動ノ餘地ヲ有セシメサル彼等ノ勢力的權利感情ハ正ニ彼等自身ヲ呪フモノトナル、其ノ自然ノ同盟者タリシ者ヨリ置去リニセラレテ、彼等ハ只獨リ、一般ノ懶惰ト卑怯トニ依リテ擴大サレタル無法狀態ニ對抗シ、而モ重大ナル犧牲ヲ拂ヒテ終局迄自己ニ忠實ナリシトノ滿足ヲ得タル時、彼等ノ得ル所ハ、一般ノ承認ニ非スシテ只嘲笑侮蔑ノミ。此ノ如キ狀態ニ對スル責任ハ、法律ヲ侵シタル人民ニ在ラスシテ、寧ロ之ヲ維持スル勇氣ヲ有セサル人民ニ在リ。權利カ其ノ地位ヨリ放逐セラレタル時、訴フ可キハ不法ニ非スシテ、不法ヲ自己ノ頭上ニ來ラシメタル權利ナリ、而シテ予カ『不法ヲ爲ス勿レ』『不法ヲ許ス勿レ』トノ二句ヲ社會ノ實際的價値ニ從ヒテ評價センニ、第一原則ハ『不法ヲ許ス勿レ』ニシテ『不法ヲナス勿レ』ハ第二原則ナリト云ハン、何トナレハ人カ如何ニ不法ヲ爲サントスルモ、權利者ノ強固ナル決心アル反抗ヲ受クルコト確實ナルトキハ、既ニ此ノ反抗確實ナリトノ一事ニ依リテ不法ヲ侵スニ至ラサルモノニシテ、假リニ此ノ反抗ナキモノトシテ考ヘタル場合ニハ、根本ニ於テ單ニ道德命令ノ力ノミヲ有スル命令ニ依リテ不法ヲ侵スニ至ラサルヨリモ更ニ有力ナレハナリ。

斯ク論シ來リタル後ニ於テ今ヤ予カ、侵害セラレタル權利ノ保護ハ單ニ權利者自身ニ對スル義務タルノミナラス又公共ニ對スル義務ナリト主張スルモ敢テ過言ニ非ラサルヘシ。權利者ハ其ノ權利ニ依リテ法律ヲ防衛セルト同時ニ、法律ニ依リテ公共ノ缺ク可カラサル秩序ヲ防衛ストノ予ノ所論ニシテ眞ナランカ、此ノ防衛ハ社會公共ニ對スル義務トシテ、彼レ權利者ニ存スルコトヲ否認スル者ナカラン、若シ社會カ、其ノ生命身體ヲ賭セサル可カラサル外敵ニ對スル戰爭ノ爲ニ彼ヲ召集スルコトヲ得ルモノトセハ、換言セハ各人ハ公共ノ利益ノ爲ニ外敵ニ對シ兵役ニ服スルノ義務ヲ負フモノトセハ、此ノ義務ハ國内ニ於テモ亦認ム可キニ非サルカ。國内ニ於テモ總テノ忠良勇武ノ士ハ一致團結シ以テ外敵ニ對スルト等シク内敵ニ向ッテ進擊ス可キニ非サルカ。而シテ外敵ニ對スル戰鬪ニ於テ卑怯ナル逃亡ハ、公共ニ對スル背反ト認ムル如ク、此ノ場合ニ於テモ同一ノ非難ヲ免ルコトヲ得ンヤ。法ト正義ハ、裁判官カ常ニ準備シテ其ノ椅子ニ坐シ、警官カ其ノ捕吏ヲ派遣スルコトノミニ依リテ發達スルモノニ非ス、各人ハ、宜シク其ノ分ニ應シテ協力スル所ナカルヘカラス。各人ハ放肆無法ノ『ヒドラ』カ其ノ頭ヲ擡ケンカ、之ヲ蹂躙スルノ職分ト義務トヲ負フ、法ノ恩惠ヲ受ケタル各人ハ、法律ノ權力ト威嚴トヲ維持スル爲ニ其ノ分ニ應シテ貢獻スル所ナカル可カラス、要スルニ各人ハ、社會ノ利益ノ爲ニ、權利ノ爲ニ鬪フ生來ノ鬪士ナリ。

予ハ予ノ此ノ解釋ニ依リテ、個人ノ權利行使ニ關スル個人ノ職分カ非常ニ高メラレタルコトニ就テハ注意スルノ要ナシ。予ノ解釋ハ、從來ノ學說ニ依リテ敎ヘラレタル法律ニ對スル純一方的ナル繼承的態度ニ代フルニ、相互的關係ヲ以テシタルモノナリ、之ニ依リ權利者ハ、法カ彼ニ賦與スル働ヲ再ヒ法律ニ返還セルモノナリ、是重大ナル國民的問題ニ對スル協力ニシテ、予ハ權利者ニ此ノ職分アリトナス。權利者カ、自ラ此ノ協力ヲ此ノ如キモノト解サルヤ否ヤハ全ク、無關係ナリ、何トナレハ道德上ノ社會秩序ナルモノハ、之ヲ理解セル人ノ働ニ依リテ維持セラルルノミナラス、社會秩序ノ命令ニ對シ理解ヲ缺如セル者ヲモ無意識ニ協力セシムルニ有效ナル方法多キコトハ、是社會秩序ノ上ニ於テ重大且高尙ナルコトナレハナリ。人カ結婚センドスルヤ、甲者ニアリテハ人類總テノ本能中最モ高尙ナルモノカ其ノ動機トナル可ク、乙者ニアリテハ粗野ナル肉體的快樂、丙者ニアリテハ安逸、丁者ニアリテハ貪慾カ各々其ノ動機トナラン――然レトモ是等ノ動機ハ悉ク人ヲ結婚ナル一様ノ結果ニ導クモノナリ、之ト等シク權利爭鬪ニ於テモ、甲者ハ無趣味ナル利益ニヨリ、乙者ハ其ノ遭遇セル權利侵害ノ苦痛ヨリ、兩者ハ義務ノ感情又ハ權利觀念ヨリ各々爭鬪スルニ至ル、然レトモ彼等ハ總テ共同ノ仕事、卽チ放肆ニ對スル爭鬪ノ爲ニ相互ニ提携スルモノナリ。

茲ニ於テ吾人ハ權利爭鬪ノ理想的頂點ニ達セリ、卽チ吾人ハ、利益ナル低級ノ動機ヨリ昇登シテ、人格ノ精神的自衛ナル見地ニ進ミ、而シテ終ニ公共ノ爲ニ個人カ權利觀念ヲ實行セントテ相協力スルノ見地ニ至レリ。

予ノ權利カ侮辱セラレ否認セラルルトキハ、權利全體カ侮辱セラレ否認セラルルモノナリ、之ニ反シテ予ノ權利カ防衞セラレ主張セラレ而モ恢復セラレンカ、權利全體カ防衞、主張、恢復セラレタルナリ、夫レ此クノ如クシテ自己ノ權利ノ爲ニスル權利主體ノ爭鬪ハ、實ニ高尚ナル意味ヲ有スルニ至レリ。一般的ナルカ故ニ理想的ナル權利上ノ利益ハ其ノ下ニ純然タル個人ノ氛圍氣、個人利益、目的、熱情ノ範圍ノ深ク横ハレルヲ見ルナリ、是等ノ中ニ於テ素人ハ權利爭鬪ノ唯一ノ動機ヲ認ムルニ過キス。

然レトモ此ノ高所ハ餘リニ高キニ在ルカ故ニ、今尙法理學者ニ依リテノミ認識セラレテ、何人ト雖權利ノ理想ノ爲ニ訴訟ヲナス者ナシト云フモノアラン。予ハ此ノ主張ヲ否定スル爲ニ羅馬法ヲ參照スルコトヲ得、此ノ理想的精神ノ事實ハ、公衆訴訟ノ制度(註)ノ中ニテ明瞭ニ表示セラルルニ至レリ、然レトモ吾人カ現代ニ此ノ精神ナシト云ハハ是現代ヲ知ラサルナリ、放肆ニ依リテ權利ノ迫害セラルルヲ見テ忿怒、精神上忿恚ヲ感スル吾人ハ此ノ理想的精神ヲ有スルモノナリ、何トナレハ自ラ受ケタル權利侵害ニ依リテ喚起セラレタル感情ハ、利己的動機ヲ含ムト雖、其ノ感情ハ權利觀念カ人心ニ及ホセル精神的威力ニ基クモノナレハナリ、卽チ權利ニ關スル害惡ニ對シ、有力ナル道德的性質ノ反抗ナリ、權利感情カ自ラ提供シ得ル最善最高ノ證據ナリ――是道德上ノ出來事ニシテ、詩人ノ構想力並ニ心理學者ノ觀察ニ對シ面白ク且富裕ナルモノナリ、予ノ知ル所ヲ以テセハ、此ク突然有力ナル變化ヲ人心ニ喚起シ得ル感情ハ他ニ之ヲ見ス何トナレハ最モ溫和且和解シ易キ性質モ、之ニ依リテ熱情的狀態ニ變シ得ルハ明白ナレハナリ――是其ノ有スル最モ高尙ナルモノ、卽チ其ノ深キ核心ニ觸レタルノ證ナリ。是精神界ニ於ケル雷鳴ノ現象ナリ、卽チ爆發ノ突然、直接、激烈ナルニ依リ、卽チ颶風的根本的ニシテ總テヲ忘却シ、總テヲ征服スル道德力ノ支配ニ依リ、雷鳴ノ形式ハ高莊ニシテ權威アリ、而シテ更ニ其ノ衝動ト作用トニ依リ同時ニ其ノ形式ハ宥和的ニシテ向上的ナリ――是世界ニ對スル如ク、權利主體ニ對スル精神上ノ換氣法ナリ、然レトモ實際、權利ハ之ヲ保持セスシテ放肆ヲ保持スル制度ニ依リテ權利主體ノ制限的力カ破碎セラルル時ハ、暴風ハ主謀者自ラヲ逆擊シ而シテ彼ハ後述セントスル權利感情ノ侵害ヨリ生シタル所ノ犯人ノ運命ヲ送ルカ、然ラスンハ不法ニヨリテ勇氣ナキ迄ニ惱マサレ、心底ニ殘レル針刺ノ爲メ精神上ノ出血ヲナシ、而モ權利ニ對スル信念ヲ失フ如キ悲運ニ泣クニ至ル。

(註)法ニ精通セサル讀者ノ爲ニ一言セン此ノ訴訟(actiones populares)ハ自ラ欲スル人ニハ何人ニモ法律ノ代表者トシテ出頭シ、法律違犯者ヲ問責スルノ機會ヲ與フルモノナリ、但シ公衆全體及原告ノ利益ニ關スル場合例ヘハ、公共ノ往來ヲ妨害シ又ハ危險ナラシメタル行爲ノミナラス、自ラ防衞スルコト能ハサル私人ニ對シテ犯シタル不法ノ場合、例ヘ

ハ法律行爲ニ於テ未成年者騙取、被後見人ニ對スル後見人ノ不忠實、高利貸的利息ノ强取ノ場合ノ如シ、是等ニ關シテハ拙著「羅馬法精神」三版三卷一章百十一頁以下ヲ見ヨ、此ノ訴訟ハ自己ニ利害ナクシテ、權利ハ權利ノ爲ニ防衛ストノ理想的精神ノ奬勵ヲ包含セリ、此ノ中二三ノ訴訟ハ被告ヨリ徵收シタル罰金ヲ原告ニ與ヘ以テ全ク通俗ノ利欲心ニ訴ヘタルモノナリ、故ニ丁度是等ノ訴訟否寧ロ其ノ營業的設備ニハ吾獨逸ニ於ケル告訴手數料收得ノ目的ヲ以テスル告訴ニ於ケルト同一ノ缺點アリ、近世ノ法律ニ於テハ第一種ノ訴訟ハ消滅セシモ叙上ノ第二種ノ大部分ノ訴訟ハ既ニ後世ノ羅馬法ニ於テハ消滅セシコトヲ云ハハ讀者各々之ニ對シテ如何ナル推斷ヲナス可キカヲ知ラン、卽チ其ノ基礎セシ公共心ナル前提ノ滅落ヲ知ラン。

今ヤ殊ニ權利觀念ニ對スル惡行侮蔑ヲ以テ、自己一身ニ對スル侮蔑ヨリモ一層痛切ニ感シ而モ仰制セラレタル權利ニハ凡テ自己ニ利害關係ナキニ拘ラス、之ヲ全ク自已ノモノト認ムル所ノ者ノ此ノ理想的權利精神――今ヤ殊ニ此ノ理想主義ハ高位ニ身ヲ置ク者ノ特權ヲ形成セリ、然レトモ不法ニ際シ自己ノミヲ感シ、彼ノ理想的發奮ヲ缺如セル冷淡ナル權利感情ト雖、予カ既ニ權利ト法律トノ關係ヲ約言シテ予ノ權利ノ侵害ハ權利全體ノ侵害ニシテ之カ主張ハ又後者ノ主張ナリト說キタルヲ十分ニ理解セリ此ノ解釋カ正シク世ノ法律家ニ餘リ認メラレスト云ハハ好ンテ奇ヲ說クカ如キモ實ハ然ラサルナリ、彼ノ觀念ニ從ヘハ、權利爭鬪ニ當リ法律ハ何等之ニ關係セスト、然リ爭鬪ノ中心ヲナスモノハ抽象的ナル法律ニ非スシテ具體的權利ノ形ニ於ケル法律ノ化身ナリ、或ル程度ニ於ケル法律ノ光像ナリ、此ノ中ニ權利ハ固定シ、其ノ中ニ於テ屢々直接ニ爭ノ的トナル、予ハ此ノ解釋カ專門的法律ニ必要ナルコトヲ是認ス、然レトモ之ヲ是認スルカ爲ニ、敢テ法律ヲ權利ト共ニ第一段ニ置キ、其ノ結果後者ノ侵害ヲ同時ニ法律ノ侵害ト認ムル所ノ反對ノ觀察方法ヲ是認スルコトヲ拒マサルナリ、幼稚ナル權利感情ニ取リテハ第一ノ觀察方法ヨリモ第二ノ觀察方法カ非常ニ理解シ易キモノナリ、之カ最良ノ證明ヲナスモノハ、彼ノ獨逸語及拉甸語ニ存スル立言ナリ、卽チ訴訟ニ當リ獨逸ニ於テハ原告ニヨリ『法律ニ訴フ』ト云ヒ、人ハ訴訟ヲ『法律訴訟』(legis actio)ト云フ。　法律其ノ者カ問題トナリ、各個ノ場合ニ解決セラレサルヘカラサルモノハ法律ノ爭ナリ――此ノ解釋ハ古代ノ法律訴訟手續ヲ理解スルニ殊ニ重要ナリ、故ニ此ノ觀念ニ於テハ權利爭鬪ハ同時ニ法律爭鬪ナリ、爭訟ニ際シテ問題トナルハ、權利主體ノ利益卽チ法律ノ具體化セラレタル各個ノ關係ノミナラス法律モ亦問題トナル、換言セハ法律ノ流動的光線ヲ捕捉シ固定シ而シテ法律其ノ者ニ觸ルルコトナクシテ破壞毀損シ得ル所ノ彼ノ光像ノミナラス法律其ノ者モ侮辱蹂躪セラルルナリ、法律ニシテ若シ空莫ナル遊戲詩歌タルヘキニ非ルナラハ、宜シク之ヲ主張セサルヘカラス、然ラスンハ被害者ノ權利ト共ニ法律ハ崩壞セン。

予カ簡單ニ法律ト權利トノ共同責任ナル語ヲ以テ示サント欲スル此ノ觀念ニ依リテ、兩者ノ關係ハ其ノ深キ根底ニ於テ解釋説明セラレタルコトハ既ニ予ノ上述シタル所ナリ、然レトモ此ノ觀念ハ、高尙ナル各種ノ解釋ヲ理解シ能ハサル素朴ナル利己主義ノ解シ得サルカ如ク深遠ナルモノニ非ス、實際彼ハ恐ラク此ノ觀念ニ對シテ怜悧ナル眼識ヲ有セン、何トナレハ彼カ爭鬪ニ當リ國家ヲ同盟者トシテ誘引スルハ彼ノ利益ト一致スレハナリ。而モ之ニ依リテ彼ト雖不知ノ間、自己及自己ノ權利ヲ超越シ權利者ヲ法律ノ代表者トナス所ノ理想ニ到達セリ。假令權利主體ハ、自己ノ利益ナル狹隘ナル見地ノ下ニ眞理ヲ認識防衛スト雖眞理ハ依然トシテ眞理ナリ。アントニオノ身體ヨリ一磅ノ肉ヲ截斷セン爲ニシヤイロツクヲシテ法廷ニ立タシメタルモノハ嫌惡ト復讐ナリ、然レトモ詩人カ彼ヲシテ曰ハシメタル語ハ、他ノ何人ノ口ヨリ出ツルモ又彼カ口ヨリスルモ等シク眞理ナリ、之レ總テノ時總テノ場所ニ於テ常ニ權利感情ノ語ル所ノ言ナリ、卽チ權利ハ依然トシテ權利タラザル可カラズトノ確信ノ力ナリ、其ノ不撓ナリ、其ノ關係セル事件ハ彼一個ノミナラス法律全體ニ關スルコトヲ知レル人ノ活氣ト激昂ナリ。一磅ノ肉ト沙翁ハ彼ヲシテ曰ハシメヌ、

予カ要求スル一磅ノ肉ハ

汝ヨリ買ヒタリ、予ノモノナリ、而モ予ハ之ヲ得ントス
汝等之ヲ拒マンカ、自ラ汝等ノ法律ニ唾スルモノゾ！
然ラハウヱニスノ法ハ何等ノ權威ナカラン、
――予ハ法律ヲ要求ス。
――予ハ茲ニ予ノ證書ヲ主張ス。

『予ハ法律ヲ要求ス』。詩人ハ此ノ數語ヲ以テ能ク權利ノ法律ニ對スル眞ノ關係ヲ示セリ、如何ナル法理家ト雖之ヨリモ一層適切ニ論シ得ルモノナカラン、此ノ語ト共ニ事件ハシヤイロツクノ權利主張ヨリ遽ニウヱニスノ法律問題トナレリ、彼カ此ノ語ヲ發シタル時、其ノ容姿ノ莊嚴ニシテ偉大ナル果シテ如何ナリシソヤ、一磅ノ肉ヲ要求スル者ハ

既ニ猶太人ニ非ス、裁判所ノ書架ニアリテ鼓動セルヴヱニスノ法律ナリ、――何トナレハ彼カ權利トヴヱニスノ權利トハ、一ナリ、彼カ權利ト共ニ後者其ノ者モ消滅ス、而シテ卑劣ナル詭智ニ依リ彼カ權利ヲ空シカラシメタル所ノ判決ノ重荷ノ爲ニ(註)彼カ崩壞シタル時、苦々シキ嘲笑ヲ受ケ、悄沈シテ歩ヲ運ヒ去リシ時、彼ト共ニヴヱニスノ法ハ曲ケラレヌ、潛行セシ者ハ猶太人シヤイロツクニ非スシテ中世ニ於ケル猶太人ノ表徵的典型、卽チ權利ヲ求ムレトモ得ル能ハサル社會ノ賤民ノ典型ナリトノ感ヲ禁シ得サル者果シテ何人ソヤ！、彼カ運命ノ慘劇ハ、權利カ彼ニ賦與セラレサリシニ根據スルニ非ス、中世ノ猶太人カ權利ニ對スル信念ヲ有セシニ據ル――彼ハ基督ノ如シト云ヒ得ン――權利ニ對スル鐵石ノ如キ信念ハ、何物ト雖惑ハス能ハス、而モ是裁判官ノ養育セシ所ナリ、此ノ時ニ當リテ落雷ノ如キ激變ハ彼カ頭上ニ爆發シ、從來ノ迷想ヨリ彼ヲ脫セシメ、彼ハ權利ヲ與ヘラルレトモ之ニ依リテ欺カレ、中世ノ侮蔑セラレタル猶太人ニ外ナラサルコトヲ敎ヘタリ。

(註)予ノ見ル所ヲ以テセハ、シヤイロツクノ吾人ニ惹起セシメタル大ナル悲劇的興味ハ正ニ之ニ基ク彼ハ事實其ノ權利ノ爲ニ欺カレタルモノナリ、法律ハ少クトモ事件ヲカク見サル可カラス、自ラ法理ヲ作ルハ勿論詩人ノ自由ナリ、而シテ吾人ハ沙翁カ之ヲ作リタルヲ、否寧ロ古キ物語ヲ其ノ儘維持シタルヲ慨クモノニ非ス、然レトモ法律家ニシテ之ニ批評ヲ加ヘントセハ該證書ハ善良ノ風俗ニ反スル內容ヲ含ムカ故

ニ證書自體ハ無效ナリト云ハサル可カラス、故ニ裁判官ハ最初ヨリ此ノ理由ニ依リテ證書ヲ拒絶ス可カリシナリ。然ルニ裁判官ハ之ヲナサス、白人ダニエルハ證書ヲ有效ナラシメタル後、既ニ其ノ者ニハ生ケル肉體ヨリ一磅ノ肉ヲ截斷スル權利アルコトヲ判決シタルニ拘ラス當然之ニ附隨セル血出ヲ禁セルハ卑劣ナル口實ナリ悲シム可キ詭辯ナリ、是恰モ裁判官カ地役權者ニ其ノ權利ノ行使ヲ認ムニ拘ラス、地役權設定ノ際ニ條件トセサリシトノ理由ニ依リテ足跡ヲ印スルコトヲ禁スルカ如シ、シヤイロツクノ話ハ既ニ羅馬ニアリシコトハ殆ント信シテ可ナリ、何トナレハ十二銅票ノ編者ハ、債務者ノ身體ヲ截斷スルニ關シ(in partes secare)債權者ハ其ノ肉片ノ大サニ付テハ自由ナル可キコトヲ明言スルコトヲ必要トセルヲ以テ知ル可シ(Si plus minusve sec uerint, sine fraude seto)——本文ニ表ハレタル見解ニ對スル攻撃ニ付テハ序文ヲ見ヨ

シヤイロクノ比喩ハ、ハイソリヒ、フオンクライトカ精密

ナ眞理ナルヲ以テ著シタル小說『ミケール、コールハス』ノ歷史的且詩的ナルヲ想起セシム。シヤイロツクハ悄沈シテ立チ去リ、彼ノ力ハ破ラレ、反抗力ナクシテ裁判ニ服セリ、ミケール、コールハスニ於テハ然ラサルナリ。卑劣ナル方法ニ依リテ輕蔑セレタル彼カ權利ヲ遂行スル總テノ手段ノ盡キタル後、粗暴ナル王室裁判官ノ行爲カ彼ニ權利行使ノ途ヲ閉塞シタル後、而シテ正義ハ其最高ノ代表者即チ領主ヲモ不法ニ左袒セシメタル後、彼カ粗暴ニ對スル無限ノ悲痛ノ念ハ征シ難ク、彼ハ『人間トシテ脚下ニ蹂躪セラレンヨリハ寧ロ犬タルヲ欲ス』ト又彼カ決心强固ニシテ『予ニ法律ノ保護ヲ禁スルモノハ予ヲ荒野ノ蠻人中ニ放ツモノナリ、彼ハ予自ラヲ保護スル棍棒ヲ予ニ與フルモノナリ』ト叫ヒヌ。彼ハ卑ム可キ正義ノ掌中ヨリ其穢ハシキ劍ヲ奪取シ之ヲ揮ヒテ遂ニ全國ヲシテ恐怖ト驚愕トヲ以テ滿タサシメ腐敗セル國家制度ノ關接ヲ震動セシメ、而モ君主ヲシテ其ノ君位ニ在リテ戰慄セシメタリ。然レトモ彼ヲ激勵セシメタルハ復讐ノ蠻情ニ非ス、彼ハ『空氣ト土地ト海洋トヲシテ幼狠ト鬪ハシメンカ爲ニ、天地ノ間ニ暴動ノ角笛ヲ吹カント欲シ』權利感情ノ侵害ヨリ全人類ニ對シ宣戰セシカール、モールノ如キ奪略殺人ノ徒トナラス、寧ロ彼ヲ驅テ茲ニ至ラシメタルモノハ道德上ノ觀念ナリ、卽チソノ受ケタル侵害ニ對スル自己ノ滿足ト、將來ノ侵害ニ對スル同胞ノ保證トハ、社會ニ對スル彼カ目下ノ義務ナリトノ道德上ノ觀念ナリ。此ノ爲ニ彼ハ總テノ思ヲ犧牲トセリ、卽チ其ノ家族ノ幸福、尊敬セラレタル自己ノ名聲、財產、生命ヲ犧牲トセリ、而シテ目的ナキ破壞的戰爭ヲ爲スコト無ク、唯債務者及彼ト共ニ公共事業ニ關係セシ所ノ總テノ人ニ對シテ戰ヒタリ、而シテ自己ノ權利ヲ得ルノ希望ノ成ルヤ、自ラ武器ヲ捨テタリ。然レトモ恰モ彼ハ、非常ナル悔慢ノ結果ハ、當時ニ於ケル權利及名譽ノ喪失ヲ來スモノナルコトヲ、彼カ實例ニ依リテ明ニセン爲ニ選ハレタルモノノ如ク、遂ニ自由護送ト特赦トノ恩典ヲ受クルコト能ハスシテ刑場ノ露ト消エタリ。然レトモ彼レミケールニハ固ヨリ依然トシテ權利ハ認メラレ、人間トシテノ資格ヲ主張シタルモノナリトノ思想ハ彼ヲシテ死ヲ恐レシメサリキ。社會ト神靈トハ彼ト共ニ宥和シ、彼ハ覺悟シ易々トシテ絞首吏ノ命ニ從ヒタリ。此ノ法律劇ニ對シ如何ナル觀察ヲカ下サン、人ニシテ潔白善良、其ノ家族ニ對スル愛情ト、小兒ノ如キ純良ナル精神トニ充テル時ハ、其ノ敵ノ隱遁セル都市ヲ劍ト火トニ依リテ絶滅セル一人ノアッチラトナラン。是何ニカ因ル、是彼ヲ終ニ征服セントスル總テノ敵ノ有スルニ勝レル道德上高尚ナル彼カ性質ニ因ルモノナリ、卽チ彼カ權利ニ對スル高キ尊敬、其ノ神聖ニ對スル信念、及眞正健全ナル權利感情ノ實力ニ因ルモノナリ。而シテ彼ノ運命ノ悲劇カ深刻ナルハ、彼カ性質ノ特長ト高尚ナル所以ヲ爲セルモノ即チ權利感情ノ理想的發奮、換言セハ權利觀念ノ爲ニ總テヲ忘レ、總テヲ犧牲トスル英雄的盡粹カ、當時ノ憫ム可キ社會ト衝突シ、高慢ナル權門富豪ノ徒ト衝突シ、義務ヲ忘レタル卑怯ナル裁判官ト衝突シテ遂ニ彼レカ破滅ヲ來スニ至リタルニ原因ス。彼カ破碎セシモノハ、二倍三倍ノ重荷トナリテ、曾テ彼ヲ暴力ニヨリテ權利ノ正道ヨリ無法ノ邪道ニ驅逐シタル君主、官吏裁判官ノ頭上ニ落下シ來レリ。何トナレハ彼カ受ケサルヲ得サリシ不法ハ、之ヲ如何ニ過大ニ見積ルモ――少ナクトモ無垢ナル道德的權利感情ニ取リテハ――神命ニ依リテ設ケラレタル官廳ニ依リ行ハレタルモノモ之ニ及ハサルコト遙ナレハナリ、而シテ官廳自カラ法ヲ破ル、吾人ノ語ヲ以テ適切ニ云ハハ、法律的殺人ハ法ノ眞ノ死罪ナリ、法律ノ保護者及監督者ハ法律ノ殺戮家ト變ス――病者ヲ殺スモノハ醫師ナリ、被後見ヲ絞殺ス者ハ後見人ナリ、古代羅馬ニ於テハ收賄裁判官ハ死刑ニ處セラル、法ヲ破リタル裁判官ニ對シテハ、權利感情ノ侵害セラレタルヨリ生シタル暗澹タル非難アル犯人ノ外ニ破壞的彈劾者アルコトナシ――是犯人自身ニ悲シム可キ裏面ナリ、金錢ニ左右セラルル黨派的裁判官ノ犧牲者ハ、殆ト暴力的ニ權利ノ正道ヨリ突出サレ自ラ權利ノ復讐者、執行者トナリ、而モ屢々直接ノ目的ヲ捨テ置キ社會ノ不倶戴天ノ敵トナリ、掠奪者、殺戮者トナリヌ、然レトモ其ノ高尚ナル道德的性質ニ依リテ此ノ邪道ニ入ルヲ防キシ者モ亦ミケールコールハスノ如ク犯人トナリ邪道ノ刑ヲ受ケテ權利感情ノ殉死者トナレリ、殉死者ノ血ヲ流スヤ、決シテ徒爾ナラスト云フ人アラン、然リ、彼ニアリテハ眞ナリ、而シテ彼カ忠告的裏面ハ、尚長キ間彼カ受ケタルカ如キ權利ノ暴行ヲシテ不能ナラシムルニ十分ナリシナラン。

予カ茲ニ特ニ此ノ裏面ヲ誓盟セシ所以ハ、此ノ感動的例示ニ依リテ、法制ノ不完全ナル爲ニ有力ニシテ理想的性質ノ權利感情ニ滿足ヲ與ヘ能ハサル場合ニ、如何ナル邪路カ此ノ感情ヲ脅迫セルカヲ示サンカ爲ナリ。(註)故ニ法律ノ爲ニスル爭鬪ハ法律ニ對スル爭鬪ニシテ、權利感情ヲ保護ス可キ權力ニ依リテ放棄セラレタル此ノ感情ハ、自ラ法律ノ基礎ヲ捨テテ、自助力ニ依リ以テ愚昧、惡意、無力ノ禁スル所ヲ得ンコトヲ努ム。但シ此クノ如キ法律狀態ニ對シ、國民的權利感情ヨリ彈劾反抗ヲナス者ハ、特ニ有力又ハ亂暴ナル個々ノ人々ニ非ス、此ノ彈劾反抗ハ時々一定現象ノ形式ニ依リ全國民ノ方面ヨリ反復セラルルモノナリ。此ノ現象ハ、國民又ハ一定階級カ之ヲ觀察シタル其ノ性質ニ從ヒ、又ハ利用シタル其ノ方法ニ從ヒ、予ハ之ヲ國家制度ノ國民性的補充物及半面ト稱スルヲ得ヘシ。是ニ屬スルモノハ中世ニ於ケル秘密裁判及私鬪權ナリ。是當時ノ刑事裁判ノ無能又ハ偏重及國權ノ無力ニ對スル著シキ證據ニシテ、現今ニ於テ決鬪ノ制度ハ、名譽侵害ニ對シ國家ノ科スル刑罰カ社會ノ或階級ノ名譽心ヲ滿足セシムルヲ得サルコトヲ事實上ニ證明スルモノナリ、之ニ屬スルモノハコルシカ人ノ血的復讐及米國ノ國民裁判卽チリンチ法ナリ。是等總テノモノハ國家制度ト國民又ハ階級ノ權利感情トノ不調和ヲ證スルモノニシテ、如何ナル場合ニ於テモ、是國家ニ對シ或ハ國家カ是等ヲ必要トセリトノ非難又ハ國家カ之ヲ許容セリトノ非難ヲ含ムモノナリ。國法カ是等ヲ禁止スルト雖、事實上、抑壓スル能ハサル間ハ、是等ハ個人ニ取リテハ重大ナル爭鬪ノ原因トナルコトアリ、國家ノ命令ニ服從シテ血的復讐ヲ爲サヽルコルシカ人ハ同胞ノ侮辱ヲ受ケ、國民性的權利觀念ノ抑壓ニヨリ血的復讐ヲ爲ス者ハ裁判官ノ復讐的掌中ニ陷ル、是我獨逸ニ於ケル決鬪ノ場合ノ如シ、決鬪ヲ以テ名譽ニ對スル義務トナス場合ニ於テ之ヲ拒ム者ハ其ノ名譽ヲ害シ、是ヲ行フ者ハ罰セラル——參加者ニ取リテモ裁判官ニ取リテモ等シク苦シキ地位ナリ、古代羅馬ニ於テハ之ニ類似セル現象ヲ索ムルモ得ルコト能ハス、是國家制度ト國民的權利感情ト相一致セルカ故ナリ。

(註)カール、エミル、フランツオースハ其ノ先覺者クライストトハ全ク獨立シテ非常ニ興味アル方法ニヨリ予ノ著者ヲ基礎トセル小說『權利爭

鬪』中ニ此ノ問題ヲ描ケリ、ミケール、コールハースハ彼自身ノ權利カ卑怯ナル方法ニ依リ侵害セラレタル故ニ戰爭セリ、然ルニ此ノ小說ノ英雄ハソノ住セル自治團體中ニ於テハ彼カ最モ長老ナル其ノ團體ノ權利カ侮辱サレタルニ依リ戰爭ヲナスニ至レリ、而モ此ノ權利ヲ承認セシムル爲ニ總テノ正當ナル手段ヲ盡シ大ナル犧牲ヲ拂ヒタレトモ終ニ無效トナレリ、故ニ彼カ權利爭鬪ノ動機ハ、ミケール、コールハースノ場合ヨリモ更ニ高尙ナリ、自己一身ノ爲ニハ何等望ム所ナク只他人ノ爲ニ總テヲ望ミタル權利ノ理想主義ナリ、予ノ著書ノ目的ハ該作者ノ問題ヲ解決シタル妙技ヲ十分明ニスルコトヲ許ササレトモ、予カ本文ニ於テ論シタル問題ニ對シ興味ヲ有スル讀者ヲシテ此ノ詩的作物ニ對シ最モ切ニ注意セラレンコトヲ希望シテ已マサルナリ、此ノ小說ハクライストノ「ミケール、コールハース」ニ對シ價値アル半面ヲナスモノニシテ眞理及熱烈ナル力ノ心理描寫ヲナシ何人ト雖、非常ナル感動ヲ以テ該小說ヲ手ニセサルモノナシ。

（五）

予ハ茲ニ個人カ自己ノ權利ノ爲ニスル所ノ爭鬪ニ關スル觀察ヲ終レリ。吾人ハ爭鬪ヲ惹起スル動機ノ段階ニ從ヒテ爭鬪ヲ觀察シ、純然タル利益打算ノ根本ヨリ遡リテ人格及倫理的生存、要件ヲ主張スル所ノ理想界ニ進ミ、最後ニ正義觀念實行ノ見地ニ到達セリ。此頂點ヨリ一步ヲ誤ランカ、權利觀念ノ侵害ニヨリテ生シタル犯人ヲ不法ノ深淵ニ陷ラシムルモノナリ。

然レトモ爭鬪ノ利益ハ、私權又ハ私人ノ生活ニ限ラルルモノニアラス、寧ロ遙ニ之ヲ超越セリ。國民トハ要スルニ個人ノ總計ニ過キス、個人カ感シ、思考シ、行動スル如ク、國民モ感シ、思考シ、行動ス。個人ノ權利感情カ私權ニ關シテ遲鈍怯懦冷淡ナルトキハ、又不當ナル法律或ハ惡制度ニ依リテ生スル障碍ノ爲ニ此ノ感情カ自由且ツ有力ニ進展スルノ餘地ナキトキハ、徒ラニ之カ保護奬勵ヲ期待スルニ汲々トシ、其ノ結果不法ヲ忍ヒ、曾テ變更シタルコトナキモノヲ以テ道理アルモノト見ルノ慣習ヲ生ス。個人ニ關スルニ非スシテ全國民ニ關スル權利侵害ノアリシ時、卽チ國民ノ政治上ノ自由ニ對スル加害、憲法ノ破壞若クハ變更又ハ外敵ノ攻擊アリシ時、誰レカ此ノ如キ萎縮シ屈服シ冷淡ナル權利感情カ突如奮起シテ活氣アル感情及勢力的活動トナルニ至ランコトヲ信スルモノアランヤ。自己ノ權利ヲ勇悍ニ防衛スルノ習慣ナキ者ハ如何ニシテ公共ノ權利ノ爲ニ進ンテ自己ノ生命財產ヲ賭スルノ必要ヲ感センヤ。安逸ト怯懦ノ爲ニ正當ナル權利ヲ抛棄シ、名譽ト人格ニ對スル抽象的損害ヲ解シ能ハサル者、或ハ又權利ノコトニ關シ常ニ物質的利益ノ準尺ヲ用フルニ慣レタル者、吾人ハ此クノ如キ者カ、國民ノ權利名譽ニ關スル場合ニ、如何ニシテ他ノ準尺ヲ用ヰ他ヲ考フルコトヲ豫期シ得ンヤ。從來常ニ現レ來ラサリシ思想ノ理想主義ハ何處ヨリ現レ來ル可キ。然リ國法上ノ權利及國際法上ノ權利ノ爲鬪フ所ノ鬪士ハ私權ノ鬪士ニ外ナラス、私權ノ事態ニ同化セル性質ハ彼ヲ驅テ市民ノ自由戰爭及外患ニ赴カシム――私權中ニ蒔カレタル種子ハ國法上ノ權利及國際法上ノ權利ノ中ニテ其ノ果實ヲ生ス、彼ハ私權ナル低級ニ在リテ生活ナル瑣事ニ於テ著々彼ノ力ヲ組成シ蒐集シ、國家ノ要スル精神上ノ資本ヲハ他日國家ノ目的ノ爲ニ大ニ使用シ得ンカ爲ニ之ヲ蓄積セサル可カラス、國民ノ政治的敎育ヲ與フル眞ノ學校ハ、私權ニシテ國權ニアラス、而シテ國民カ、必要ナル場合ニ其ノ政治的權利及國際法的地位ヲ如何ニシテ防衛セルカヲ知ラント欲セハ、個々ノ同胞カ私的生活ニ於テ如何ニシテ自己ノ權利ヲ主張セルカヲ見ヨ。予ハ既ニ爭鬪好キノ英人ノ例ヲ引用セリ、而シテ茲ニハ只叙上ノ說明ヲ繰返サンノミ。英人カ頑固ニ爭ヒタル一「グルド」ノ中ニハ英國ノ政治的發達ヲ包含ス。各人カ瑣事ニ關シテモ勇悍ニ其ノ權利ヲ主張スルコト一般的風儀トナレル國民ニ對シ、何人ト雖、彼カ有スル最高ノモノヲ奪取セントスルモノナシ、故ニ內ニ於テハ最高ノ政治的發達ヲ示シ、外ニ對シテハ最大ノ威力發揚ヲ示セル古代ノ國民卽チ羅馬國民カ同時ニ最モ發達セル私法ヲ有セシコトハ是偶然ニ非ルナリ。權利ハ理想主義ナリト云ハハ奇ヲ語ルト云ハンモ、而モ權利ハ理想主義ナリ、空想ノ理想ニ非スシテ性格ノ理想主義ナリ、卽チ自己ノ核心ヲ侵サレタル時、自己ヲ最終ノ目的ト觀シ他ノ總テノ物ヲ尊重セサル人ノ理想主義ナリ。自己ノ權利ニ對スル攻擊カ何人ヨリ來ルモ、卽チ個人ヨリスルモ、自己ノ政府ヨリスルモ、將又外國ヨリスルモ彼ニ對シテハ何等ノ效果ナシ、此ノ攻擊ニ對スル反抗ヲ決スルモノハ攻擊者ノ如何ニ依ルモノニ非スシテ寧ロ權利感情ノ『エネルギー』ニ依ル、卽チ常ニ自己ヲ主張スル道德力ニ依ルモノナリ。故ニ內外ニ對スル國民ノ政治的地位ハ常ニ其ノ道德力ニ一致スト云ヒシハ永久ノ眞理ナリ、彼ノ中華民國ハ其ノ人民ニ於テ幾億ヲ算スト雖、未タ曾テ小ナル瑞西ノ名譽アル國際法上ノ地位ヲ得タルコトナシ、瑞西人ノ天性ハ藝術及詩的ノ意味ニ於テ確カニ理想的ニ非ス、冷靜ニシテ實際的ナルコト羅馬人ノ天性ノ如シ、然レトモ予カ從來權利ニ關シテ用ヒシ『理想的』ナル意味ニ於テハ、此ノ語ハ英人ニ適スルト等シク瑞西人ニ適スルモノナリ。

此ノ健全ナル權利感情ノ理想主義カ、單ニ自己ノ權利ヲ防衛スルニ局限セラレテ、更ニ一般ノ權利及秩序ノ維持ノ爲ニ左袒スルコトナキトキハ、其ノ個有ノ基礎ヲ埋沒スルモノナリ。是自己ノ權利ニ依リテ權利全體カ防衛セラルルコトヲ示スノミナラス、權利全體ニ依リテ自己ノ權利カ防衛セラルルコトヲ示スモノナリ、嚴格ナル正義ニ對シ、此ノ氣性此ノ精神カ普及セル社會ニ於テハ、彼ノ混濁セル現象ヲ見ント欲スルモ得サルナリ。然ルニ他ノ社會ニ於テハ屢之ヲ見ル、卽チ國民ノ大多數ハ官廳カ犯人、卽チ法律違犯者ヲ追跡又ハ捕縛セントセハ、後者ノ黨派ニ加入ス、換言セハ國權ヲ以テ國民自然ノ敵トセリ。此ノ場合何人モ權利ニ關スル事柄ハ自己ノ事ナルコトヲ知ル――犯人ニ同情スル者ハ只犯人自身ニシテ公明ナル人ノ爲ス所ニ非ス、後者ハ寧ロ好ンテ警官及官廳ニ助力ヲ提供セン。

以上論述セシ所ニ對シテ結論ヲ與フルノ必要殆ントナシ。語ハ簡單ナリ、曰ク、外國ニ對シテハ名聲アラントシ、國內ニ於テハ强固不撓ナラントスル國家ニトリテ、國民的權利感情ヲ保護教育スルヨリ貴重ナルハナシ、此ノ注意ハ政治教育ノ最高最要ノ任務ナリ、健全且ツ有力ナル個人ノ權利感情ノ內ニ、國家ハ其ノ威力ノ豐富ナル淵源ト內外ニ對スル國家在立ノ確實ナル保證トヲ有ス、權利感情ハ全樹木ノ根源ニシテ、此ノ木根カ何等ノ效果ヲ表ハスナク、涸化シテ瓦礫トナリ、荒廢セル土砂トナルトキハ、他ノ總テノモノハ幻夢ナリ、暴風一過セハ全樹倒レン、然レトモ莖幹枝葉ハ、木根カ土中ニ在リテ露出セサル間認メラルルノ利アラン、不當ナル法律ト惡法制トカ國民ノ道德力ニ加フル破壞的勢力ハ地下ニ行ハル、卽チ幾多ノ自稱政治家ノ注意ヲ惹カサル地方ニ行ハル、彼等ノ重キヲ措ク所ハ單ニ華麗ナル枝葉ニ過キス、而モ木根ヨリ上リテ枝葉ニ至ル毒液ハ彼等ノ夢想タニセサル所ナリ。然ルニ專制家ハ樹木ヲ倒サン爲ニハ何處ニ斧鉞ヲ下ス可キカヲ知ル、彼ハ先ツ枝葉ニ觸レスシテ木根ヲ破壞ス、彼ハ到ル處、私權ノ干涉ト個人ノ虐待ヲ始ム彼カ之ヲ完フセハ樹木ハ自ラ倒ル、故ニ先ツ第一ニ彼ニ反抗スルヲ要ス。而シテ羅馬人カ、羅馬王國及其ノ大憲章ヲ破壞スル原因ハ、女性ノ貞操及名譽ニ對スル侵害ナルコトヲ認メタルトキ、彼等ハ之ニ對スル措置ヲ熟知セリ。農民ノ自由ナル自信ハ苛稅苦役ニ依リテ破壞セラレ、市民ハ警察ノ下ニ置カレ、旅行ノ許可ハ旅劵下附ニヨリ、租稅ハ我儘勝手ニ割リ付ケラル。雄雄シキ自信ト國民ノ道德力トヲ死滅セシメ、壓制ヲシテ無敵ノ地ニ侵入セシムル爲ニハ、マキヤベリノ如キ者ト雖、之ニ優レル良策ヲ案出スルコト能ハサルヘシ。專制及放肆カ通過セシ門戶ハ、實際其ノ當時ニ於テ外敵ニ對シテモ亦開放セラレアルコトヲ豫期セス、而モ敵ノ目前ニアルヤ、初メテ識者ハ、國民ノ道德力及權利感情カ、外敵ニ對シ有效ナル要砦ヲ築キ得ルコトヲ認ムルモ既ニ後シ。農民及市民カ封建的專制的放肆ノ對照物タリシ時代ニ於テハ、エルサス、ロートリンゲンハ獨逸ニトリテハ失ハレタリ――其ノ國ノ住民及同胞カ、自己ニ對スル念ヲ忘レタルニ、如何ニシテカ國家ノ爲ヲ思ハンヤ。

然レトモ時既ニ遲レタル後、歷史ノ教フル所ヲ初メテ知ルハ是吾人ノ罪ナリ、吾人カ之ヲ早ク知ラサルハ歷史ノ關スル所ニ非ス、何トナレハ歷史ハ常ニ之ヲ高聲明瞭ニ說ケルナリ。國民ノ力ハ、其ノ權利感情ノ力ト同意義ナリ、國民的權利感情ノ教養ハ、國家ノ健康及其ノ勢力ノ教養ナリ、此ノ教養ノ下ニ在リテハ、勿論學校及教育ニ於ケル正義ノ原則ノ理論上ノ實行ヲ知ラスト雖、總テノ生活關係ニ於ケル其ノ實際上ノ實行ヲ了解ス。　然シ權利ノ外部的構成ハ教ヘラレスト雖、此ノ外部的構成ハ完全ニ整頓シ而モ取扱ニ容易ナルカ故ニ、最高ノ秩序ヲ發生スルコトヲ得ルナリ、然ルニ叙上ノ要求カ著シク輕蔑サルルコトアリ、法律ト秩序トハ猶太人ノ隷屬物、卽チ猶太人保護ノ關稅ナリキ、而シテ過去ニ於ケル其ノ他多數ノ法規及制度ハ、健全有力ナル要求ト矛盾スルコト著ルク、恐ラク之ニ依リテ國家自身カ蒙リタル害ハ、是等ニ依リテ最初ニ苦シミシ農民、市民及猶太人ヨリモ多シ。　實體法ノ强固、明瞭、確定、健全ナル權利感情ト衝突スル所ノ總テノ法規ヲ、私法ノミナラス警察、行政及財政法等總テノ範圍ヨリ除去スルコト、裁判ノ獨立、訴訟制度ノ可及的完成――是等ハ國民ノ權利感情並國家自身ノ力ヲ完全ニ發展セシムル爲ニ國家ニ取リテ要求サレタル方法ナリ。　國民ニ依リテモ此クノ如キモノト思考セラレタルニ拘ラス、其ノ實不正ナル各規定若クハ惡ム可キ制度ハ、國民ノ權利感情及國民ノ力ヲ害スルモノ、卽チ法ノ理想ニ對スル害毒ニシテ、是國家自體ヲ害シ、國家ハ之カ爲ニ屢利息ニ次クニ利息ヲ拂フノ破目ニ陷ラサル可カラス――場合ニヨリテハ國家ハ其ノ一州ヲ失フコトアリ。　予ハ單ニ此ノ目的ニ適應センコトヲ顧慮スルノ餘リ、此ノ害毒ヲ避クヘキモノナリトノ意見ヲ有スルモノニ非ス、予ハ寧ロ此ノ理想自體ノ爲ニ此ノ理想ヲ實現スルヲ以テ、國家ノ神聖ナル義務トス。然レトモ是恐ラク學理上ノ理想ナラン、故ニ假令實際的政策家及政治家カ肩ヲ聳カシテ此ノ推定ヲ拒絶スルト雖、予ハ敢テ之ヲ非難セサルナリ。然リ、予ハ此ノ故ニ彼カ十分ナル知識ヲ有スル問題ノ實際的方面ヲ彼ニ對シテ指示シタルモノニシテ、法ノ理想ト國家ノ利益ハ相提携ス、惡法ノ下ニ長ク健全ナル權利感情發生スルコトナク、遲鈍トナリ、萎縮衰頽ス、何トナレハ權利ノ本質ハ屢云フ如ク行爲ナリ、權利感情ニ對シ行爲ノ自由ノ必要ナルハ恰モ大焰ニ對シ自由ナル空氣ノ必要ナルカ如シ、一度行爲ノ自由ヲ禁シ又ハ制限センカ權利感情ハ消滅ス。

（六）

既ニ論題盡キタルカ故ニ茲ニ筆ヲ止メントス、然レトモ讀者ハ、本書ノ目的ト密接ノ關係ヲ有スル問題ニ對シテ、諸君ノ注意ヲ向クルニ吝ナラサルヘシ、其ノ問題トハ卽チ如何ナル範圍ニ於テ現行法、否正確ニ言ヘハ共通ノ現行羅馬法カ叙上ノ要求ニ適セルカノ問題ナリ。予ハ此ノ羅馬法ニ就キテハ斷案ヲ下スニ當リ此ノ問題ヲ斷然否認スルニ躊躇セス、卽チ此ノ羅馬法ハ健全ナル權利感情ノ正當ナル要求ト相去ルコト遠シ、是恐ラク諸處ニ不正ナル點多キカ故ニ非スシテ、其ノ大部分カ予ノ以テ健全ナル權利感情ノ本質トナセルモノト正反對ナル觀察方法ニ依リテ支配セラルルカ故ナリ、卽チ權利侵害ヲ以テ單ニ權利ノ目的ノ侵害ト爲サス、寧ロ人格其ノ者ノ侵害トナス所ノ理想主義ニ反スルカ故ナリ、吾普通法ハ此ノ理想主義ヲ保護スルニ何等努力スルナク、名譽毀損ノ場合ヲ除キテハ、總テノ權利侵害ヲ量ルニ唯單ニ物質的價値如何ノ準尺ヲ以テセリ、是レ普通法ニ最モ明瞭トナレル所ノ無味平坦ナル物質主義ナリ。

然レトモ所有物ニ關スル場合ニ、法ハ被害者ニ對シ係爭物又ハ其ノ價格以外ニ何物ヲモ保證ス可キニ非ルカ、若シ之ヲ正當ナリトセハ、盜品ヲ返還セハ盜人ヲモ放免シテ可ナルコトヽナランヽ然レトモ盜人ハ被害者ニ對シテノミナラス、國法ニ對シ、法律上ノ秩序ニ對シ、又道德律ニ對シ罪ヲ犯シタルモノナリト反駁スルコトヲ得ヘシ。故意ニ借金ノ返濟ヲ拒ム債務者、契約ヲ破ル賣主若クハ賃貸人、又ハ騙取セン爲ニ自己ノ受ケタル信用ヲ濫用スル受信者ハ、是盜人ト同一行爲ヲナスモノニ非ルカ。予カ是等ノ者ト久シク爭ヒタル後得タル所ハ、予カ最初ニ所有セシ所ニ過キストセハ、予ノ侵害セラレタル權利感情ハ滿足ス可キモノナリヤ。予カ正當ト認ムルニ躊躇セサル所ノ此ノ滿足ノ要求ヲ除クモ、兩者ノ間ニ於ケル自然的平均ノ混亂夫レ甚シ、卽チ訴訟ノ不利益ナル結果ニ依リテ受クル危險ハ、一方ニ在リテハ自己ノ物ヲ失フニアリ、他方ニアリテハ不法手段ニ依リテ得タル物ヲ單ニ返還スルニ過キス、又勝訴ノ利益ハ、一方ニ在リテハ何等ノ損失ナシト云フニ在リ、然ルニ他方ニ在リテハ相手方ノ費用ニ依リテ自ラ利益シタルニ在リ、是正ニ破廉恥ナル詐欺ヲ奬勵シ背信行爲ニ賞ヲ附スルモノニ非スヤ、之ハ予カ現行法ヲ只事實ニ於テ指示シタルニ過キス。

吾人ハ此ノ責ヲ羅馬法ニ歸スルコトヲ得ヘシ、

予ハ此ノ點ニ於テ羅馬法ヲ其ノ發達ニ從ヒテ三段ニ分ツ、卽チ第一段ヲ熱烈ナルコト無限ニシテ未タ自制ノ域ニ達セサル古代法中ノ權利感情トナシ、第二段ヲ中世法ノ中庸ヲ得タル權利感情ノ力トナシ、第三段ヲ後ノ帝政時代殊ニ儒帝法ニ於ケル權利感情ノ衰頽萎縮トス。

彼ノ最低級ナル發達程度ノ權利感情ノ有スル形態ニ關シテハ既ニ以前研究シ發表セリ、故ニ茲ニハ其ノ結果ヲ略述セン。古代ノ刺激的權利感情ハ總テノ侵害若クハ自己ノ權利ニ對スル抵抗ヲ解釋スルニ主觀的不法ノ見地ヲ以テシ、相手方ノ責任ナキコト若クハ其ノ責任ノ程度ヲ計算セス、從ツテ責任アル者ニ對シテ要求スル賠償モ然ラサル者ニ對シ要求スル所モ共ニ相等シ。明白ナル債務(nexum銅衡行爲)若クハ相手方ノ物品ニ加ヘタル損害ヲ否認スル者ハ、敗訴ノ場合ニ二倍ヲ支拂フ、之ト等シク所有物返還請求ノ訴ニ於テ占有者トシテ果實ヲ取リタル者ハ、之カ二倍ヲ償ハサル可カラス、尙其ノ外ニ主トシテ敗訴ノ場合ニ訴訟賭金(sacramentum)ノ喪失ヲ生ス、若シ訴訟ニ敗ルトキハ原告モ同一ノ刑ヲ受ク、何トナレハ彼ハ他人ノ財物ヲ要求シタル故ナリ、訴訟ノ目的トナリタル債務ニシテ其ノ他ノ點ニ於テハ十分理由アルモ其ノ額ニ於テ些少ノ差異アルトキハ、原告ハ其ノ要求ノ全部ヲ失フモノトス。

古法ノ是等ノ制度及法規ノ或ルモノハ、新法ニ繼受サレタレトモ、新法中ノ新シク單獨ニ作ラレタルモノハ異リタル精神ヲ有ス、一語ヲ以テ云ヘハ其ノ精神ハ獨特ノ性質ヲ有ス、卽チ私法ノ總テノ關係ニ責任ナル標準ヲ設ケテ之ヲ適用セルコト是ナリ。客觀的不法ト主觀的不法トハ嚴ニ區別セラレ、前者ハ單ニ負フ所ノ目的物ヲ返還スルニ過キサレトモ、後者ハ尚此ノ外ニ一定ノ刑罰ヲ受ク、或ハ罰金ナルコトアリ、或ハ名譽喪失ナルコトアリ、而シテ正當ナル範圍ニ於テ刑罰ヲ保存スルハ、正ニ中世羅馬法ニ於ケル健全ナル思想ノ一ナリ。受寄物ヲ否認シ又ハ之ヲ押領セン爲ニ背信行爲ヲナシタル受寄者、又ハ自己ノ受信地位ヲ自己ノ利益ノ爲ニ利用シ若クハ其ノ義務ヲ怠リタル受任者又ハ後見人カ、單ニ物ノ返還ニヨリ若クハ簡單ナル損害賠償ノミニヨリテ免除セラル可キモノナルコトハ、羅馬人ノ好マサル所ニシテ、彼等ハ更ニ其ノ刑罰ヲ要求セリ、是一ハ以テ侵害セラレタル權利感情ヲ滿足セシメ、他ハ以テ他人ヲシテ同一ノ不法ヲ恐レシムルノ目的ニ出ツ、其ノ適用シタル刑罰中名譽喪失ヲ以テ第一位トス、之レ羅馬ノ社會ニ於テハ想像シ得ヘキ極刑ノ一ナリ。何トナレハ是ハ其ノ受クル社會上ノ排斥ノ外ニ尚政治上ノ權利喪失、即チ政治上ノ死ヲ伴フカ故ナリ。此ノ名譽喪失ハ權利侵害カ特別ノ背信行爲タルノ性質ヲ有スル場合ニハ常ニ生スルモノナリ、之ニハ尚財產刑ノ加ハルモノニシテ、羅馬人ハ之ヲ使用セシコト甚タシク決シテ吾カ獨逸ニ於ケル比ニアラス。不法行爲ニヨリ他人ヲシテ訴訟ヲ提起セシメタル者、又ハ自ラ之ヲ提起シタル者ニ對シテハ、此ノ如キ威嚇手段ノ完備セルアリ、此ノ財産刑ハ係爭物ノ價格ノ幾分($\frac{1}{10}$ $\frac{1}{5}$ $\frac{1}{4}$ $\frac{1}{3}$)ニ始リテ其ノ數倍ニ上リ、而モ相手方ノ反抗ヲ他ノ手段ヲ以テシテハ破ル能ハサル場合ニハ、無制限ニ上ルモノナリ、卽チ原告カ宣誓ニヨリテ滿足ナリト確定スルコトヲ適當ト認メタル價額ニ上ル、殊ニ二個ノ訴訟制度アリテ、夫レ以上ノ惡結果ヲ受クルコトナクシテ訴訟ヲ脫退スルカ又ハ故意ニ法律ニ違反セリトノ責ヲ受ケ從ッテ處罰セラルルノ危險ヲ犯スカノ選擇權ヲ被告ニ與フルモノアリ、卽チプレートルノ禁止命令及裁量訴訟(die Prohibisorischen Interdi-cte dseprators und die actiones arbitrariae)ナリ、被告カ行政官又ハ裁判官ノ下シタル命令ニ從ハサルトキハ、是違反、反抗ニシテ茲ニ至リテハ問題トナルハ最早單ニ原告ノ權利ニアラスシテ、同時ニ法律ノ代表者ノ權威ナリ、而シテ之ヲ輕蔑セシ者ハ罰金ヲ科セラレ此ノ罰金ハ原告ノ有ニ歸ス。

總テ是等ノ刑罰ノ目的ハ刑法上ノ刑罰ノ目的ト同一ナリ、卽チ一ハ犯罪ノ觀念ニ入ラサル權利侵害ニ對シテモ亦私的生活ノ利益ヲ保證セントスル實際上ノ目的ニ出テ、他ハ侵害セラレタル權利感情ニ滿足ヲ與ヘ且法律ノ輕蔑サレタル權威ヲ恢復セントスル倫理上ノ目的ニ出ツ、故ニ金錢ヲ得ルハ目的自體ニ非スシテ單ニ目的ヲ達スル手段ニ過キス。

(註)之ハ復讐訴訟ニ於テ最モ明瞭ナリ、此訴訟ニ於テハ金錢財物ヲ目的

トスルニ非スシテ、被害權利感情及被害人格感情ノ滿足ヲ主眼トス。(magis vindictoe, quam pecuniae habet persectionem)金錢ノ請求ヲ目的トスルモノニアラスシテ寧ロ報復ヲ目的トスルモノナレハナリトノ理想的見解ハ始終一貫セリ、故ニ相續讓渡ヲ禁シ、破產ノ場合ニハ財團債權者ハ此ノ訴訟ヲ提起スルヲ得ス、故ニ短時日ニ消滅ス、又被害者カ其ノ受ケタル不法ヲ感セサルコト明カトナリタルトキハ此ノ訴訟ハ生スルコトナシ。

予ハ中世ニ於ケル羅馬法ノ此ノ構成ヲ以テ模範的ナリト考フ。此ノ法ハ、客觀的不法ト主觀的不法トヲ同一ニ取扱ヒタル古代ノ極端ナル觀念ト異リ、又民事訴訟ニ於テハ主觀的不法ヲ客觀的不法ノ標準ニ降下シタル現行法ノ反對ナル觀念ト異ル、而シテ健全ナル權利感情ノ正當ナル發達ニ十分ナル滿足ヲ與ヘ以テ不法ノ兩種ヲ嚴ニ區別スルノミナラス、主觀的ノモノノ中ニ於テモ侵害ノ形式方法及種類ニ關シテ之カ色彩ヲ十分會得シテ區別スルコトヲ知レリ。

儒帝ノ法典編纂ニ其ノ結末ヲ告ケタル羅馬法發達ノ最後ノ段階ニ筆ヲ轉スルニ當リテ、吾人ハ該法カ個人生活並國民生活ニ取リテ、如何ナル價値アリシカヲ觀察セサル可カラス。道德上、政治上墮落セル時代ノ法律ハ若シ其ノ時代ニ作ラレタルモノナランニハ夫レ如何ナルモノソ、然レトモ獨力ニテハ十分生活シ能ハサル多數ノ相續人カ、被相續人ノ財產ニ依リテ生活スルト同樣、衰微疲弊セシ種族ハ、尙長キ間過去ノ有力ナル時代ノ精神上ノ資本ヲ貪レリ、予ノ意ハ他人ノ勞働ノ結果ヲ自ラ勞スルコト無クシテ取得セリト云フニ在ラス、寧ロ過去ノ仕事、作物、制度ハ一定ノ精神ヨリ現出セシト同樣ニ、又是等ノモノハ此ノ精神ヲ一定ノ時間維持シ且ツ新ニ作成スルコトヲ得タリト云フニ在リ。是等ノモノノ中ニハ是等ト接觸セハ再ヒ活力ト變スル結束力ノ蓄積セルアリ。此ノ意味ニ於テ羅馬古代國民ノ堅固ニシテ有力ナル權利感情ノ表ハレタル共和政時代ノ私法モ亦、尙帝政時代ニ對シテ長キ間活動的淸凉的源泉トナリ、後世ニ於ケル大沙漠ノオアシストナリテ唯獨リ淸水ヲ湧出セリ。然レトモ專制主義ノ焦炕的熱氣ニハ、久シキ間獨立的生命ノ生スルコトナク、而モ私法ハ到ル處排斥セラレタル精神ヲ追放スルコト能ハス、又維持スルコト能ハサリキ。此ノ精神ハ、此ノ所ニ於テモ假令最後迄存セシトハ雖、新時代ノ精神ニ席ヲ讓レリ、近世ノ精神ハ特殊ノ特輕卒徵ヲ有ス、吾人ハ此ノ精神カ專制主義ノ氣風、卽チ苛酷、無情ノ精神ヲ帶ヒシコトヲ豫想スヘキニ非スシテ、其ノ外觀ハ全ク正反對ナルモノ、卽チ寬大慈仁ナリキ、然レトモ此ノ寬大自體ハ專制的ノモノニシテ、一人ヨリ奪ヒタルモノヲ他人ニ與フルカ如キモノナリキ、卽チ是放肆氣儘ノ寬大ニシテ性質上ノ寬大ニアラス、卽チ其ノ犯セル不法ヲハ不法ヲ以テ償ハントスル暴行ノ餘喘ナリ。此ノ主張ノ爲ニ示サル證據ハ悉ク茲ニ列擧ス可キニ非ス、殊ニ特徴アリ且ツ豐富ナル歷史的物質ニ包含セル性格ヲ示セハ以テ足ル。此ノ性格ハ債權者ノ費用ニ依リ債務者ニ與ヘラレタル寬大寬恕ナリ、予ハ、吾人カ債務者ニ同情スルハ薄弱ナル時代ノ特徴ナリトノ言ノ全ク一般的ナルヲ信ス、彼等自ラ之ヲ人道主義ト稱ス、有力ナル時代ハ、先ツ以テ債權者カ其ノ權利ヲ行使スルニ至ランコトヲ保護シ、而シテ取引、信用ノ安全ヲ維持スルニ必要ナル場合ニハ、債務者ヲ嚴格ニ取扱フコトヲモ敢テ辭セサルナリ。

而シテ今ヤ現行法ヲ論セントス、予ハ此ノ法ニ關シテ論述シタルヲ恨ム、蓋シ之ニ關スル批評ヲ下スニ當リ此ノ場合予ノ豫期セル如ク說明スル能ハサル地位ニアレハナリ、然レトモ此ノ批評ヲナスコトニ付キ少シモ躊躇セサルナリ。

此ノ批評ヲ數語ニ盡サントセハ、予ハ、近世羅馬法全史及其ノ實施ノ特徵ハ彼ノ要素卽チ國民的權利感情、判例及立法ヨリモ寧ロ單純ナル學理的知識ニ重キヲ措キタルニ在リト信ス、是蓋シ事情其ノ者ニ依リテ或程度迄ハ必要ナリシカ故ナリ、然ラサル時ハ此ノ國民的權利感情、判例及立法ハ法ノ構成發達ヲ決定スルモノナリ。外國語ニテ記載セラレタル外國法ハ學者ニ依リテ輸入セラレ、只彼等ニ依リテノミ理解セラル、而モ此ノ外國法ハ、初メヨリ屢相互ニ爭ヘル二種ノ異リタル利益ノ反對ト變更トヲ受ケタリ、二種ノ利益トハ卽チ純粹無垢ナル歷史的知識ノ利益及法ノ實際的適合ト進步トノ利益是ナリ、之ニ對シテ判例ノ材料ヲ十分精神的ニ支配スル必要ナル力ヲ有セス、從ツテ長ク學說ニ盲從シ卽チ無能力トナリタリ。立法ニ於ケル如ク裁判上ノ分權主義ハ虛弱幼稚ナル中央集權主義ノ萌芽ヲ支配セリ、夫レ故ニ國民的權利感情ト此ノ如キ法トノ間ニ懸隔ヲ生シタルコト、卽チ國民ハ其ノ法ヲ而モ法ハ其ノ國民ヲ了解セサルコトハ不思議トナスニ足ラス、羅馬法ニ於テ其ノ事情及慣習ニ依リテ了解セラレタル制度、法規モ其ノ要件ノ全然消滅セル此ノ場合ニ於テハ呪詛ノ的トナレリ。

而モ此ノ如ク裁判カ國民ノ法ニ對スル信念信用ヲ動搖セシメタルコトハ今後永久ナカルヘシ。若シモ相手方ノ是認シタル百『グルデン』ノ借用證文ヲ持チテ債權者カ裁判官ノ面前ニ出テタルニ裁判官ハ該證文ハ債務原因ノ記入ナキ故ニ拘束力ナシト宣言セハ、若クハ消費貸借ヲ債務原因ト明記セル證書ハ二箇年ヲ經過セサル以前ニハ證據力ナシト宣言セハ、之ニ對シ普通人ノ單純ニシテ健全ナル理性ハ呆然タルヘシ。

然シ予ハ詳細ニ立チ入リテ論スルコトヲ欲セス、何トナレハ其ノ終局スル所ヲ豫見スルコト能ハサレハナリ。予ハ寧ロ普通法上ノ法學ノ二個ノ誤謬(他ノ語ヲ以テ示ス能ハス）ト命名スルニ止メン、此ノ誤謬ハ主義上ノ性質ノモノニシテ不法ノ眞種子ヲ含メリ。

此ノ誤謬ノ一ツハ、近世法學ニ叙上ノ單純ナル思想ノ缺如セルコトニ在リ、卽チ權利侵害ニ際シテハ金錢價格ノミナラス、寧ロ侵害セラレタル權利感情ノ滿足ヲ主眼トスルコトヲ思ハサルニ在リ、其ノ使用シタル標準ハ平坦無味ナル物質主義卽チ單ニ金錢利益ナリ。曾テ係爭物ノ價額僅少ナルニ當リ、裁判官ハ煩雜ナル訴訟ヲ免レン爲ニ自ラ之ヲ支拂ハンコトヲ原告ニ告ケタルニ、原告ハ之ヲ拒絕シ裁判官ハ大ニ怒リタリト聞ケリ、原告ハ自己ノ權利ノ爲ニ訴訟スルモノニシテ金錢ノ爲ニスルニアラサルコトヲ此ノ裁判官ハ念頭ニ有セサリシナリ、而シテ吾人ハ之ヲ彼ノ重大ナル責任トナサス、彼ハ此ノ非難ヲ法學ニ轉嫁スルコトヲ得、彼ノ罰金ハ權利侵害ニヨル精神的利益ヲ滿足セシムルニ最モ適合セル十分ナル手段ナリシカ、近世ノ證據主義ノ感化ヲ受ケテ正義カ不法ヲ征セントスル救濟方法ノ中最モ賴ミナキモノトナリタリ。原告ハ一厘一毛ニ至ル迄ソノ金錢利益ヲ證セサル可カラス、金錢利益ノ存セサルトキニ於テ法律ノ保護スル所ハ何物ナルカヲ思考セヨ、賃貸人カ契約上共同使用權ヲ有スル庭園ヲ閉シテ賃借人ノ出入ヲ禁シタル時、庭園ニ入ルニヨリテ受クル金錢上ノ利益ヲ證明シ得ヘキカ。又前者カ賃借人ノ引移ラサル以前ニ、住宅ヲ他人ニ賃貸スルトキハ、賃借人ハ他ノ住宅ヲ見出ス迄半年間貧弱ナル宿舍ニ雨ヲ凌カサルヘカラス、一室ヲ貸サンコトヲ電報ニテ約束シタル宿主カ、客人ニ對シテ之ヲ拒絶シタルトキハ、後者ハ必要ナル宿舍ヲ見出ス爲メニ夜中數時間迷フコトアラン、之ヲ金錢ニ換算セヨ、否正確ニ云ハハ吾人ハ裁判所ニ於テ之ニ對スル如何ナル賠償ヲ得ルカ、吾カ獨逸ニ於テハ何物ヲモ得ルコトナシ、何トナレハ獨逸ノ裁判官ハ不快ハ如何ニ大ナルモ之ヲ金錢ニ見積ル能ハストノ學說上ノ思想ヲ超越スルコト能ハサレハナリ。然ルニ之ニ反シテ佛國ノ裁判官ハ何等之ヲ躊躇スルコトナシ。教師カ私立學校ニ就職シ其ノ後有利ナル地位ヲ發見シテ前職ヲ去リ而モ差當リ後任ヲ得ルコト能ハストセハ數週又ハ數月間學生カ佛語又ハ習字ノ授業ヲ受ケサリシコトヲ金錢ニ見積リ、又ハ總長ノ金錢上ノ損失ヲ見積リ得ルカ、料理人カ何等ノ原因ナクシテ其職ヲ去リ而モ其ノ土地ニ於テ後任ヲ見出ス能ハサル爲ニ主人カ非常ノ困難ニ陷リタリトセハ此ノ窮狀ノ金錢價値如何、總テ是等ノ場合ニ普通法ニ從ヘハ全ク救濟方法ナシ、何トナレハ法ノ權利者ニ與フル救濟手段ハ證明ヲ必要トシ而モ此ノ證明ハ普通ナシ能ハサレハナリ、而モ此ノ證明ヲ容易ニナシ得ルトスルモ、不法ヲ他ノ方面ヨリ有效ニ制セントスルニハ「單ニ金錢上ノ價格請求ニテハ不十分ナル可シ、故ニ是正ニ法ナキノ状ナリ。吾人ヲ壓迫シ侵害スルモノハ、吾人ノ陷ル不幸ニ非スシテ、正當ナル權利カ何等ノ救濟手段ナク蹂躙セラルトノ苦シキ感情ナリ。

吾人ハ此ノ缺陷ノ責ヲ羅馬法ニ歸ス可キニ非ス、何トナレハ假令羅馬法ハ常ニ終局判決ヲ金錢ノミニ置ク原則ヲ確守スト雖、罰金ヲ適用スルニ依リテ單ニ金錢上ノ利益ノミナラス、總テ他ノ正當ナル利益ヲ有效ニ保護スルコトヲ得タレハナリ、罰金刑ハ裁判官ノ命令ニ對スル遵守ヲ確實ナラシムル爲ニ裁判官ノ採ル所ノ民事的强制手段ナリキ、裁判官ノ科シタル所ヲ拒ム被告ハ、其ノ負擔セル給付ノ金錢價額ノ支拂ヲ以テハ免ル能ハス、寧ロ此ノ場合罰金ハ刑罰ノ性質ヲ帶フ、而モ場合ニヨリテハ訴訟ノ此ノ結果ハ原告ニ對シテ金錢ヨリモ更ニ以上ノ效果ヲ與フ、卽チ輕浮ナル權利侵害ニ對スル精神的滿足ヲ與フルモノナリ、此ノ滿足ナル思想ハ羅馬法ニ關係セル近世ノ法學ノ全然知ラサル所ニシテ、近世ノ學說ハ此ノ思想ヲ解セス、又殘存セル給付ノ金錢價額以外ニハ何物ヲモ認知セサルナリ。

近世法カ權利侵害ニヨル此ノ精神的利益ヲ容認スルコト能ハサルハ、近世ノ判例カ羅馬ノ民事上ノ刑罰ヲ除去シタルト關係アリ、吾獨逸ニ於テハ不忠實ナル受寄者若クハ受任者ハ、何等名譽喪失ノ刑ヲ受クルコトナク、如何ナル大奸計ナリト雖、刑法ノミヲ能ク免ルコトヲ知ラハ、全ク現今ニ於テハ自由ニシテ罰セラルルコトナシ。(註)之ニ反シテ教科書中ニハ事實尙罰金及輕卒ナル反抗ノ刑罰ノ現ハルルアルモ、裁判ニ於テハ殆ント現ハルルコトナシ。是何故ソヤ、蓋シ吾國ニ於テハ主觀的不法ヲ客觀的不法ノ階段迄押下ケタルニ外ナラス、無恥ニモ借金ヲ否認セル債務者ト善意ニ之ヲナシタル相續人トノ間、又ハ予ヲ欺キタル受任者ト單ニ誤解シタル受任者トノ間、要スルニ故意ニヨル輕卒ナル權利侵害ト不知又ハ過失トノ間ニ現行法ハ何等ノ區別ヲ立ツルコトナシ――訴訟ノ心中トナルハ只單ニ金錢利益其ノ者ナリ。正義ノ女神テミスノ持テル衡器ハ民法ニ於テモ等シク不法ヲ秤ル可ク、金錢ノミヲ秤ル可キニ非ストノ思想ハ、現今ノ法律觀念ヲ遠ルコト甚タシク、爲ニ予カ敢テ此ノ思想ヲ明言スルヤ、予ハ、刑法ト民法トノ區別ハ此ノ點ニ在リトノ反駁ヲ受クルヲ覺悟セサル可カラス、ソハ現今法ニ對スル言ナルカ、然リト答フ、恨ムラクハ、又法其ノ者ニ對シテカ、然ラスト答ヘン、何トナレハ先ツ正義ノ觀念カ全部實行セラルルヲ得サル法ノ範圍アルコトヲ證明セサル可カラサレハナリ、然ルニ正義ノ觀念ハ責任ヲ實行スルコトト離ル可カラサルナリ。

叙上ノ現今法學ノ眞ニ不幸ナル誤謬ノ第二ハ其ノ證據主義ニ在リ(註)吾人ハ、法ヲ有名無實ナラシメン爲ニ此ノ證據主義カ發見セラレタルモノナリト信シテ可ナリ、若シ世上總テノ債務者カ、債權者ノ權利ヲ奪ハンコトヲ誓約セハ此ノ目的ヲ遂クルニ、吾法學カ證據主義ニ依リテ爲シタルヨリ一層有效ナル手段ヲ發見スルコト能ハサラン、如何ナル數學家ト雖、吾法學カ適用セルヨリ、ヨリ一層精確ナル證明方法ヲ案作スルコト能ハス、損害賠償訴訟及利益訴訟ニ於ケル此ノ方法ハ、無智ノ骨頂ナリ、羅馬法律家ノ言ヲ借リテ云ハハ『法ノ外觀ヲ著シ法ニ依リテ遂行セラルル』不法ハ佛國裁判所ノ賢明ナル方法ト恰好ノ對照ヲナセリ、之ハ近時幾多ノ著書中ニ詳論セラルルヲ以テ予ハ茲ニ贅スルノ必要ナシ、只此クノ如キ訴訟ニ於テハ原告ノ不利ニシテ被告ニ有利ナルコトヲ一言セサルヲ得ス。

（註）讀者ハ以下論スル所ハ吾普通法上ノ訴訟ニ關スルコトヲ記憶セラレヨ、而シテ該訴訟手續ハ本書カ初メテ著ハレシトキ（一八七二）ニハ尙存シタリ、而シテ吾人ハ獨逸帝國ニ對スル民事訴訟法ニ依リ初メテ此ノ訴訟ノ適用ヲ免レタリ。

今ヤ以上論述セシ所ヲ概括セントスルニ當リ、此ノ宣言ヲハ法學及判例ノ問號ト稱セン、此ノ問號ハ儒帝ノ開キシ途ヲ活發ニ進行セリ、彼カ信ス可キハ債務者ニシテ債權者ニアラス、即チ場合ニヨリテハ一人ノ債務者ヲ嚴格ニ取扱ハンヨリ寧ロ百人ノ債權者ニ不法ヲ加ヘントス。法ニ通セサル者ハ、民法學者及訴訟法學者ノ不合理ナル學說ニ歸スヘキ不公平ナル權利喪失カ尙增大スル能力アルコトヲ殆ント信スルモノナシ、然レトモ此ノ權利喪失ハ尚以前ノ刑法學者ノ誤謬ニヨリテ誇張セラル、此ノ誤謬ハ正ニ法ノ觀念ニ對スル加害ナリ、又權利感情ニ對スル邪惡ナル犯罪ト云フ可ク、之レ恐ラク法學ノ然ラシメタル所ナリ、予ノ茲ニ意味スルハ緊急防衛權ノ恥ス可キ萎縮即チ人類根本法ノ萎縮ヲ云フ。此ノ法ハシセロノ云ヘル如ク、人類ノ生レ乍ラニシテ有スル自然ノ法律其ノ者ナリ、而シテ羅馬ノ法律家ハ、此ノ權利ハ如何ナル世上ノ法律中ニモ禁止セラルルコト能ハサルモノナルヲ確信セリ。然ルニ過去數世紀間ニ於テ而モ現世紀ニ於テ羅馬ノ法律家ハ其ノ反對ノ現象ノ存スルコトヲ確信セン。成ル程、主義ニ於テハ法學家ハ是認スト雖、之ヲ實行スル上ニ於テハ、彼民法ノ學者及訴訟法學者カ債務者ニ對スルト同樣ノ同情ヲ犯人ニ對シテ有シ、多クノ場合ニ犯人ヲ保護シ被害者ヲ保護セサルノ方法ニヨリテ此ノ主義ヲ制限減少セントス。吾人カ法學ニ關スル著書ヲ耽讀スルトキハ、人格感情ノ衰頹、怯懦、質朴、且健全ナル權利感情ノ廢頹消耗ノ著シキヲ見テ、道德上去勢サレタル人々ノ社會ニ陷リタルヲ感セン。此ノ觀念ニヨレハ、危險又ハ名譽毀損ノ其ノ身邊ニ迫レル人ハ自ラ隱遁逃亡ス可ク――不法ニ對シテ途ヲ避クルハ法ノ義務ナリ――而シテ將校、高位高官ノ人モ亦逃亡セサル可カラサルヤニ付テノミ所謂智者ノ意見一致セス――此ノ命令ニ從ヒ二回迄難ヲ免レタルモ三回目ニハ敵ニ迫及セラレテ防衞ノ已ムナキニ至リ而モ敵ヲ殺シタル哀レナル兵卒ハ、遂ニ『身自ラニハ有益ナル敎訓ノ爲ニ而モ他人ニハ威嚇的實例ノ爲ニ』死刑ニ處セラレタリ。特ニ高位高官ノ人、將校ノ如キモノハ其ノ名譽ヲ防衞スルニ當リテ、適法ノ緊急防衞權ヲ行使スルコトヲ得ト、然ルニ他ノ者ハ之ニ制限ヲ加ヘテ曰ク、單ニ文字上ノ不法ト云フ場合ニハ敵ヲ殺スコトヲ得スト。是レ以外ノ者ニ對シテハ而モ國家ノ官吏ニ對シテサヘモ吾人ハ同樣ノ權利ヲ是認スルコト能ハス、民事裁判官ハ『彼等カ法律家トシテ如何ナル請求權ヲ有スルニ拘ラス、地方法ノ內容ニ支配サレ而モ如何ナル要求ヲモナスコト能ハス。』最モ悲慘ナルハ商人ナリ『商人ハ如何ニ富メル者ト雖彼等ノ名譽ハ信用ナルコトニ付キテハ一樣ニシテ、金錢ヲ有スル間丈ケハ名譽ヲ有スルカ故ニ、彼等ハ名譽名聲ヲ失フノ危險ナクシテ容易ニソノ侮辱ヲ受ケテ之ヲ忍フコトヲ得、而モ下等階級ニ屬スルトキハ些細ナル苦痛ヲ感スルノミニヨリテ面打鼻彈ノ侮辱ヲ忍フコトヲ得』而シテ不幸ナルモノカ全ク普通ノ農民又ハ猶太人ナルトキハ、彼等ハ此ノ規定ニ違反シタル際ニ、禁止サレタル自助權ヲ行使シタル場合ノ規則上ノ刑罰ヲ科セラルルニ拘ラス、他ノ者ハ只出來得ル丈ケ輕微ニ所罰セラル可キモノトナルヘシ。

特ニ排斥ス可キハ、所有權主張ノ爲ニスル緊急防衞權ノ行使ヲ禁止セントスル方法ナリ、或ハ所有權ハ名譽ト等シク回復スルコトヲ得ルモノニシテ、前者ハ所有物回收訴權ニ依リ、後者ハ名譽回復訴權ニ依リ保護スルコトヲ得ト說クモノアリ。然レトモ若シ奪取人カ其ノ物ヲ持チテ逃走シ、何人モ彼カ誰レナルカ、又何所ニ在ルカヲ知ラサルトキハ如何姑息ナル返答ヲナシテ曰ク、所有者ハ法律上依然トシテ所有物回收訴權ヲ有ス、而シテ個々ノ場合ニ訴訟カ目的ヲ達セサルハ『是偶然ニシテ財產權ノ性質トハ全ク無關係ナル事情ノ結果ナリ』ト。自己ノ全財產ヲ有價證券トシテ所持セル者カ、其ノ財產ヲ讓渡シ抵抗スルコト能ハサル場合ニハ、之ヲ聞キテ滿足セン、彼ハ依然トシテ所有權及所有物回收訴權ヲ有シ、奪取人ハ單ニ事實上ノ占有ヲナスニ過キス。是盜人カ使用委任狀ヲ有セストテ滿足セル被害者ヲ想起セシム。又事重大ナル價額ニ關スル場合ニハ、已ムヲ得ス腕力ノ行爲ヲ許スト雖、如何ニ感情激セルニ拘ハラス、侵害ヲ退クルニハ如何程ノ力ヲ必要トスルカヲ精密ニ考慮スルハ、被害者ノ義務ナリト云フモノアリ、卽チ頭蓋骨ノ硬度ヲ豫メ正確ニ檢査シ、且ツ適當ニ毆打スルノ練習ヲナシ、而シテ比較的輕微ナル打擊ニヨリ頭蓋骨ニ害ヲ加ヘサルコトヲ得ルニ拘ハラス、加害者ノ頭蓋骨ヲ必要ノ程度ヲ越ヘテ毆打シタル者ハ責ヲ負ハサル可カラスト。彼等ハ被害者ノ地位ヲ以テオディセイノ地位ノ如シト考フ、

即チオディイセイハイロスト決鬪スルニ豫メ用意セリ、オディセイ十八節九十以下

イロスヲ強打シ直ニ眩暈ヲ起サシメテ人事不省ニ陷ラシム可キカ、

又ハ輕打シテ單ニ地上ニ倒レシム可キカ

今ヤ堂々タル忍耐者オディセイハ心中カク考ヘタリ、

終ニ最後ノ考ハ疑惑者ニ最善ノ方法ト思ハレヌ、之ニ反シテ比較的價額大ナラサル物、例ヘハ金時計又ハ數「グルデン」入若クハ數百「グルデン」入ノ財布ノ場合ニハ、被脅迫者ハ相手方ノ身體ニ危害ヲ加フ可キニ非ス、何トナレハ一個ノ時計ハ身體生命及健全ナル四肢ニ比較シテ何等ノ價ナキ

故ナリ、一ハ賠償シ得可キモ、他ハ賠償スルコト全ク不可能ナリト云ヘリ。然リ、是爭フ可カラサル眞理ナリ――然レトモ只次ノ點ヲ觀過セリ、卽チ第一ニ、時計ハ被害者ニ、四肢ハ強奪者ニ屬シ、而シテ四肢ハ後者ニ取リテハ貴重ナルモ前者ニ取リテハ何等ノ價ナキコト、而シテ第二ニ、時計カ疑ヒモナキ賠償シ得ヘキコトニ關シ、次ノ問題ヲ、卽チ何人カ之ヲ賠償ス可キカ、恐ラク之ヲ被告ニ告ケタル裁判官カ。

然シ學問アル愚者ノ多キコト甚タシ。如何ナル權利カ侵害セラルルニセヨ、其ノ目的物ハ單ニ時計ニ過キストスルモ、人ノ有スル一切ノ權利ト一切ノ人格トカ此ノ權利ト共ニ攻撃侵害セラレタルモノナリトノ彼ノ健全ナル權利感情ノ此ノ簡單ナル思想カ、權利拋棄、不法ニ對スル卑怯ナル回避ヲ以テ法律上ノ義務ナリトセル法學ニ存セサルコトヲ知ラハ、吾人ハ實ニ慚愧ニ堪ヘス。此クノ如キ意見カ學問上ニ現ハルル時代ニ於テ、怯懦ノ精神、卑怯ニモ不法ヲ寛容スル精神カ、國民ノ運命ヲ決定スルト雖、敢テ怪ムニ足ラサルナリ。幸ニモ時代ハ一變シテ現今ニ於テハ此ノ如キ意見ハ行ハレサルニ至レリ。此ノ意見ハ只政治上法律上萎縮セル國民生活ノ沼池ニ於テノミ發達スルコトヲ得。

怯懦ナル主義、卽チ脅サレタル權利ヲ拋棄スルヲ以テ義務ナリトスル主義ヲ説クニ當リ、予ハ權利爭鬪ヲ以テ義務ナリトスル予ノ意見ニ反對スル學説ニ論及セリ。新ラシキ哲學者ヘルバルトカ權利ノ最後ノ根柢ニ關シ有スル意見ハ、健全ナル權利感情ニ基クコト深遠ナリト云フニハアラサレトモ可成リ深キモノナリ。彼ハ此ノ根柢ヲ審美的動機(他ニ適當ノ語ナシ)卽チ爭鬪嫌惡ノ情トセリ。今茲ニハ此ノ見解ノ行ハレ難キコトヲ十分說明スル場合ニ非ス、予ハ幸ニ此ノ點ニ付テハ友人ノ論說ニ讓ルコトヲ得。權利ヲ評價スルニ審美的見地ヲ以テスルコトヲ正當ナリトセハ、予ハ權利ノ審美學上ノ美點ヲ以テ、權利カ爭鬪ヲ排除セル點ニアリトセスシテ、寧ロ權利カ爭鬪ヲ包含セル點ニ在リトス可キニ非ルカヲ思フ。爭鬪ヲ爭鬪トシテ審美學上醜ナリトスル者ハ(但シ爭鬪ノ倫理上ノ正否ハ論外トシ)

ホーマアノイリヤス及希臘ノ繪畫彫刻ヲ初メトシ現代ニ至ル迄ノ文學及美術ノ全部ヲ抹殺スルナランヽ何トナレハ種々ノ形式ニ於ケル爭鬪ノ如クヽ藝術ニ對シテ大ナル魅力ヲ確證スル材料殆ントナクヽ且ツ何人モヽ繪畫詩歌ヲ共ニ賛美シ人力ヲ最モ緊張セシムル演劇ヲ見テヽ美的滿足ノ念ヲ起サヽル者ナク又美的嫌惡ノ念ヲ起ス者ナケレハナリ。美術文學ノ高尙且ツ有效ナル問題ハヽ幸ニ人類カ理想ニ進ムニ在リヽ此ノ理想ハヽ權利タルトヽ祖國タルトヽ信仰タルトヽ將又眞理タルトヲ問ハサルナリ。然レトモ此ノ進行ハ常ニ爭鬪ナリ。

然レトモ權利ノ本質ニ適應シ又ハ矛盾スルモノヲ説明

スルハ審美學ニ非スシテ倫理學ナリ、而シテ倫理學ハ、權利爭鬪ヲ否定スルコトナク、寧ロ之ヲ以テ予カ本書ニ説キタル條件ノ存在スル場合ニハ、義務トシテ個人竝國民ニ提示セリ、爭鬪ナル要素ハヘルバルトカ之ヲ權利觀念ヨリ分離セントスルモ、之ハ最モ固有且ツ永久ニ此ノ權利觀念中ニ存在セリ――爭鬪ハ權利ノ永久ノ働ナリ。爭鬪ナクンハ權利ナキコト恰モ勞働ナクレハ所有權ナキカ如シ。『汝ノ額ニ汗シテ汝ノ糧ヲ獲可シ』トノ格言ニ對シ『爭鬪ニ依リテ汝ノ權利ヲ見出ス可シ』トノ格言ハ等シク是眞理ナリ。權利カ其ノ爭鬪準備ヲ廢シタル瞬間ヨリ權利ハ自己自體ヲモ廢シタルナリ――權利ニ就テモ亦詩人ノ言ノ適用アリ。

是レ智者ノ結論ソ、日々自由ト生命トニ打勝タサル可カラサル者、此ノ者ノミハ是等ヲ贏チ得ヘシ。

# 権利争闘論終

大正十三年九月五日印刷
大正十三年九月八日發行

定價金貳圓



權利爭鬪論

著譯者　三村立人

發行者　葉多野太兵衛
東京市神田區今川小路二丁目四番地

印刷者　武居菊藏
東京市本郷區眞砂町三十六番地

印刷所　日東印刷株式會社
東京市本郷區眞砂町三十六番地

發行所　清水書店
東京市神田區今川小路二丁目四番地
電話四谷一〇、四八四八番
振替口座東京七四四四七番

**権利競争論・権利争闘論**　　**別巻 1237**

2019(令和元)年８月20日　　復刻版第１刷発行

原著者　イェーリング

訳　者　レーロア
　　　　宇都宮五郎
　　　　三村立人

発行者　今井　貴
　　　　渡辺左近

発行所　信山社出版


〒113-0033　東京都文京区本郷６-２-９-102
モンテベルデ第２東大正門前
電　話　03 (3818) 1019
FAX　03 (3818) 0344


郵便振替　00140-2-367777(信山社販売)

Printed in Japan.

制作／(株)信山社，印刷・製本／松澤印刷・日進堂

ISBN 978-4-7972-7356-4 C3332

別巻　巻数順一覧【950～981巻】

| 巻数 | 書　名 | 編・著者 | ISBN | 本体価格 |
|---|---|---|---|---|
| 950 | 実地応用町村制質疑録 | 野田藤吉郎、國吉拓郎 | ISBN978-4-7972-6656-6 | 22,000円 |
| 951 | 市町村議員必携 | 川瀬周次、田中迪三 | ISBN978-4-7972-6657-3 | 40,000円 |
| 952 | 増補 町村制執務備考 全 | 増澤鐵、飯島篤雄 | ISBN978-4-7972-6658-0 | 46,000円 |
| 953 | 郡区町村編制法 府県会規則 地方税規則 三法綱論 | 小笠原美治 | ISBN978-4-7972-6659-7 | 28,000円 |
| 954 | 郡区町村編制 府県会規則 地方税規則 新法例纂 追加地方諸要則 | 柳澤武運三 | ISBN978-4-7972-6660-3 | 21,000円 |
| 955 | 地方革新講話 | 西内天行 | ISBN978-4-7972-6921-5 | 40,000円 |
| 956 | 市町村名辞典 | 杉野耕三郎 | ISBN978-4-7972-6922-2 | 38,000円 |
| 957 | 市町村吏員提要〔第三版〕 | 田邊好一 | ISBN978-4-7972-6923-9 | 60,000円 |
| 958 | 帝国市町村便覧 | 大西林五郎 | ISBN978-4-7972-6924-6 | 57,000円 |
| 959 | 最近検定 市町村名鑑 附 官国幣社 及 諸学校所在地一覧 | 藤澤衛彦、伊東順彦、増田穆、関惣右衛門 | ISBN978-4-7972-6925-3 | 64,000円 |
| 960 | 鼇頭対照 市町村制解釈 附 理由書 及 参考諸布達 | 伊藤寿 | ISBN978-4-7972-6926-0 | 40,000円 |
| 961 | 市町村制釈義 完　附 市町村制理由 | 水越成章 | ISBN978-4-7972-6927-7 | 36,000円 |
| 962 | 府県郡市町村 模範治績　附 耕地整理法 産業組合法 附属法令 | 荻野千之助 | ISBN978-4-7972-6928-4 | 74,000円 |
| 963 | 市町村大字読方名彙〔大正十四年度版〕 | 小川琢治 | ISBN978-4-7972-6929-1 | 60,000円 |
| 964 | 町村会議員選挙要覧 | 津田東璋 | ISBN978-4-7972-6930-7 | 34,000円 |
| 965 | 市制町村制 及 府県制　附 普通選挙法 | 法律研究会 | ISBN978-4-7972-6931-4 | 30,000円 |
| 966 | 市制町村制註釈 完　附 市制町村制理由〔明治21年初版〕 | 角田真平、山田正賢 | ISBN978-4-7972-6932-1 | 46,000円 |
| 967 | 市町村制詳解 全　附 市町村制理由 | 元田肇、加藤政之助、日鼻豊作 | ISBN978-4-7972-6933-8 | 47,000円 |
| 968 | 区町村会議要覧 全 | 阪田辨之助 | ISBN978-4-7972-6934-5 | 28,000円 |
| 969 | 実用 町村制市制事務提要 | 河邨貞山、島村文耕 | ISBN978-4-7972-6935-2 | 46,000円 |
| 970 | 新旧対照 市制町村制正文〔第三版〕 | 自治館編輯局 | ISBN978-4-7972-6936-9 | 28,000円 |
| 971 | 細密調査 市町村便覧(三府四十三県 北海道 樺太 台湾 朝鮮 関東州)　附 分類官公衙公私学校銀行所在地一覧表 | 白山榮一郎、森田公美 | ISBN978-4-7972-6937-6 | 88,000円 |
| 972 | 正文 市制町村制 並 附属法規 | 法曹閣 | ISBN978-4-7972-6938-3 | 21,000円 |
| 973 | 台湾朝鮮関東州 全国市町村便覧 各学校所在地〔第一分冊〕 | 長谷川好太郎 | ISBN978-4-7972-6939-0 | 58,000円 |
| 974 | 台湾朝鮮関東州 全国市町村便覧 各学校所在地〔第二分冊〕 | 長谷川好太郎 | ISBN978-4-7972-6940-6 | 58,000円 |
| 975 | 合巻 佛蘭西邑法・和蘭邑法・皇国郡区町村編成法 | 箕作麟祥、大井憲太郎、神田孝平 | ISBN978-4-7972-6941-3 | 28,000円 |
| 976 | 自治之模範 | 江木翼 | ISBN978-4-7972-6942-0 | 60,000円 |
| 977 | 地方制度実例総覧〔明治36年初版〕 | 金田謙 | ISBN978-4-7972-6943-7 | 48,000円 |
| 978 | 市町村民 自治読本 | 武藤榮治郎 | ISBN978-4-7972-6944-4 | 22,000円 |
| 979 | 町村制詳解　附 市制及町村制理由 | 相澤富蔵 | ISBN978-4-7972-6945-1 | 28,000円 |
| 980 | 改正 市町村制 並 附属法規 | 楠綾雄 | ISBN978-4-7972-6946-8 | 28,000円 |
| 981 | 改正 市制 及 町村制〔訂正10版〕 | 山野金蔵 | ISBN978-4-7972-6947-5 | 28,000円 |